PATRICK GENSING TERROR VON RECHTS

PATRICK GENSING

TERROR VON RECHTS

Die Nazi-Morde und das Versagen der Politik

ROTBUCH VERLAG

ISBN 978-3-86789-163-9

1. Auflage
© 2012 by Rotbuch Verlag, Berlin
Umschlaggestaltung: toepferschumann.de
Umschlagabbildung: picture alliance / dpa
Druck und Bindung: GGP Media GmbH, Pößneck

Ein Verlagsverzeichnis schicken wir Ihnen gern:
Rotbuch Verlag GmbH
Alexanderstraße 1
10178 Berlin
Tel. 01805 / 30 99 99
(0,14 Euro/Min., Mobil max. 0,42 Euro/Min.)

www.rotbuch.de

Inhalt

TERROR VON RECHTS

HILFLOS GEGEN RECHTS?!

TERROR VON RECHTS

Menschen, nicht Döner

Scheint die Sonne auch für Nazis? Dann kämen mir die
Tränen. Dürfen Faschos auch verreisen? Das wär ungerecht.
Können Rassisten etwa auch den blauen Himmel sehen?
Scheint die Sonne auch für Nazis?

Am 27. Juni 2001 spielten Die Ärzte den Song »Ein Sommer
nur für mich« in der Alsterdorfer Sporthalle in Hamburg.
Nicht einmal zehn Kilometer entfernt hatten wenige Stunden
zuvor zwei Neonazis bereits die Fragen aus dem Lied nachhaltig beantwortet. Mit drei Kugeln. Es war bereits der dritte
Mord eines mobilen Exekutionskommandos von Thüringer
Neonazis, die den Behörden seit vielen Jahren bekannt waren – und die dennoch, von einem braunen Netzwerk finanziert und unterstützt, durch Deutschland ziehen konnten, um
Menschen zu erschießen.

»Faschos« dürfen in Deutschland also ungestört reisen und
morden – die Sonne schien an diesem Sommertag für Süleyman Taşköprü ein letztes Mal. Der 31-Jährige starb im Obst-
und Gemüseladen seines Vaters in der Schützenstraße im
eher beschaulichen Hamburger Stadtteil Bahrenfeld durch
die Schüsse der Neonazis. Uwe Böhnhardt und Uwe Mundlos feuerten aus kurzer Distanz auf den Mann, Skrupel hatten
sie keine. Im Gegenteil: In ihrem Bekennervideo feierten sie

die Morde und verhöhnten die Opfer. Böhnhardt und Mundlos sahen sich auf einem pseudoreligiösen Kreuzzug – für die »Reinhaltung« des »deutschen Blutes«. Sie suchten sich Männer mittleren Alters als Ziele für ihre Mordanschläge, Männer, die bereits Väter waren oder noch werden konnten. Mit jeder Kugel sollte auch eine kommende Generation von Menschen traumatisiert oder ausgelöscht und Familien zerstört werden. Ihr Motiv: Angst vor »Überfremdung« und »Durchrassung«. Heute heißt das griffiger: »Deutschland schafft sich ab!«

Süleyman Taşköprü war kein »Döner«. Er war ein Mensch, ein Mann von 31 Jahren, ein hilfsbereiter Sohn, Ehemann, Bruder und freundlicher Nachbar. Ein Hamburger. Doch nach dem Mord folgte der Rufmord durch die Öffentlichkeit: organisierte Kriminalität und Drogenmafia – was liegt näher bei einem Migranten? Die Medien berichteten von angeblichen Spuren, die bis in die Niederlande führten. Haschisch aus Amsterdam? Drogenkrieg zwischen Ausländern? Für die deutsche Öffentlichkeit war der Fall damit erledigt.

Die Familie von Süleyman Taşköprü sowie die Angehörigen der anderen NSU-Opfer mussten erfahren, was alltäglicher Rassismus bedeutet. Polizisten, die Hinweise auf Neonazis nicht ernst nahmen, sondern die Betroffenen durch Verdächtigungen kriminalisierten und ihnen so eine Mitschuld gaben. Medien, die dies unreflektiert zur Nachricht aufbliesen, die Toten zu angeblichen Drogenhändlern und »Döner« erklärten. Familien wurden zerstört, Menschen verloren den Glauben an eine Zukunft hierzulande, verließen Deutschland.

»Eine Schande für das Land ist das«, schimpft Franz Schindler von der SPD, Vorsitzender des Untersuchungsausschusses Rechtsterrorismus in Bayern, wie die Hinterbliebenen behandelt worden seien. »Die Polizei geht offenbar anders mit Ausländern um als mit Deutschen«, sagt er im Gespräch mit dem Autor. Eine Schande für das Land, sicher, aber noch viel mehr eine traumatische Erfahrung für die Angehörigen. Das Werk der Neonazis war somit vollbracht, mit freundlicher Unterstützung der deutschen Gesellschaft, die die Angehörigen des Opfers alleingelassen hat.

Süleyman war nicht die Ausnahme, Ermittler und Medien steckten alle Mordopfer in Schubladen, die wahlweise mit Drogenmafia, organisierter Kriminalität, Schutzgeld oder Geldwäsche versehen wurden; Rassismus als mögliches Motiv tauchte hingegen nicht auf. Die *Bild* zitierte in einem Artikel kurz nach dem neunten Mord der Neonazis den Leiter der SOKO Bosporus, Wolfgang Geier, der behauptete, mehrere Opfer hätten zu denselben Menschen Kontakt gehabt.[1]

Es sei nicht ausgeschlossen, »dass sie in der Drogenszene aktiv waren. Die Opfer sind kleine Lichter am Ende einer Kette. Wo sie Fehler gemacht haben, wissen wir noch nicht.« Fakt war demnach aber, dass die Opfer »Fehler« begangen hatten – und deswegen sterben mussten. Selbst schuld also. Der Kriminologe Christian Pfeiffer, der in anderen Fällen gern vor Vorverurteilungen warnt, breitete in der *Bild* noch eine weitere Theorie aus: »Schutzgeld als Motiv liegt auf der Hand. Es kann sein, dass die Getöteten gar nicht zu den Erpressten gehörten. Die Organisation hat sie vielleicht zur Abschreckung benutzt. Ihre Opfer wählt sie völlig willkürlich aus. Deshalb kann die Polizei auch keine Verbindung finden – es gibt keine.« Damit lieferte der oft zitierte Christian Pfeiffer auch gleich eine Entschuldigung für die ergebnislosen Ermittlungen – die Polizisten hätten gar keine Gemeinsamkeiten finden können, so seine Theorie, mit der jeder Serienmord erklärt werden könnte. Aber es gab eine Gemeinsamkeit: Sämtliche Opfer außer die Polizistin Michèle Kiesewetter waren Migranten – und damit Feinde der Rechtsextremen, die Exekutionen als Heimatschutz definieren. Gefragt wurde nicht danach, was die Ermordeten als Opfergruppe gemeinsam haben, sondern was sie als potentielle Täter verbinden könnte. Die *Bild* wählte für ihren Artikel die fürchterliche Überschrift: »Döner-Killer holten Opfer Nr. 9«. Die Täter mordeten oder töteten nicht, sie holten: das klingt nach einem Drachen, der die Jungfrau holt – oder eben nach einem Döner, den man sich an der Ecke holt.

Der Begriff »Döner-Morde« wurde folgerichtig zum Unwort des Jahres 2011 gekürt, alle waren plötzlich hell empört über den rassistischen Begriff – dabei hatten fast alle Medien diesen zuvor benutzt. Kein Wunder also, dass die Ausgrenzungsmechanismen weiterhin greifen, auch nachdem die rassistische Mordserie bekannt wurde. Anlässlich der Trauerfeier für die Opfer der rechtsextremen Gewalt am 23. Februar 2012 wurde in den Medien über Parallelgesellschaften gefachsimpelt – über türkische, nicht über Neonazi-Erlebniswelten, versteht sich. Der Neuköllner Bürgermeister Heinz Buschkowsky betonte nach der Trauerfeier, es gebe ja auch viele Probleme bei der Integration, so könnten mehr als 70 Prozent der Erstklässler mit Migrationshintergrund in Neukölln kein Deutsch. In Neukölln ermordeten die NSU-Terroristen übrigens keinen Migranten, Berlin war offenkundig gar nicht betroffen von der Terrorserie. Was also hat das Ganze mit der rassistischen Mordserie und dem Gedenken an die Opfer zu tun? Ist es den Migranten vielleicht anzulasten, dass sie zum Ziel rassistischer Anfeindungen von Deutschen werden, weil diese über die mangelhaften Deutschkenntnisse der »Kopftuchkinder« in Neukölln verärgert sind? Und was sollte Heinz Buschkowsky eigentlich zum Thema Rechtsterrorismus beitragen? Warum stand im Fernsehen kein Fachmann für Rechtsterrorismus, der über die rechtsextreme Bedrohung referierte, sondern ein Star der Integrationsdebatte, zwar kein Thilo Sarrazin, aber immerhin sein Berliner Parteifreund, ein Medienstar, wenn es um das Thema Integration geht, der gern polarisiert, aber der wirklich noch nie wegen seiner Fachkompetenz zum Thema Rechtsterrorismus aufgefallen war? Und wurde bei Trauerfeiern für RAF-Opfer eigentlich mit einem marxistischen Ökonomen über die Nachteile des Kapitalismus debattiert? Glücklicherweise nicht. Den meisten Zuschauern dürfte kaum aufgefallen sein, was da gerade abgelaufen ist, als sich Heinz Buschkowsky anlässlich einer Trauerrede von rassistischen Mordopfern über die angebliche mangelhafte Integration ausließ. Genau so funktioniert der Rassismus der »schweigenden Mehrheit«, die leider fast nie schweigt.

Wie wirkungsmächtig die angeblich schweigende Mehrheit ist, wurde in Deutschland in den vergangenen Jahren mehrmals deutlich, als die Menschen in diesem Land immer wieder in »wir« und »die« eingeteilt wurden, beispielsweise in der sogenannten Integrationsdebatte, die in Wirklichkeit eine Ausgrenzungsdebatte war; millionenmal wurde »mal was gesagt«, weil »man das ja wohl mal sagen dürfte«. Die Rassismus-Experten bei NPD und Konsorten waren begeistert, auch wenn sie als die echten Fachleute für biologistische Thesen bei Sarrazin-Veranstaltungen nur im Publikum saßen – und nicht auf dem Podium. Denn mit Nazis will man nichts zu tun haben. Eine Rebellion des verrohenden Bürgertums gegen die, die unter ihnen stehen und keine Lobby haben, Feigheit und dumpfe Vorurteile wurden als Mut und kritisches Denken verkauft. Und selbst im direkten Umfeld der Trauerfeier, mit dem der Opfer der deutschen Rassisten gedacht wurde, konnten die »mal-Sager« nicht wenigstens einmal schweigen.

Glücklicherweise gab es aber viele andere Stimmen, wie die von Semiya Şimşek, Tochter des ermordeten Blumenhändlers Enver Şimşek, die in ihrer beeindruckenden Rede während der Zeremonie die Demütigungen durch das Verhalten der Polizei und der Öffentlichkeit erklärte. Semiya braucht Zeit, kündigte an, ihr Geburtsland vorübergehend zu verlassen. Hoffen wir, dass diese starke Frau wieder nach Deutschland zurückkehrt, denn es leben auch Menschen hier, die die Vielfalt der Einfalt vorziehen und die eine multikulturelle Gesellschaft nicht als Bedrohung, sondern als Bereicherung erleben.

Enver Şimşek: ermordet am 9. September 2000 in Nürnberg; Abdurrahim Özüdoğru: ermordet am 13. Juni 2001 in Nürnberg; Süleyman Taşköprü: ermordet am 27. Juni 2001 in Hamburg; Habil Kılıç: ermordet am 29. August 2001 in München; Mehmet Turgut: ermordet am 25. Februar 2004 in Rostock; İsmail Yaşar: ermordet am 9. Juni 2005 in Nürnberg; Theodoros Boulgarides: ermordet am 15. Juni 2005 in München; Mehmet Kubaşık: ermordet am 4. April 2006 in Dortmund; Halit Yozgat: ermordet am 6. April 2006 in Kassel; Michèle Kiesewetter: ermordet am 25. April 2007 in Heilbronn.

Der NSU-Opfer wurde bei einem Staatsakt gedacht, Kanzlerin Angela Merkel bat die Angehörigen der Opfer für die Verdächtigungen um Verzeihung. Eine starke Geste. Doch andere Tote werden von Merkels Regierung noch nicht einmal als Opfer von Neonazis anerkannt, geschweige denn gewürdigt – die Hinterbliebenen trauern allein, nur engagierten Journalisten und Bürgern ist es zu verdanken, dass es überhaupt eine annähernd realistische Zahl über die Todesopfer durch Rechtsextreme gibt und die Namen nicht ganz in Vergessenheit geraten. Die Liste führt mehr als 180 Namen von Menschen auf, die seit 1990 totgetreten, erschlagen, erschossen, erstochen oder zu Tode gehetzt wurden. Die Bundesregierung geht hingegen »nur« von 58 Toten aus, Ende

2008 waren es sogar »lediglich« 40. Nach und nach wurden weitere Taten als rechtsextrem motiviert eingestuft, die Statistiken korrigiert, weil die Beweise zu eindeutig waren und die Regierung schlicht nicht erklären kann, warum viele Opfer von rechtsextremen Tätern nicht als solche anerkannt werden. So hob beispielsweise das sächsische Innenministerium die Zahl der Opfer, die seit 1990 in Sachsen durch rechts motivierte Gewalt zu Tode gekommen sind, nach dem Bekanntwerden der NSU-Mordserie an. Demnach werden nun auch Patrick Thürmer (getötet 1999 während einer Schlägerei zwischen Neonazis und Punks in Hohenstein-Ernstthal, Tatmotiv: Hass auf politische Gegner) und Achmed Bachir (erstochen 1996 im Zuge eines Übergriffes auf den Gemüseladen in Leipzig, in dem er arbeitete, Tatmotiv: Rassismus) als rechtsextreme Opfer anerkannt, was es den Hinterbliebenen immerhin ermöglicht, Unterstützung aus einem Opferfonds zu beantragen. Die meisten der mehr als 180 Opfer und die unzähligen durch rechtsextreme Gewalt Verletzten spielen in den Medien keine Rolle. Rechtsextremismus sei ein typisches Konjunkturthema, betont der Fachjournalist Anton Maegerle, der seit vielen Jahren die Szene beobachtet und die Aktivitäten dokumentiert. »Ohne spektakuläre Vorkommnisse oder gute Wahlergebnisse verschwindet das Thema immer wieder im Orkus. Medien und Politik scheinen in dieser Hinsicht nicht besonders lernfähig«, kritisiert Maegerle. Hinzu komme, dass Rechtsextremismus immer noch weithin mit glatzköpfigen Dumpfbacken gleichgesetzt werde, »während Champagner-Antisemiten und Rechtsextremisten mit Schlips und Kragen weniger im Fokus der Beobachtung und Berichterstattung stehen. Letztgenannte sind gesellschaftspolitisch jedoch wesentlich gefährlicher als die ›Heil Hitler‹-Schreier.«[2]

Es bleibt die Diskrepanz zwischen den offiziellen Zahlen und denen der Journalisten. Der schwache öffentliche Druck bei diesem Thema brachte die Politik kaum in Verlegenheit, die Opfer hatten schlicht keine Lobby, da Migranten in öffentlichen Debatten lieber als Täter denn als Opfer angesehen werden. Das liegt auch an den Medien, die beispielsweise Polizeimeldungen oftmals nicht hinterfragen, sondern eins zu eins weitergeben. Dadurch werden politische Straftaten entpolitisiert und Stereotype millionenfach reproduziert. Tauchen die Opfer der rechtsextremen Gewalt – überwiegend Schwarze, Migranten, linke Jugendliche, Homosexuelle oder Obdachlose – überhaupt irgendwo in den Medien auf, wird das Geschehen oft nicht präzise genug beschrieben, was falsche Schlussfolgerungen zulässt. Beispielsweise wird nach Überfällen auf Schwarze oft von einer »ausländerfeindlichen« oder »fremdenfeindlichen« Motivation geschrieben. Dies impliziert, dass Schwarze keine deutschen Bürger sein könnten oder per se Fremde wären. Mit anderen Worten: Es wird die Perspektive der Täter eingenommen, die in einem Schwarzen einen nicht deutschen Fremden sehen, obwohl er vielleicht hier geboren wurde oder seit vielen Jahren hier lebt, anstatt eine sachliche Einstufung, nämlich dass es sich um rassistische Hintergründe handelt, vorzunehmen. Die Annahme, ein Schwarzer könne kein Deutscher sein, liegt haargenau auf der Linie der NPD, sie hetzte bereits des Öfteren gegen »Plaste-Deutsche«, da diese nach völkischer Lesart keine Deutschen sein können. Der NPD wird von der Öffentlichkeit immerhin Rassismus attestiert, doch schon bei Thilo Sarrazin gilt es öffentlich als umstritten, ob seine Äußerungen als rassistisch zu bezeichnen sind. Hätte die NPD im Zusammenhang mit Schülern einen Vergleich mit Pferderassen aufgemacht und über jüdische Gene doziert, wäre eine solche Diskussion sicherlich ausgeblieben. Ähnliches ist in der Debatte um Günter Grass zu beobachten. Antisemitismus beginnt für viele Deutsche erst, wenn Juden in Gaskammern getrieben werden – dabei ist dies der Endpunkt. Kurzum: Der Gedanke, Politiker oder Kulturschaffende, die nichts mit der NPD zu tun haben, könnten sich rassistisch oder antisemitisch äußern, scheint den meisten Deutschen geradezu absurd. Dies weist auf ein recht bemerkenswertes Selbstbild hin, wonach das Land im Prinzip immun gegen solche menschenfeindlichen Einstellungen sei. Das Gegenteil ist der Fall: Stereotype, Vorurteile und Ressentiments gehören zu der deutschen und europäischen Geschichte – bis heute. Wer sich darum drückt, die Phänomene beispielsweise nach Straftaten, die nur die härteste Ausdrucksform von Rassismus und Antisemitismus darstellen, zu untersuchen und zu benennen, steht dem Fortschritt im Weg, denn eigentlich sollte unser Ziel sein, Artikel 1 Absatz 1 des Grundgesetzes zu verwirklichen und für alle selbstverständlich zu machen: Die Würde des Menschen ist unantastbar. Sie zu achten und zu schützen ist Verpflichtung aller staatlichen Gewalt. Das gilt nicht nur für Migranten, sondern auch für sozial Deklassierte, Behinderte, Juden, Homosexuelle und alle anderen Menschen. Der Kampf gegen Vorurteile ist kein naives Gutmenschentum, sondern die oberste Verpflichtung für Staat und Bürger – in ihrem eigenen Interesse übrigens, denn eine Gesellschaft, in der Menschen nicht entwürdigt und gedemütigt werden, verspricht auch deutlich mehr Sicherheit. Und zwar keine Sicherheit, die durch Überwachung und Repression erreicht wird.

Die Medien sollen dabei eine besonders wichtige Aufgabe erfüllen, sie prägen den öffentlichen Diskurs. Doch wenn Rassismus oder Antisemitismus medial als vermeintlich mutiger Tabubruch inszeniert werden, sind sie dieser Verantwortung nicht gerecht geworden. In vielen Redaktionen fehlt schlicht die Sensibilität gegenüber dem Problem Rassismus, was zumeist mit der homogenen Zusammensetzung der Belegschaft zusammenhängt: Weiß und aus der gehobenen Mittelschicht, so ist das Profil vieler Journalisten. Nicht gerade die Bevölkerungsgruppe, die viele Erfahrungen mit Diskriminierung machen muss. Und so finden Begriffe wie »Döner-Morde« oder »fremdenfeindlich« ihren Weg auch in seriöse Medien.

Marjan Parvand, Redakteurin bei »ARD-aktuell«, bestätigt, es gebe in vielen Redaktionen hierzulande noch wenig Wahrnehmung und Aufgeschlossenheit gegenüber Menschen, die einen anderen kulturellen Background mitbringen. »Den ›biodeutschen‹ Kolleginnen und Kollegen fällt es kaum auf, dass sie unter sich sind«, so Parvand. Die Journalistin engagiert sich im Netzwerk Neue Deutsche Medienmacher, einem Zusammenschluss von Journalisten mit Migrationshintergrund. Parvand betont die Fähigkeiten, die diese Kollegen mitbringen: eine gewisse Sensibilität, sprachliche Kompetenz und vielleicht auch ein besonderes Einfühlungsvermögen gegenüber Menschen mit Migrationshintergrund und ihren Geschichten. »Das ist in Zeiten, in denen jeder fünfte Bürger dieses Landes einen Migrationshintergrund hat, viel wert.« Wohl wahr. Doch Parvand warnt: »Nur weil wir uns für die Themen von Migranten starkmachen und hier eine differenziertere Berichterstattung wollen, heißt es nicht, dass wir auf dieses Themengebiet reduziert werden wollen.«[3]

Reduziert auf ihren Migrationshintergrund werden die Kolleginnen und Kollegen von anderen. »Als ich als ganz junge Journalistin bei einer Politikredaktion anfing und meine Texte abgab, geschah es oft, dass ich für meine gute Orthographie gelobt wurde«, berichtet Sheila Mysorekar von den Neuen Deutschen Medienmachern. »Das war mir seit der Grundschule nicht mehr passiert. Es war mir ein Rätsel, warum das in der Redaktion so positiv vermerkt wurde – bis mir aufging, dass niemand dort erwartet hatte, dass ich korrektes Deutsch schreiben könne. Denn die anderen Leute im

Sender, die so aussahen wie ich, die haben dort geputzt.« Und Ausländer sprechen, so zumindest der Eindruck, der beispielsweise in der Integrationsdebatte vermittelt wird, zumeist halt kein Deutsch. »Im Laufe meines Lebens«, berichtet Mysorekar weiter, »ist mir buchstäblich schon Tausende Male gesagt worden: ›Sie sprechen aber gut Deutsch!‹« Darauf antworte ich gerne: »Ich wünschte, ich könnte das auch von Ihnen behaupten!«[4]

Gute Ausländer – schlechte Ausländer, integrationswillige Migranten – integrationsunwillige Migranten, erwünschte hochqualifizierte Arbeitskräfte – unerwünschte Flüchtlinge. Auch die Rechtsterroristen dachten offenbar in diesen Kategorien, immerhin besuchten sie regelmäßig ein griechisches Restaurant in Zwickau, dort waren sie als freundliche Gäste gern gesehen. Die NSU-Opfer wurden aber nicht erschossen, weil sie besonders schlecht oder ausgesprochen gut integriert waren – was immer das auch genau bedeuten soll, darüber ließe sich noch seitenweise schreiben – nein, sie wurden mit Kopfschüssen exekutiert, weil sie Migranten waren. Und sie wurden postum öffentlich zu angeblichen Kriminellen gemacht, weil sie Migranten waren. Und weil sie Migranten waren, wurde sogar an dem Tag der Trauerfeier über ihre vermeintlichen Versäumnisse gesprochen, anstatt die rechtsextreme Parallelwelt in Teilen Ostdeutschlands zu thematisieren, aus denen die Täter stammen. Die Medien haben die Aufgabe, denjenigen, die keine Stimme haben, eine zu verleihen – doch viel zu oft tun sie das Gegenteil, sie werden zum Resonanzverstärker von Institutionen oder Gruppen, die ohnehin bereits das Sagen haben.

Das Antifaschistische Pressearchiv und Bildungszentrum (apabiz) fragte: »Was wäre passiert, wenn den Opfern, den Hinterbliebenen und den Bedrohten in den Jahren zwischen 2001 und 2006 bedingungslos vertraut worden wäre? Wenn ihre Bedenken nicht abgetan worden wären und die Medien ein rassistisches Mordmotiv konsequent als naheliegend verfolgt hätten, ebenso wie die ermittelnden Behörden? Was wenn antirassistische Initiativen sich solidarisch an die Seite der Betroffenen gestellt hätten? Vielleicht wäre dann die Mordserie nicht anders verlaufen, als sie es tatsächlich tat. Aber die Gesellschaft wäre heute eine andere und der Graben zwischen den eingewanderten und den herkünftigen Deutschen etwas weniger tief. Und das Misstrauen, das inzwischen wie mit Händen greifbar scheint, wäre vielleicht nicht so beängstigend groß.«[5]

Migranten können so angepasst sein, wie die Mehrheit der Deutschen es will, sie bleiben dennoch Migranten. Sie können so gut Deutsch schreiben und sprechen, wie sie wollen, sie bleiben Migranten – und sie sollen »liefern«, früher als einfache Arbeitskräfte, heute als Fachkräfte, die sich gefälligst ihren Platz erarbeiten sollen, die gefälligst besonders bemüht sein sollen, sich zu integrieren und weiterzubilden – immerhin dürfen sie hier schon leben. Fast schon amüsant ist es, die Debatten über deutsche Greencards zu verfolgen: Deutsche Politiker tun geradezu so, als handele es sich um eine milde Gabe für die an den Grenzen anstürmenden Inder und andere IT-Fachleute, wenn sich Deutschland dazu durchringt, eine Greencard für hochqualifizierte Migranten anzubieten. Und dann wundert man sich, wenn diese undankbaren Migranten gar nicht kommen wollen – beispielsweise weil sie in anderen Ländern weit bessere Bedingungen vorfinden, nicht nur, was die Bezahlung angeht, sondern insbesondere die gesellschaftliche Akzeptanz. Denn fast nirgendwo sitzen veraltete und völkische Ansichten über das Blutsrecht noch so tief in den Köpfen der Menschen wie in Deutschland: Deutscher wird man demnach nicht, Deutscher ist man. Alle Versuche, das deutsche Blutsrecht endlich und endgültig in der Rumpelkammer der Geschichte zu verstecken, schlugen bislang fehl. Stattdessen prägen »Integrationsdebatten«, die in Wirklichkeit stets Unterschiede betonen, die öffentlichen Diskussionen. Der Migrationsforscher Klaus J. Bade meint dazu im Interview mit dem Autor: »Migration und Integration prägen die europäische Geschichte seit ihren Anfängen. Heute stehen sie aus aktuellen Gründen im Mittelpunkt öffentlicher Aufmerksamkeit. Viele Europäer halten die neuen Herausforderungen für eine historische Ausnahmesituation. Sie irren. Wanderungsbewegungen waren seit jeher Teil der europäischen Geschichte. Viele, die sich gegenwärtig über die Integration von Fremden sorgen, wissen nicht, dass sie selbst ferne Nachfahren von Zuwanderern sind. Kultur ist kein Zustand, sondern ein Prozess. Darin findet jede Zeit ihre eigene Form. Man muss also immer genau hinsehen, was zu welcher Zeit unter »Kultur«, »deutsch« und »Volk« verstanden wurde. Die deutsche Kultur wie das deutsche Volk sind Ergebnis der verschiedensten kulturellen Einflüsse in einem Kulturaustausch, aus dem Europa als Kulturregion hervorgegangen ist. Durch Zuwanderung geprägte Zeiten hat es dabei immer wieder gegeben – und viele dieser Zeiten kannten die Angst vor der damit verbundenen Veränderung und die Idealisierung erträumter vergangener Zustände. Die aber waren in Wirklichkeit meist nur ersehnte Traumbilder im Gegenentwurf zu einer schwarz in schwarz gemalten Gegenwart und gefürchteten Zukunft. Wenn aber diese Zukunft später erlebte Gegenwart geworden war und andere Wanderungsbewegungen ins Land kamen, dann erschienen die seinerzeit beklagten, inzwischen Geschichte gewordenen Migrations- und Integrationsprobleme oft in harmonischen Farben als neue Gegenbilder zu den dann wieder als viel düsterer erlebten Migrations- und Integrationsverhältnissen. Solche Erfahrungswechsel kennen die meisten Einwanderungsländer.«

Zwar erleben wir mittlerweile zumindest in deutschen Großstädten eine multikulturelle Normalität, doch diese ist vielen noch immer ein Graus. Nicht umsonst reisten die Terroristen von Sachsen aus fast ausschließlich in westdeutsche Großstädte, um ihren Terror auszuüben, die Banküberfälle verübten sie hingegen im Osten. Offenbar hatten die Rechtsextremen aber die Ignoranz gegenüber Gewalt und Mord an Migranten unterschätzt, ihre Botschaft, so eindeutig sie auch war, kam in der großen Öffentlichkeit nicht an. Bei den Migranten und in der Neonazi-Szene hingegen schon.

Die Tat ist
die Botschaft

Man habe einen rechtsterroristischen Hintergrund ausgeschlossen, weil es kein Bekennerschreiben gegeben habe. So erklären Politik, Medien und Sicherheitsbehörden ihr Versagen bei der rassistischen Anschlagsserie des Nationalsozialistischen Untergrunds. Dabei sind Bekennerschreiben von Rechtsextremen die absolute Ausnahme. Die Vernichtung ist die Botschaft. Die Vernichtung der Gegner, durch Gewalt und Terror, ist der Kern der rechtsextremen Ideologie, in der die Idee der Ungleichwertigkeit von Menschen vorherrscht. Diese Erkenntnis ist so alt wie der Rechtsextremismus selbst – spätestens aber seit dem Holocaust sollte bekannt sein, welche eliminatorische Kraft im Rechtsextremismus schlummert – und immer wieder ausbricht.

Die Liste der rechtsextremen Überfälle, Morde und Terroranschläge in Deutschland ist lang. Fast alle diese Attacken haben eins gemeinsam: Bekennerschreiben und vor allem theoretische Abhandlungen, die diese Taten rechtfertigen sollen, gibt es nicht. Dies ist einfach zu erklären: Die Tat ist die Botschaft. Taten statt Worte. Auf T-Shirts der Neonazis stehen Parolen wie »Vernichtet den Feind«, »Gegen Demokraten – helfen nur Granaten« oder »Nie wieder Krieg – nach unserem Sieg!«. Die rechtsextreme Bewegung wähnt sich im Krieg, der Kampf ums Überleben, das sozialdarwinistische

Survival of the Fittest, gehört zu den Grundpfeilern dieser Ideologie. Endzeitszenarien, wonach Deutschland spätestens 2025 der »Volkstod« drohe, weil es systematisch »überfremdet« werde, sind an der Tagesordnung und erhöhen den Handlungsdruck in einer Bewegung, in der eine explosive Mischung aus Männlichkeitskult und Minderwertigkeitskomplexen, Waffenfetisch und Weltherrschaftsträumen ohnehin prägend sind.

Der *Spiegel* titelte nach dem Bekanntwerden der rassistischen Terrorserie mit der Schlagzeile der »Braunen Armee Fraktion«. Das klingt zwar gut, ist aber falsch und obendrein symptomatisch für den Umgang mit dem Rechtsterrorismus in Deutschland. Die Definition von Terrorismus orientierte sich hierzulande stets an der RAF, die versuchte, ihre Morde in kruden Bekennerschreiben zu legitimieren; seitenlange Pamphlete, in denen der Kampf gegen Imperialisten und Kapitalisten erläutert und dargelegt wurde, in denen die Terroristen versuchten zu erklären, warum sie angeblich zu den Waffen haben greifen müssen. Die Linksterroristen mordeten aber nicht, um zu morden. Das macht die Taten nicht weniger grausam, ist aber eine wichtige Erkenntnis, um die unterschiedlichen Arten des Terrors zu verstehen. Die RAF musste ihre Taten rechtfertigen, weil sie doch eigentlich eine Gesellschaft der Gleichen wollte. Da bedarf es einiger theoretischer Ausführungen, um zu erläutern, warum man dennoch Menschen entführen und ermorden dürfe. Doch der Zweck heiligte die Mittel, so die Denkweise. Im Rechtsextremismus ist hingegen die Vernichtung politisches Programm, nicht nur Mittel zum Zweck, sondern der Zweck an sich. Wer diesen Kern des Rechtsextremismus nicht sieht oder nicht erkennen will, hat diese Ideologie nicht verstanden, verkennt das tödliche Potential und hat aus der Geschichte offenkundig nichts gelernt. Links ist nicht gleich Rechts, ein Überfall von 20 Männern auf ein Opfer ist etwas anderes als Notwehr, und ein Vernichtungskrieg unterscheidet sich von einer Intervention, um Massenmorde zu beenden. Eine Erkenntnis, die es insbesondere in Deutschland schwer hat, sich dauerhaft durchzusetzen, denn früher erklärte Deutschland der Welt den Krieg, heute den Frieden – wobei komplexe Konstellationen oder akute Bedrohungen oft ignoriert werden. Genau wie der mörderische Kern der rechtsextremen Ideologie, die voll auf die Exklusion, den Ausschluss von Menschen abzielt. Dieses Unverständnis zeigte sich in den vergangenen Jahren oft – in der politischen Bewertung von Straftaten beispielsweise. Während abgebrannte Autos in einer von der Bundesregierung geförderten Broschüre über Linksextremismus einfach als linke Straftaten eingestuft wurden, obwohl dafür gar keine Belege vorlagen, und in der Öffentlichkeit von einer Art Terror die Rede war, wurden gezielte Angriffe von Neonazis bisweilen entpolitisiert – als Keilereien zwischen Banden oder Wirtshausschlägereien unter Betrunkenen. Man stelle sich nur den umgekehrten Fall vor: Eine Regierung würde sämtliche Straftaten, bei denen Migranten Opfer wurden, zu rechtsextremen Verbrechen erklären. Der Sturm der Entrüstung wäre gewaltig, denn bei der Debatte über die rechtsextremen Straftaten schwingt stets die Sorge um das deutsche Ansehen im Ausland mit. Das interessiert sich aber wenig für die deutschen Rechtsextremen, dabei gäbe es hier Bemerkenswertes zu beobachten. Beispielsweise die NPD, die mit dem rechtsextremen Vernichtungswillen sogar offen auf Wahlplakaten hausieren ging: »Gas geben!« wollte Ex-Parteichef Udo Voigt im Berliner Wahlkampf im Jahr 2011. Zwar saß Voigt dabei auf einem Motorrad – doch die eindeutig zweideutige Botschaft wurde deutlich: Der Begriff »Gas« im direkten Zusammenhang mit Berliner Neonazis löst eine Assoziation aus – Auschwitz. Dieses präzedenzlose Verbrechen zeigt, was die uneingeschränkte Herrschaft der rassistischen Fanatiker bedeuten würde, nämlich die totale Auslöschung für alle, die nicht in das Weltbild der selbsternannten »Herrenmenschen« passen. Auschwitz wurde nicht grundlos genau zu der Zeit errichtet, als die deutsche Macht in Europa auf dem Höhepunkt und der Vernichtungskrieg in vollem Gange war und die Deutschen offenbar keinen Gegner mehr zu fürchten brauchten.

Mit diesem Zivilisationsbruch lebten die Nazis ihre Vernichtungspläne aus und perfektionierten diese, auch wenn die Begriffe »Todesfabrik« und »industrielles Töten« das Geschehen verharmlosen, wie der Historiker Andreas Strippel betont: »Zwar waren moderne Verwaltung und Technik wichtige Voraussetzung für die serielle Tötung von Menschen, aber dennoch täuscht dieser Eindruck über die Realität der Mordprozesse weg. Viele der Opfer sind qualvoll durch deutsche Hungerpolitik zugrunde gerichtet worden, noch mehr wurden erschossen. Auch in den sogenannten ›Todesfabriken‹ spielten sich unfassbar barbarische Szenen ab, die nichts mit dem vermeintlich ›sauberen‹ Töten zu tun hatten. Vom Einleiten des Gases über das Sortieren der Kleidung, vom Herauszerren der Leichen aus den Gaskammern bis zu ihrer Verbrennung in den Krematorien: immer waren Menschen direkt an der Tötung beteiligt, der ganze Vorgang dauerte Stunden. Die Arbeit wurde von jüdischen Zwangsarbeitern verrichtet, die selbst ständig vom Tode bedroht waren. Das Inferno der Vernichtungslager hat nichts mit dem etwas sterilen Bild der ›Todesfabriken‹ gemein.«[6]

»Werde unsterblich« – diese Parole propagieren Neonazi-Gruppen aus dem Umfeld der mutmaßlichen Terror-Unterstützer in Brandenburg und Sachsen. Mit Fackeln ziehen sie durch Städte, angeblich spontan, was bei der Inszenierung und den Teilnehmerzahlen von einigen Hundert unmöglich

sein dürfte. Die Organisatoren dieser gespenstischen Aufmärsche produzieren martialische Propagandavideos ihrer
Aktionen. »Werde unsterblich« – die selbsternannten »politischen Soldaten« sehen sich in einer geradezu religiösen Mission. Der Einzelne zählt nichts, das völkische Kollektiv alles.
Unsterblich wird, wer sein Leben gibt für den Kampf.

»Wir haben eine große Botschaft. Wir haben wieder etwas,
was die Jugend zum Kampf animiert. Es ist der große Idealis-
mus. Und fragt euch doch einmal: Welche Kraft ist denn
mächtiger? Erinnert euch an die Bilder der jungen Palästinen-
serinnen, junge Mütter, die sich den Sprengstoffgürtel um-
schnallen, um für ihr Volk, ihre Nation in den Tod zu gehen.
Das ist es.« So der damalige bayerische NPD-Funktionär Roland W. auf einer Demonstration im Oktober 2004.

Dementsprechend werden die Taten der Nazis von ihren
geistigen Erben glorifiziert, der deutsche Soldat habe tapfer
und heldenhaft gekämpft, für ein größeres Ziel, der Tod von
Millionen Menschen sei nicht umsonst gewesen, weil Deutschland doch leben müsse – und der Kampf geht weiter. Während Nazis sich nach dem Zweiten Weltkrieg damit herausre-
den wollten, man habe von den Gräueltaten doch gar nichts
gewusst, werden diese heute entweder geleugnet oder verherr-
licht. Die Neonazis sind nicht trotz, sondern wegen Auschwitz Neonazis.

»Heutige wie damalige Nazis orientieren sich an der Tat«,
erklärt Andreas Strippel. Praxis und Lebenswirklichkeit sei-
en Postulate der SS-Täter gewesen, mit denen sie gegen abs-
trakte Entwürfe und Politik vom »grünen Tisch« aus polemi-
sierten. Ulrich Herbert prägte hierfür die These vom »Primat
der Praxis«.[7]

Demnach stilisierten sich die NS-Täter selbst nur als Exe-
kutoren ihrer vorgestellten Lebenswirklichkeit. »Das erlaubte
ihnen, Rasse(n)theorien zu entwickeln und gleichzeitig the-

oriefeindlich gegen alle vermeintlichen artifiziellen Politik-
entwürfe zu polemisieren«, so Strippel weiter. Der Historiker,
der zur deutschen Vernichtungspolitik in Osteuropa forscht,
verweist auf Heinrich Himmler. Dieser habe in einer berüch-
tigten Rede im Jahr 1943 die Vorstellung dargelegt, Mord sei
eine Notwendigkeit, die nicht in der Öffentlichkeit verhan-
delt werden sollte. Vor hohen SS-Offizieren sprach Himmler
vollkommen offen über den Mord an den europäischen Juden, fügte aber an: »Es gehört zu den Dingen, die man leicht
ausspricht. – ›Das jüdische Volk wird ausgerottet‹, sagt ein
jeder Parteigenosse, ›ganz klar, steht in unserem Programm,
Ausschaltung der Juden, Ausrottung, machen wir.‹ Und dann
kommen sie alle an, die braven 80 Millionen Deutschen, und
jeder hat seinen anständigen Juden. Es ist ja klar, die anderen
sind Schweine, aber dieser eine ist ein prima Jude. Von allen,
die so reden, hat keiner zugesehen, keiner hat es durchgestan-
den. Von euch werden die meisten wissen, was es heißt, wenn
100 Leichen beisammen liegen, wenn 500 daliegen oder
wenn 1 000 daliegen. Dies durchgehalten zu haben, und dabei – abgesehen von Ausnahmen menschlicher Schwächen –
anständig geblieben zu sein, das hat uns hartgemacht. Dies ist
ein niemals geschriebenes und niemals zu schreibendes Ruh-
mesblatt unserer Geschichte […].«[8]
  Die Planung und Durchführung der rassistischen Mord-
politik werde eben nicht nach außen in die Öffentlichkeit
kommuniziert, erklärt Strippel, »sondern soll das exklusive
Wissen der Täter und ihrer Helfer bleiben, die sich in ihrer
Praxis als ideologische Elite konstruieren. Allein die Dimension des Holocaust machte dies Unmöglich.« Strippel betont,
es sei unbekannt, ob die Mörder der NSU Himmlers Rede
kannten, »aber ihr Handeln passt in die Kontinuität nationalsozialistischer Ideologie in Deutschland. Selbst in der brutalen Exekution wird noch ein eigenes Opfer (für die Gemein-

schaft) imaginiert. Die Tat selbst wird als heroischer Akt begriffen, der sich aus der rassistischen Weltsicht heraus erklärt und keiner Kommunikation in die Außenwelt bedarf. Nicht das Reden über die Aktion, sondern die Aktion selbst ist die Botschaft. Hier knüpft der NSU an das Selbstverständnis faschistischer bzw. nationalsozialistischer Ideologen an.« Tat und Aktion runden die rechtsextreme Ideologie laut Strippel ab, nicht Pamphlete und Schriften, nicht kluge Gedanken, sondern die Lebenswirklichkeit sei gefragt. Oder wie es Himmler ausdrückte: »Kompetent ist der, der etwas erreicht.« Kompetenz bedeute in der rassistischen Wahnwelt: Mord.[9]

Wer dennoch nicht versteht, dass Ausgrenzung und Vernichtung die originären politischen Ziele des Nationalsozialismus sind und eine Botschaft braucht, der sollte sich einen Abend lang Rechtsrock-Lieder im Internet anhören. Beispielsweise die Band Landser um Michael Regener. Sie wurde als kriminelle Vereinigung (!) verboten, die NPD solidarisierte sich schließlich bei einer Demonstration mit Regener, der wegen Bildung dieser Vereinigung ins Gefängnis musste. Hochrangige NPD-Funktionäre nahmen im Jahr 2006 an einer Protestveranstaltung teil, um die Forderung nach einer vorzeitigen Haftentlassung Regeners Nachdruck zu verleihen. Die Texte von Landser sollen zum Kampf gegen den Staat und die Feinde der Neonazis aufstacheln. Es lassen sich kaum Texte vorstellen, die noch mehr widerwärtige Menschenverachtung enthalten. Die Band genießt Kultstatus in der Szene, und auch hier gilt: nicht trotz, sondern genau wegen des Vernichtungswillens. In dem Lied »Sarah« aus dem Jahr 1992 heißt es beispielsweise:

Sarah, an meinem Messer klebt dein Blut und ich fühl
mich gleich noch mal so gut. Die Diele ist vom Blut ganz rot.
Und Sarah, Sarah du bist tot.

Aus deinen Knochen hab ich so 'n prima Gestell gebaut, für
'nen Lampenschirm. Und den dazu aus deiner so herrlich
zarten Haut. Dann hab ich noch ein paar Bücher gefunden
und neu eingebunden, aus Sarah.

Es ist dunkel, ich will jetzt wohl mal schlafen gehn.
Beim Schein der Lampe kann ich deinen süßen, kleinen
Schrumpfkopf als Briefbeschwerer grinsen sehen. Den
habe ich ganz kahl gemacht. Auf meiner prall mit deinen
Haaren gefüllten Matratze jetzt eine gute Nacht.

Sarah, du hast dich immer aufgeregt, dass wir Deutschen
so dreckig warn, jetzt waschen wir uns täglich, denn jetzt
ist ja genug Seife da. Wie schade, dass man aus dir keinen
Fernseher machen kann.

Landser sind zwar besonders radikal in ihren Texten, doch
die Band ist beileibe kein Einzelfall. Die Gruppe Sturm 18 (18
ist eine Chiffre für Adolf Hitler) rief in dem Lied »Ich bin
dabei« offen zum Terrorismus auf:

Ihr habt es so gewollt und gar nichts anderes verdient. Ihr
Heuchler, ihr werdet zahlen für die Verbote, die euch rein
gar nichts nützen – es kommt der Tag der Rache. Innerlich
ich schon ganz laut lache. Wir gehen in den Untergrund,
autonom und militant. Wir werden erst ruhen, bis der
Letzte von euch aus diesem Lande ist verbannt.

Wir werden Terroristen sein, ja und ich bin dabei. Wir
räumen hier auf, wir räuchern sie aus. Macht der
Rasselbande den Garaus. Für jeden dieser feinen Herren
gibt's 'nen Koffer voller TNT und für Spiegel, Friedmann
und Konsorten auf Wunsch auch gerne Zyklon B.

*Ihr nennt euch Demokraten, doch was anders denkt, wird
inhaftiert. Der Wolf im Schafspelz. Verräter an Volk und
Heimat, Verbrecher, Lumpenpack. Handeln müssen wir und
zwar schnell. Wir gehen in den Untergrund, autonom und
militant. Wir werden erst ruhen, bis der Letzte von euch
aus diesem Lande ist verbannt.*

Wer also Bekennerschreiben braucht, der würde auch welche
finden, zwar nicht unbedingt zu einzelnen Straftaten, dafür
aber zur Vernichtung als politisches Programm und zum
Kampf gegen das System und alle Feinde der Rechtsextremen. All diese Liedtexte sind öffentlich zugänglich, werden
auf Tonträgern verbreitet, die Bands treten bei rechtsextremen Konzerten und Festivals auf – oder wurden, wie der
Sturm Adolf Hitler, über den Versandhandel der *Deutschen
Stimme*, der NPD-Parteizeitung, verkauft. Die CD *Unbelehr-
bar* von Sturm 18 gehörte beim DS-Versand sogar zu den
meistverkauften Produkten.

Gideon Botsch von der Universität Potsdam betont, es sei
»in Texten von Musikgruppen sehr genau angekündigt, was
geplant war, nämlich ein Rassenkrieg. Das hätte man ernst
nehmen können, bedauerlicherweise hat dies ein großer Teil
der Politikwissenschaft nicht getan.«[10]

In Hunderten Liedern wird nicht nur zum Terror aufgeru-
fen, sondern die Opfer der rechtsextremen Mörder werden
darüber hinaus verhöhnt – und auch konkrete Gewalttaten
gefeiert. Hier wurde die Botschaft des NSU verstanden oder
sogar bewusst in der Szene verbreitet. Besonders interessant
in diesem Zusammenhang ist das Lied »Döner-Killer«, das
im Jahr 2010 auf der CD *Adolf Hitler lebt* von Gigi & die braunen Stadtmusikanten veröffentlicht wurde. Von wann das
Lied genau stammt, ist unbekannt. Der Bandname Gigi & die
braunen Stadtmusikanten zeigt bereits an, wo es inhaltlich

langgeht. »Gigi« gilt in der Szene als Kultband, ihr Kopf ist Daniel Giese aus Niedersachsen, der bereits seit Jahren Mitglied der NPD ist (Stand: März 2012). Eine antifaschistische Gruppe aus Nordhorn hatte ein internes Dokument aus der Partei vorliegen, das zeigt, dass Giese Mitglied der NPD war und sogar eine Funktion übernommen hatte. Auf Anfrage des Autors, ob Giese denn weiterhin Mitglied sei und wie die NPD dies bewerte, reagierte die Partei zunächst nicht. Erst auf die Nachfrage, ob die Mitgliedsnummer Gieses bei der Beantwortung der Frage helfen würde, antwortete NPD-Pressesprecher Frank Franz: »Herr Giese ist Musiker. Die Mitgliedschaft in der NPD ist nicht von der Berufstätigkeit abhängig. Für das subjektive Empfinden, ob etwas geschmackvoll oder geschmacklos scheint, kann ein Mitglied nicht ausgeschlossen werden.«

Was die NPD mit »subjektivem Empfinden« meint, wird anhand des Lieds »Döner-Killer« deutlich:

Neunmal hat er es jetzt schon getan. Die SOKO Bosporus, sie schlägt Alarm. Die Ermittler stehen unter Strom. Eine blutige Spur und keiner stoppt das Phantom.

Sie drehen durch, weil man ihn nicht findet. Er kommt, er tötet und er verschwindet. Spannender als jeder Thriller, sie jagen den Döner-Killer.

Neunmal hat er bisher brutal gekillt, doch die Lust am Töten ist noch nicht gestillt. Profiler rechnen mit dem nächsten Mord. Die Frage ist nur wann und in welchem Ort.

Hunderte Beamte ermittelten zuletzt. 300.000 Euro sind auf ihn ausgesetzt. Alles durchleuchtet, alles überprüft, doch kein einziger Hinweis und kein Tatmotiv.

Am Dönerstand herrschen Angst und Schrecken. Kommt er vorbei, müssen sie verrecken. Kein Fingerabdruck, keine DNA. Er kommt aus dem Nichts, doch plötzlich ist er da.

Wer stillt seinen Hunger und wann geht er wieder jagen? Wann taucht er wieder auf? Kein Fahnder kann es sagen. Wer ist der Nächste? Wann ist es so weit? Sie haben ihn längst verloren, den Wettlauf gegen die Zeit.

Bei allen Kebabs herrschen Angst und Schrecken. Der Döner bleibt im Halse stecken, denn er kommt gerne spontan zu Besuch, am Dönerstand, denn neun sind nicht genug.

Gigi & die braunen Stadtmusikanten vollziehen in diesem äußerst geschmacklosen Text eine bemerkenswerte inhaltliche Verknüpfung. Denn zum einen besingt das NPD-Mitglied Giese die Morde an den neun Migranten, die in der Öffentlichkeit noch gar nicht als rassistische Anschlagsserie bekannt waren, und gleichzeitig ist in dem Lied von einem »Phantom« die Rede. Genau dieser Begriff wurde bei der Suche nach dem Mörder der Polizistin Michèle Kiesewetter benutzt – doch dieser wurde von Ermittlern und der Öffentlichkeit bis November 2011 gar nicht mit der Mordserie an den Migranten in Verbindung gebracht.

In Hunderten Songs werden Menschen zu Tieren degradiert, Kampfparolen geschmettert sowie Gewaltverbrechen, Terror und Krieg glorifiziert. Aussteiger berichten immer wieder übereinstimmend, welche immense Bedeutung die Musik für den Einstieg in die örtliche Szene, für die ideologische Festigung und für den Zusammenhalt habe. Die Bewegung ist im Kampf gegen das »Fremde« und gegen ihre Feinde vereint. Das Ziel der Rechtsextremen ist eine gleichgeschaltete, homogene Volksgemeinschaft. Ausgemerzt werden müssen

alle »Volksverräter«, um politische sowie kulturelle Gleich-
schaltung zu erreichen, und alle Migranten, um »rassische«
Homogenität heranzuzüchten. Vernichtung ist ein logischer
und zentraler Teil dieser Ideologie, die behauptet, Menschen
oder »Rassen« seien nicht gleichwertig. Die zahlreichen Selbst-
verteidigungsszenarien gegen eine angebliche »Landnahme«
oder »Überfremdung« legitimieren die Aggressionen und die
Vernichtungsphantasien der extremen Rechten in Deutschland, die in den vergangenen 100 Jahren europaweit vielen
Millionen Menschen das Leben gekostet haben.

Aus dem Video *Deutscher, Augen auf! Du bist im Krieg!*,
produziert von Volksfront Medien, ein Projekt aus dem direkten Umfeld hessischer NPD-Kreise:

> *Deutscher, Augen auf, du bist im Krieg! Das System fördert*
> *und unterstützt Homosexuelle, die bekommen keine*
> *Kinder. Das System fördert nichtrassige Ehen, denn die*
> *bekommen auch keine deutschen Kinder ... Abtreibung,*
> *denn da werden deutsche Kinder ermordet [...] das System*
> *verblödet unsere Kinder schon im Kindergarten und in der*
> *Schule [...] antifamiliäre Subkulturen [...] gleichgeschaltete*
> *Medien [...] dem einzigen, dem deutsche Kinder im Weg*
> *stehen, das sind die Auserwählten, [Synonym für Juden*
> *verwendet, Anm. d. A.] diese ›One-World-Fetischisten‹,*
> *die uns schon so oft, zum letzten Mal am 24.03.33 im*
> *Daily Express[11], den Krieg erklärt haben. Letzte Bomben*
> *fielen zwar '45, aber ihr Krieg, der geht weiter [...] dieser*
> *Krieg wird für sie erst zu Ende sein, wenn der letzte*
> *Tropfen ›reinen Blutes‹ aller Völker verflossen ist. Sie die*
> *Weltherrschaft erhalten [...] Augen auf, du bist im Krieg ...*
> *wird es auch zu deiner Pflicht, das System hat dir den Krieg*
> *erklärt, es wird Zeit, darauf zu antworten ...*

Uns droht zwar keine erneute Machtübernahme der Nazis, sie sind im größten Teil Deutschlands marginalisiert und isoliert. Wer anderes behauptet, schürt Hysterie. Doch gerade ihre politische Erfolg- und Perspektivlosigkeit kann eine weitere Radikalisierung befördern – und damit die Gefahr durch Terrorismus vergrößern. Wer nichts zu sagen hat, schreit umso lauter; und wer keine politischen Einflussmöglichkeiten hat, kämpft und greift möglicherweise zur Gewalt, um die bestehenden Strukturen zu zerstören. Es war der langjährige NPD-Funktionär Jürgen Rieger, der bereits Anfang der neunziger Jahre vor laufender Kamera offen erklärt hatte, dass der Rechtsterrorismus ohne Bekennerschreiben auskommt. Auf die Frage eines NDR-Journalisten, wann denn der bewaffnete Kampf beginnen könne, antwortete der mittlerweile verstorbene Rassist: »Warten Sie es doch ab. Wenn der erste Reporter umgelegt ist, der erste Richter umgelegt ist, dann wissen Sie, es geht los. Reporter, Richter, Polizisten, Sie!«

Die Angehörigen der NSU-Opfer hatten gegenüber den Ermittlern immer wieder den Verdacht geäußert, Neonazis könnten die Täter sein – aber eine Reaktion blieb aus. Und auch nachdem die Polizistin Michèle Kiesewetter »umgelegt« wurde, um mit Riegers Worten zu sprechen, wollte die Öffentlichkeit nichts von Rechtsterrorismus wissen. Dabei hatte sogar der damalige Leiter des Thüringer Amtes für Verfassungsschutz, Helmut Roewer, umstritten wegen seiner laschen Einstellung gegenüber rechtsextremen Gefahren, in einem Vortrag am 13. März 2000 die drei untergetauchten NSU-Terroristen als Beispiele »nicht zu unterschätzender Einzeltäter und Kleinstgruppen, deren ideologischer Ansatz in erster Linie die Aktion ist« genannt.

Nicht nur »Gigi« feierte die Morde des Nationalsozialistischen Untergrunds. Auch in dem neonazistischen Fanzine

Der Weisse Wolf wurde der Kampf der Rechtsterroristen gewürdigt. »Vielen Dank an den NSU, es hat Früchte getragen. Der Kampf geht weiter …« Dieser Satz stand im Vorwort der Ausgabe 1/2002.[12]

Ein Gruß, den die Sicherheitsbehörden nicht einordnen konnten, der nicht aufgefallen war – aber heute Fragen aufwirft, die zumindest von den Verfassungsschützern, deren Aufgabe es wäre, auf solche Hinweise zu achten und herauszufinden, was dahinter steckt, nicht beantwortet werden können. In seinem Jahresbericht für 2003 hatte der Inlandsgeheimdienst von Mecklenburg-Vorpommern das Fanzine aus Neustrelitz zwar erwähnt, der Gruß machte die Verfassungsschützer aber offenkundig nicht stutzig. Wie auch? Die Abkürzung NSU für Nationalsozialistischer Untergrund sei, so teilte es Innenminister Lorenz Caffier (CDU) im März 2012 der Öffentlichkeit mit, dem Verfassungsschutz in Mecklenburg-Vorpommern erst im November 2011 bekannt geworden. Das passt ins Bild: Will man keine Bekennerschreiben sehen, gibt es auch keinen Rechtsterrorismus – gibt es keinen Rechtsterrorismus, erkennt man auch keine Bekennerschreiben. Nichts sehen, nichts hören, nichts sagen.

Nicht nur in der Neonazi-Szene, auch bei vielen Migranten in Deutschland kam die Botschaft der Rechtsterroristen jedoch an. Im Frühjahr 2006 demonstrierten rund 2 000 Menschen, überwiegend türkischstämmig, in Kassel, um auf die Mordserie aufmerksam zu machen. Sie forderten Politik und Polizei zum Handeln auf: »Kein 10. Opfer!« Vergebens. »Der Rechtsterrorismus orientiert sich nicht am Motiv der Propaganda der Tat, sondern will ein allgemeines Unsicherheitsgefühl in Teilen der Bevölkerung erzeugen«, erklärt Gideon Botsch. Diese Strategie sei bei der NSU-Terrorserie aufgegangen. Während die Verunsicherung bei Migranten wuchs, fielen Politik und große Öffentlichkeit erst im November 2011, also fünf Jahre später, aus allen Wolken: Neonazis, die Ausländer ermorden – und das ausgerechnet in Deutschland? Unfassbar, so die Reaktionen. Aber warum sollte es ausgerechnet in Deutschland keine Nazis geben, die morden? Es mag nicht zum modernen Selbstbild der Berliner Republik passen, doch in den vergangenen 100 Jahren – die NS-Zeit sogar noch ausgeklammert – sind in Deutschland Hunderte Menschen von Rechtsextremen ermordet worden. Manchmal lohnt sich ein Blick in die Geschichtsbücher, auch im 21. Jahrhundert – und selbst für die Weltmeister der Vergangenheitsbewältigung.

Neue Qualität?

»Unfassbar«, »unglaublich« – das waren die vorherrschenden Begriffe, welche die ersten Reaktionen auf das Bekanntwerden der NSU-Terrorserie prägten. In der Tat unfassbar: Rechtsterroristen konnten ungestört durch Deutschland reisen, in verschiedenen Großstädten Menschen erschießen und danach wieder abtauchen – am helllichten Tag, während die Ermittler jahrelang im Dunkeln tappten und noch nicht einmal das Motiv der Terrorserie erkannten. Unglaublich zudem, dass die Gefahr durch den Rechtsterrorismus in Deutschland so lange von Politik und Öffentlichkeit ignoriert und von den Behörden verharmlost werden konnte. Durch einen Wahrnehmungsfilter, erklärt der Politologe Gideon Botsch, werde rechtsextreme Gewalt als spontan, unorganisiert und dumpf wahrgenommen, was zwar oft, aber längst nicht durchgehend zutreffe. Dass dies längst nicht immer der Fall ist, haben Anschläge und Überfälle, Waffenfunde und Wehrsportgruppen der extremen Rechten in den vergangenen Jahrzehnten gezeigt – eine unselige Tradition, die weiterlebt – in Deutschland sowie im Rest von Europa.

Die jüngsten Mordtaten: In Italien erschoss Gianluca Casseri am 13. Dezember 2011 zwei senegalesische Immigranten, drei weitere verletzte er teilweise schwer, bevor er sich in seinem Auto selbst tötete. Der Täter war kein Unbekannter, er war Buchautor und Anhänger der neofaschistischen Vereinigung Casa Pound – die bei deutschen Neonazis als vorbildlich gefeiert wird, unter anderem bei einem NPD-nahen »Bildungswerk« in Sachsen. Politische Beobachter nannten den Täter einen italienischen Breivik.

Casseris mögliches Vorbild, Anders Behring Breivik, schockte im Juli 2011 Norwegen und ganz Europa, als er 77 Menschen ermordete, die meisten waren junge Mitglieder der norwegischen Arbeiderpartiet, die am jährlichen Sommercamp der Sozialdemokraten auf Utøya (*øy* bedeutet auf Norwegisch »Insel«) teilnahmen. Über Jahre hatte Breivik seine Anschläge bis ins kleinste Detail geplant und vorbereitet, die Polizei durch die Bombenexplosionen in Oslo noch in die Irre geführt, damit er auf Utøya ungestört die Jugendlichen ermorden konnte. Der Rechtsextremist wähnte sich bei seiner Tat in einer Notwehrsituation, wie aus seinem »Manifest«, welches größtenteils aus Blogs der »islamkritischen« Bewegung zusammenkopiert wurde, hervorgeht. Breivik sah demnach, was sehr typisch für die rechtsextreme Ideologie ist, zwei Bedrohungen: zum einen durch den äußeren Feind, hier den Islam, der durch ein angebliches Komplott die Weltherrschaft anstrebe und zum anderen durch die »Gutmenschen«, wie sie in Deutschland verächtlich genannt werden, Nachkommen der Frankfurter Schule, wie Breivik schrieb, oder einfach Linke, welche sich zu Komplizen dieser islamischen Landnahme gemacht hätten, sei es aus purer Dummheit, Naivität oder Vaterlandshass. Die Figur des »Volksverräters« also.

Eine rassistisch motivierte »Islamkritik« hatte sich in den vergangenen Jahren als effektivstes Instrument der extremen Rechten in Europa bewährt – Breiviks Tat wurde in den einschlägigen Blogs aber als Bürde für die Bewegung bewertet. Die »islamkritische« Szene (wenn sich jemand ausschließlich als Kritiker einer bestimmten Sache definiert, sollte man hellhörig werden, man denke beispielsweise an die »Israel-Kritiker«) versuchte nach den Anschlägen mit der von ihr gewohnten verbalen Aggressivität und Lautstärke, jeden ideologischen Zusammenhang zwischen der Hetze gegen Muslime und Breivik zurückzuweisen. Es gab auch einige moderatere Töne, aber der Großteil der Szene posaunte es hinaus: Breivik sei ein einzelner Irrer gewesen, der mit der Islamkritik nichts zu tun habe. Angesichts des »Manifests«, das Breivik verbreitet hatte, sowie den jahrelangen Vorbereitungen und der medialen Selbstinszenierung eine recht gewagte These. Sicherlich, in gewisser Hinsicht war Breivik wahnsinnig – doch Wahnsinn und Ideologie schließen sich keineswegs aus, ergänzen und bedingen sich bisweilen optimal. Zumindest dies sollte das 20. Jahrhundert gezeigt haben. Breiviks ideologischer Hintergrund lässt sich exakt bestimmen – er gehörte zu den sogenannten Rechtspopulisten der antimuslimischen Sekte im Netz, die nicht gegen Ethnien hetzt, sondern, viel eleganter, gegen eine Religion – und sich somit mit vermeintlich aufklärerischen Absichten tarnen konnte.

In Deutschland beleidigte Ende 2008 Alex W., ein Russlanddeutscher, der auch auf NPD-Demos mitmarschierte, auf einem Spielplatz in Dresden zunächst die 31-jährige Marwa E. als »Terroristin«, »Schlampe« und »Islamistin«. Marwa E. zeigte ihn an, Alex W. wurde zu einer Geldstrafe verurteilt. Bei der Berufungsverhandlung erstach der Rechtsextremist die schwangere Frau im Gerichtssaal, der Ehemann wollte Marwa noch helfen, doch ein Polizist hielt offenbar den Ägypter für den Täter – und schoss ihm ins Bein. Eine tragische Geschichte, die viel erzählt über die Wahrnehmung von Bedrohung in Deutschland.

In der Öffentlichkeit dominierten derweil die Berichte über den linken oder islamistischen Terrorismus – exakt bis zum 11. November 2011. Anfang November, also wenige Tage vor

der Mitteilung der Sicherheitsbehörden, die braune Terrorzelle sei entdeckt worden, erzielte der Suchbegriff »Linksterrorismus« stattliche 302 000 Ergebnisse bei der *Google*-Su-
che – und 57 bei *Google News*. Obwohl zu diesem Zeitpunkt
bereits bekannt war, dass der Mord an der Polizistin Michèle
Kiesewetter in Heilbronn von Neonazis verübt wurde, brachte es der »Rechtsterrorismus« auf ganze 17 Ergebnisse bei
Google News – und 44 300 bei der *Google*-Suche. Der Begriff
»islamistischer Terrorismus« übertraf aber alles: 1,8 Millionen
Treffer im Web und nicht weniger als 622 Ergebnisse bei
Google News (was mit der internationalen Bedrohung durch
dieses Phänomen erklärt werden kann, wie zahlreiche Anschläge mit Tausenden Toten grausam gezeigt haben). Spannend bleibt aber die Wahrnehmung in der deutschen Öffentlichkeit, was einen möglichen rechten Terror angeht, der
schlicht für unmöglich gehalten wurde – obgleich sämtliche
Voraussetzungen dafür längst erfüllt waren. Der Autor schrieb
an diesem Tag auf *Publikative.org*:

»Ein weiterer Brandanschlag auf ein Jugendzentrum in
Berlin. Ein *NaziLeaks*, das zeigt, wie militante Neonazis in
Sachsen im Windschatten der NPD ihre Aktionen ungestört
planen, während die sächsischen Behörden bei Pfarrern, die
gegen Nazis demonstrieren, Razzien durchführen. Ein mut-
maßlicher Skandal um Polizistenmörder, die offenbar bereits
zehn Jahre zuvor als Neonazis mit Sprengstoff aufgefallen
waren – aber nie dingfest gemacht wurden, obwohl sie über
Jahre in Zwickau lebten. Dazu regelmäßig Meldungen über
Razzien bei Neonazis, bei denen Waffen ausgehoben werden.
Rechtsextreme Hetze, Drohungen und offene Gewaltaufrufe
im Netz. Ein Attentäter in Norwegen, der ein Massaker an
Jugendlichen plant und eiskalt durchführt, weil diese jungen
Menschen Sozialdemokraten waren. Und worüber diskutiert
die Politik und Journaille im deutschen Herbst 2011? Über

angeblich ausufernde Fußballrandale – und die Gefahr eines neuen Linksterrorismus.«

Brandanschläge auf Bahnanlagen in Berlin und Brandenburg hatten in den Wochen zuvor bundesweit eine Debatte über eine vermeintliche neue RAF ausgelöst. Viele Journalisten lieben offenbar den Grusel, den die rote Terrorgefahr mit sich bringt. Doch sogar der Verfassungsschutz widersprach, ein neuer Linksterrorismus sei nicht zu erkennen; die Bahn teilte mit, es habe keine Gefahr für Passagiere bestanden. Anschläge auf die Infrastruktur sind definitiv eher terroristisch als parkende Autos, die in Brand gesteckt werden (diese wurden ebenfalls bereits zur Vorstufe des Terrors hochgeschrieben) – doch ist eine unbekannte und komplett isolierte Gruppe, die sich in einem kruden Schreiben zu den Taten bekannte, noch lange keine neue RAF. Kurz vor dem Papstbesuch Anfang September 2011 hatten die bundesdeutschen Medien dann vermeldet, zumeist als Aufmacher, die Polizei habe einen Terroranschlag vereitelt. Später stellte sich heraus: Die zwei Verdächtigen, die nach sieben Wochen in Untersuchungshaft mangels dringenden Tatverdachts wieder freigelassen wurden, hatten angeblich (!) versucht, sich größere Mengen Kühlpads und Chemikalien zu besorgen. Diese Meldung tauchte allerdings nur noch als Randnotiz auf.

Aber warum sorgen Brandflaschen von linksradikalen Sektierern oder mutmaßliche Terrorverdächtige für riesiges mediales Aufsehen und immer neue Forderungen nach noch schärferen Gesetzen – und Neonazi-Brandanschläge lange Jahre nicht? Die Antwort ist alt, einfach und frustrierend: Der zivilisatorische Zustand einer Gesellschaft lässt sich am Umgang mit den Schwachen messen – und die rechtsextreme Gewalt richtet sich fast immer gegen die Schwachen, die keine oder kaum eine Lobby haben: Obdachlose, Punks, Flüchtlinge, Linksradikale, religiöse und ethnische Minderheiten.

Was haben die meisten Bundestagsabgeordneten oder Redakteure und Leser schon mit solchen Leuten am Hut? Bei Angriffen auf den Staat, beispielsweise bei Polizistenmorden, sieht das anders aus, wie die politische und mediale Aufmerksamkeit für den Mord an Michèle Kiesewetter in Heilbronn gezeigt hat – und bei Verspätungen auf Bahnstrecken nach Berlin ebenfalls. Schaut man sich die Geschichte der rechtsextremen Gewalt in Deutschland genauer an, stellt man fest, dass deren kontinuierlicher und massiver Wille zur Vernichtung des Feindes in den vergangenen 100 Jahren immer wieder deutlich vorgetragen – und kontinuierlich verharmlost und ignoriert wurde. Der Feind steht in Deutschland links.

In der Weimarer Republik muss man von Hunderten Toten durch rechtsextreme Straftäter ausgehen. Die bekanntesten Fälle sind die Morde an Karl Liebknecht und Rosa Luxemburg. Aber nicht nur Kommunisten wurden getötet, am 26. August 1921 wurde der katholische Politiker Matthias Erzberger ermordet – diese Tat wurde, wie viele andere auch, von der illegalen Organisation Consul begangen. Zuvor hatten rechtsextreme Medien, wie der *Völkische Beobachter*, offen gegen Erzberger gehetzt, da er an den Waffenstillstandsverhandlungen gegen Ende des Ersten Weltkriegs beteiligt war. Und die bürgerlich-nationalen Medien stimmten nach dem Mord noch ein: Der Ermordete sei schuld, nicht die Mörder.[13]

Der Rechtsanwalt Heinrich Hannover schrieb in seinem lesenswerten Buch *Die Republik vor Gericht*, dass von den 354 politischen Morden, die rechte Kreise zwischen 1919 und 1922 begangen hatten, 326 ungesühnt geblieben seien.[14]

In der NS-Zeit konnten die Rechtsextremen ihre Vernichtungsphantasien unbehelligt durchführen, der braune Terror wurde zur offiziellen Politik – mit zunehmender Billigung und Unterstützung von Eliten sowie der gesamten Bevölke-

rung. Die Diskriminierung von Juden, Kommunisten, Homo-
sexuellen, Roma und Sinti, Oppositionellen und allen anderen, die nicht in die völkische NS-Gemeinschaft passten,
wurde immer weitergetrieben, ein dynamischer Prozess, eine
ständige Radikalisierung, die in der Ermordung von Millionen von Menschen gipfelte. Das deutsche Judentum wurde
praktisch vernichtet, große Teile der linken Opposition de-
moralisiert und zerstört. Umso bitterer war die Erfahrung
von überlebenden Oppositionellen, die nach der Befreiung
in der Bundesrepublik wieder auf ehemalige Nazis trafen, sei
es als Richter, im Bundestag oder bei der Polizei.

Der Rechtsanwalt Heinrich Hannover beschreibt in seinem Buch mehrere Schicksale von Kommunisten, die in der
Bundesrepublik in höchst fragwürdigen Prozessen verurteilt
wurden, weil sie angeblich gegen das KPD-Wiederbetäti-
gungsverbot verstoßen hätten. Dadurch verloren die Betroffenen auch ihre Ansprüche auf die Wiedergutmachungsren-
ten, die ihnen als Opfer des NS-Regimes zustanden. Das
Unrecht wurde vervollständigt.

Der ideologische Schmierstoff zwischen alten und neuen
Rädern, die nun ineinandergriffen, war der Antikommunismus. Beim Kampf gegen die »rote Gefahr« waren die Alliierten nicht zimperlich, was die Wahl der Verbündeten anging –
und für viele alte Nazis gehörte Agitation gegen Kommunisten
zur Paradedisziplin.

Der Politikwissenschaftler Christoph Butterwegge meint:
»Während der fünfziger und frühen sechziger Jahre wurden
in der Bundesrepublik alle geistig-politischen Kräfte im Kampf
gegen den Kommunismus mobilisiert. Was lag da näher, als
diesen unter dem Oberbegriff ›Totalitarismus‹ mit dem Nationalsozialismus mehr oder weniger explizit gleichzusetzen?«

Ein eleganter Zug, der es ermöglichte, NS-Mitläufer zu re-
habilitieren, da sie sich jetzt gegen das Böse einsetzten. Zu-

dem habe es für das deutsche Bürgertum keine geeignetere Konzeption gegeben, um die eigene kampflose Preisgabe der Weimarer Republik als das Resultat einer »doppelten Frontstellung« gegenüber Rechts- und Linksextremisten zu entschuldigen, schreibt Butterwegge, und »die geistigen Berührungspunkte mit dem Nationalsozialismus zu verschleiern und die selbstkritische Aufarbeitung der NS-Zeit überflüssig zu machen. Außerdem bot die Totalitarismustheorie eine Möglichkeit, die Mitschuld einflussreicher Gesellschaftskreise an der ›Machtergreifung‹ des Hitlerfaschismus, genauer: der Machtübergabe an die Nazis, zu relativieren. Die Weimarer Republik sei, so hieß es, am Zusammenspiel der Verfassungsfeinde links- und rechtsaußen zugrunde gegangen. Vor allem aber diente das Interpretationsmodell während der Ost-West-Konfrontation zugleich als innenpolitische Waffe gegen die demokratische Linke. Konservative unterstellten ihr, eine dem Nationalsozialismus und dem Stalinismus wesensverwandte Herrschaft errichten zu wollen.«[15]

Während sich die ganze Republik dem Antikommunismus widmete, erreichte die NPD in den sechziger Jahren ihre größten Erfolge: In Bayern, Baden-Württemberg, Bremen, Hessen, Niedersachsen, Rheinland-Pfalz und Schleswig-Holstein zog sie in die Landtage ein, bei der Bundestagswahl 1969 schaffte sie fast den Sprung über die Fünf-Prozent-Hürde. Teile von CDU/CSU dachten offen über Koalitionen mit der rechtsradikalen Partei nach. Auffällig bei den Wahlergebnissen: Die NPD schnitt dort am besten ab, wo die NSDAP bereits vor 1933 erfolgreich war. Es handelte sich um Regionen mit einer traditionellen deutschnational eingestellten Wählerschaft und einer starken protestantischen Mehrheit. Der Hauptanteil der Wähler kam aus dem Mittelstand und stammte aus ländlichen Gebieten. Besonders stark war die NPD zudem bei den Landsmannschaften der Vertriebenen.[16]

Auch die NPD war zu dieser Zeit strikt antikommunistisch ausgerichtet, erst in den neunziger Jahren gewann der völkische Antikapitalismus an Einfluss, die DDR gilt vielen Neonazis heute als das bessere Deutschland, da sie sozial und nicht »verwestlicht« gewesen sei.

Aus den ersten Jahrzehnten nach der Befreiung sind kaum belastbare Quellen über rechtsextreme Straftaten oder Morde zu finden. Angesichts des Kalten Krieges und des eisigen Schweigens über die deutschen NS-Verbrechen dürften rechtsextreme Straftaten in den fünfziger und sechziger Jahren keine sonderlich große Priorität in Politik, Öffentlichkeit und Sicherheitsbehörden genossen haben. Gleichzeitig gab es noch viele überzeugte Nazis, welche nun wieder auf Oppositionelle stießen, die aus dem Exil zurückkehrten. Der politische Ton der ersten Jahrzehnte in der Bundesrepublik war rau, rabiater Antikommunismus normal. Besonders heftige Beispiele sind von Franz Josef Strauß überliefert, der ihm unliebsame linke Publizisten im Schutze seiner Immunität »Ratten und Schmeißfliegen« nannte. Strauß sprach zudem der Waffen-SS seine Hochachtung aus: »Wie ich persönlich über die Leistungen der in der Front eingesetzt gewesenen Verbände der Waffen-SS denke, wird Ihnen bekannt sein. Sie sind selbstverständlich in meine Hochachtung vor dem deutschen Soldaten des letzten Weltkriegs einbezogen.«[17]

Während also die Waffen-SS rehabilitiert wurde, stieg ab Ende der fünfziger Jahre die Zahl der antisemitisch motivierten Vorfälle in der Bundesrepublik an – zumindest wurden welche dokumentiert. 1959 gab es eine ganze Welle von Angriffen auf Friedhöfe. Dieser Anstieg hing mutmaßlich mit der langsam einsetzenden Aufarbeitung der deutschen Verbrechen zusammen, die bekannte Schuldabwehr. So begann beispielsweise 1961 in Jerusalem der Eichmann-Prozess, in dem das präzedenzlose Verbrechen vor einer Weltöffentlichkeit ausgebreitet wurde. Antisemitische Straftaten liegen bis heute auf einem beachtlichen Niveau. Allein zwischen 2000 und 2008 wurden in Deutschland nach offiziellen Angaben 470 Attacken auf jüdische Friedhöfe registriert.[18]

Die Schuldabwehr spielt bei Schändungen von jüdischen Friedhöfen eine zentrale Rolle und war auch bei Anschlägen auf Sendemasten in Koblenz und im Münsterland im Januar 1979 das Motiv. Es sollte damit verhindert werden, dass die deutsch-amerikanische Serie »Holocaust – Die Geschichte der Familie Weiss« ausgestrahlt werden konnte. Der Politologe Peter Reichel bezeichnete die Ausstrahlung der Fernsehserie als einen Meilenstein in der Mentalitätsgeschichte der Bundesrepublik; sie markiere »den Beginn der Bereitschaft nun auch eines Massenpublikums, sich mit der NS-Vergangenheit überhaupt auseinanderzusetzen.«[19]

Aus der DDR sind kaum Zahlen über rechtsextreme Umtriebe bekannt. Aber sogar in offiziellen Angaben tauchen bereits Ende der fünfziger Jahre neonazistische Machenschaften auf, inwieweit hier aber feste Strukturen vorhanden waren, ist schwer zu beurteilen. Dafür wurde im Jahr 1976 versucht, in Halle/Saale die Wohnung eines Mitglieds der jüdischen Gemeinde zu sprengen. Zudem sind mehrere antisemitische Friedhofsschändungen bekannt.[20]

In den siebziger und achtziger Jahren formierte sich eine neue Generation von Rechtsextremen, sowohl im Osten als auch im Westen. Neonazis, die den Krieg nicht miterlebt hatten und auch nicht in der direkten Nachkriegszeit aufgewachsen waren. Bemerkenswerterweise waren die Reaktionen auf die Neonazis in West und Ost ähnlich, in der Bundesrepublik war von unpolitischen Jugendgangs die Rede, im Osten wurden die rechtsextremen Umtriebe unter Rowdytum verbucht. Beides war falsch, das Problem wurde verharmlost und verdrängt. Bernd Wagner, Initiator des Aussteigerprogramms

Exit, führte in der DDR die Arbeitsgruppe Skinheads, doch der offiziell antifaschistische Staat wollte von braunen Umtrieben kaum etwas wissen, dies verbot das Selbstbild. Dabei wuchs und radikalisierte sich die Szene deutlich – und sie modernisierte sich: Während zuvor völkisches Liedgut, Wandergitarre und Naturromantik das kulturelle Leben der Rechtsextremen prägte, fingen die Neonazis an, die Subkulturen für sich zu entdecken, Fußball und Rockmusik beispielsweise. Michael Kühnen war Anführer der jungen Generation im Westen, aber auch viele Altnazis waren noch aktiv und fühlten sich von der sozialdemokratisch geprägten Bundesrepublik dieser Epoche sowie den starken linken außerparlamentarischen Kräften, die die postfaschistische Gesellschaft durcheinanderbrachten und erneuerten, umzingelt. Aus dieser Zeit sind zahlreiche rechtsextreme Morde und Anschläge dokumentiert. Die rechtsextreme Szene militarisierte sich, vom Rechtsterrorismus ging eine erhebliche Bedrohung aus. Der schlimmste Anschlag der deutschen Nachkriegsgeschichte wurde in München verübt. Am 26. September 1980 starben 13 Menschen bei der Explosion einer Bombe am Haupteingang des Münchner Oktoberfests, 211 weitere Personen wurden zum Teil schwerverletzt. Ob der von den Behörden als Einzeltäter bezeichnete Bombenleger Gundolf Köhler tatsächlich allein verantwortlich war, ist umstritten. Mehrfach wurde von verschiedenen Seiten vergeblich versucht, eine Wiederaufnahme der Ermittlungen zu bewirken. Die Rolle von Geheimdiensten spielte dabei eine zentrale Rolle.

Der Verfassungsschutz führte in seinem Bericht für 1981 sogar noch mehr Opfer von rechtsextremen Tötungsdelikten auf: 17 Menschen verloren allein in jenem Jahr in der Bundesrepublik ihr Leben durch rechtsextreme Täter. 1982 waren es sechs Todesopfer, dazu fünf Sprengstoffanschläge und 15 Brandanschläge. »Deutsche Neonazis beschafften sich wiederholt Waffen, Munition und Sprengstoff im Ausland«, notierte der Geheimdienst in seinem Bericht für 1982, und sie »erörterten mit ihren politischen Freunden Zielpersonen und -objekte für ihre Anschläge.« Das klingt im Zusammenhang mit dem NSU, dessen Spuren in die Schweiz, nach Osteuropa und Südafrika führen sollen, vertraut.

Interessant erscheint, dass auch in linksradikalen Kreisen in diesen Jahren eine starke Militanz verbreitet war, die heute ebenfalls kaum noch thematisiert wird. Der Journalist Stefan Laurin schrieb über »Die vergessene Rebellion«.[21]

1980 – das war der Beginn von Jugendunruhen und militanten Demonstrationen, die sich bis in die Mitte der achtziger Jahre ziehen sollten. Hausbesetzungen standen im Zentrum des Protestes. Bei vielen dieser Besetzungen ging es um den Erhalt preiswerten Wohnraums – allein in Berlin waren zeitweilig über 100 Häuser besetzt. Aber etliche Besetzungen hatten auch das Ziel, autonome Zentren zu schaffen. Ob die Besetzungen der Siesmayerstraße und des ehemaligen Bundesbahngeländes Nied in Frankfurt, die Auseinandersetzungen um das Dreisameck in Freiburg, die Besetzungen der Bo-Fabrik in Bochum oder des Stollwercks in Köln: viele der Jugendlichen, die damals auf die Straße gingen, wollten Orte, an denen sie selbst bestimmen konnten, was passiert; sie suchten Räume zum Arbeiten, Räume für Kultur und Räume zum Leben.

Oft folgten den Räumungen der besetzten Häuser gewalttätige Auseinandersetzungen. Das, was sich Anfang der achtziger Jahre bei Demonstrationen abspielte, ging an Härte weit über das hinaus, was ein gutes Jahrzehnt vorher Ende der sechziger Jahre passierte. Die Jugendrevolte von 1980 war auch durch Militanz geprägt und erweiterte das linke Spektrum um eine neue, extrem heterogene Gruppierung: die Autonomen.

Laurin erklärt die aufkommende Militanz mit der »paranoiden Stimmung« in Deutschland Ende der siebziger Jahre: »Polizisten kontrollierten Autos mit der Maschinenpistole im Anschlag. Eine Folge des RAF-Terrors. Ebenso wie der immer weiter ausgebaute Überwachungsstaat. Dazu kamen der wirtschaftliche Niedergang und die zunehmende Angst vor der Atomkraft, die damals noch massiv ausgebaut wurde. Diese paranoide und bedrückende Stimmung entlud sich in den Auseinandersetzungen ab 1980. Die Militanz wurde von vielen als die Rückeroberung persönlicher Freiräume gesehen. Heute erscheint das merkwürdig, damals entsprach es dem Lebensgefühl vieler Jugendlicher.«

Im kollektiven Gedächtnis der alten Bundesrepublik spielen diese Auseinandersetzungen kaum eine Rolle – im Gegensatz zu den 68er-Protesten. Eine Frage der Generationen kann dies kaum sein, die Protagonisten der Achtziger sind heute längst alt genug, um mit ihren Jugenderlebnissen hausieren gehen zu können. Doch wahrscheinlich ist die damalige Militanz nichts, womit man den Lebenslauf etwas spannender gestalten könnte, ohne dass lästige Nachfragen gestellt werden. Laurin meint, heute sei die Jugendrevolte der frühen achtziger Jahre fast vergessen, weil ihre Mitglieder nicht so publikationsfreudig gewesen seien wie die 68er. Und dann sei da noch die kurze Zeit später an Bedeutung gewinnende Friedensbewegung gewesen: »Die Macht der großen Zahl, die Millionen auf den Latschdemos, der betroffenen Böll und BAP prägen bis heute das Bild dieser Zeit.« Die Rebellion der achtziger Jahre sei zutiefst antiautoritär gewesen, »hatte keine Idole und keine Führer. Nichts, was sich medial präsentieren konnte. Sicher auch ein Grund, warum sich kaum jemand an sie erinnert.«

Die Neonazis hatten indes längst aufgerüstet, eine kleine Armee aufgestellt, die Wehrsportgruppe Hoffmann (WSG) mit Hunderten Mitgliedern, die eng mit der NPD verwoben war und beispielsweise den Saalschutz übernahm. Die Union lehnte ein Verbot der Gruppe ab, der damalige Innenminister von Bayern, Georg Tandler, spielte die Gefahr durch die Neonazis herunter. Zudem wurden aus der Union reflexartig Forderungen laut, es müssten auch linke Gruppen verboten werden, wenn man gegen die WSG vorginge. Bayerns Ministerpräsident Franz Josef Strauß verniedlichte die militante Neonazi-Gruppe folgendermaßen: »Mein Gott, wenn ein Mensch sich vergnügen will, indem er am Sonntag auf dem Land mit einem Rucksack und mit einem mit Koppel geschlossenen *Battle Dress* spazieren geht, dann soll man ihn in Ruhe lassen.«[22]

Dennoch wurde die WSG im Jahr 1980 von Bundesinnenminister Gerhart Baum (FDP) verboten. Bei Razzien der Polizei gegen die Gruppe wurden zahlreiche Waffen und sogar ein Panzer beschlagnahmt. Nach dem Verbot der rechtsextremen Truppe verübte Gundolf Köhler, ehemals Mitglied der Wehrsportgruppe, das Oktoberfestattentat. Im Dezember 1980 erschoss dann ein anderes Ex-Mitglied den jüdischen Verleger Shlomo Lewin und dessen Frau. Ehemalige Mitglieder der WSG setzten sich schließlich in den Nahen Osten ab und kooperierten mit palästinensischen Terrorgruppen. Der *Spiegel* berichtete im Juni 1981: »Im Libanon verkaufte er [Hoffmann] den Palästinensern von der Bundeswehr ausgemusterte Militärautos, und da brachte er auch einige seiner Getreuen in Ausbildungslagern unter. Regelmäßig kam er eingeflogen, meist über Damaskus, kaum je hatte er Anlass zur Klage.«

Doch schließlich verrieten Mitstreiter ihren Anführer Hoffmann. Der *Spiegel* wies in diesem Zusammenhang auch darauf hin, dass rechtsextreme Anschläge schon länger zu beobachten gewesen wären: »Denn schon seit Ende der sechziger

Jahre sind die neonazistischen Klüngel, die sich einst auf Hakenkreuznostalgie, eifernde KZ-Verleugnung und Politarbeit in diversen Splitterparteien zu beschränken schienen, zur Aktion übergegangen.

Den Anschlägen auf Friedhöfe, Ehrenmale und Sendemasten ist längst die Gewalt gegen Personen gefolgt – Brandsätze gegen Ausländerunterkünfte, das Münchner Bombenmassaker vom letzten Oktoberfest, Grenzer-Mord, Feme-Mord.

Die Ermittlungen danach bewegen sich meist im Kreis der stets gleichen Namen und Organisationen, und die Szene, ein engverknüpfter brauner Teppich, ragt vielfältig ins Ausland. Untergrundgruppierungen verschiedenster Couleur gewähren Hilfe, teils offen, teils verstohlen, wie etwa im Libanon.«[23]

Nach der WSG existierten noch weitere rechtsextreme Terrorgruppen in der Bundesrepublik. Das ehemalige WSG-Mitglied Odfried Hepp, der nach dem Verbot in den Libanon ging, und Walter Kexel, einer der führenden Aktivisten der Volkssozialistischen Bewegung Deutschlands (VSBD) in Hessen, begannen im Jahr 1982 mit dem Aufbau einer Untergrundorganisation.[24]

Der Fachjournalist Carsten Hübner berichtete: »Zwischen April und Dezember 1982 begeht die Gruppe Banküberfälle, bei denen sie mehr als 600.000 DM erbeutet. Ihr angeschlossen haben sich inzwischen die VSBD-Mitglieder Wulf-Helge Blasche und Ulrich Tillmann, ferner Peter Sporleder und Hans-Peter Fraas von der Wehrsportgruppe Hoffmann. Ende 1982 startet die Truppe eine Terrorkampagne, die sich, entsprechend ihrer ›nationalrevolutionären‹ und ›antiimperialistischen‹ Ausrichtung, gegen Angehörige und Einrichtungen der US-Armee richtet. So werden in der Nacht vom 13. auf den 14. Dezember 1982 drei Attentate auf Pkw verübt, bei denen zwei US-Soldaten schwere Brandverletzungen davontragen. Außerdem gilt sie als Urheber mehrerer Angriffe auf

Wohnungen amerikanischer Familien in Eschborn, Frankfurt und Gießen.«[25]

Im öffentlichen Bewusstsein der Bundesrepublik fällt bei »deutschen Terroristen« und »Nahost« sofort der Begriff »RAF«. Die Wehrsportgruppe Hoffmann dürfte hingegen den meisten Bürgern kaum ein Begriff sein. »Wir analysieren Terrorismus durch die Brille dessen, was wir kennen, nämlich Linksterrorismus und islamistischen Terrorismus«, sagt Politikwissenschaftler Gideon Botsch. »Den rechtsextremen Terror nehmen wir nicht als solchen wahr.« Hoffmann ist bis heute in der rechtsextremen Bewegung aktiv, die NPD ging nach den NSU-Morden aber offenbar auf Distanz, erklärte ihn sowie den Neonazi Martin Wiese, verantwortlich für einen geplanten Sprengstoffanschlag in München 2003, angeblich zu unerwünschten Rednern bei NPD-Veranstaltungen.

Wie gezeigt, waren Neonazis Ende der siebziger und Anfang der achtziger Jahre höchst aktiv. Wegen der zunehmenden Militanz mussten immer mehr Rechtsextreme ins Gefängnis. Im Jahr 1979 wurde daher die Hilfsorganisation für nationale politische Gefangene und deren Angehörige (HNG) gegründet. Die HNG war die größte neonazistische Gruppierung in Deutschland. Erklärtes Ziel war die Betreuung und Unterstützung von »nationalen Gefangenen«. Dabei ging es der HNG nicht um eine Resozialisierung von Straftätern und deren Wiedereingliederung in die Gesellschaft, sondern um die Verfestigung der nationalsozialistischen Gesinnung. Durch systematische Relativierung des begangenen Unrechts sollte der Inhaftierte in seiner rechtsextremistischen Überzeugung und seinem Tun bestärkt und zur Begehung weiterer Straftaten motiviert werden. Im September 2011 wurde die HNG rechtskräftig verboten. Bundesinnenminister Hans-Peter Friedrich erklärte dazu, inhaftierte Rechtsextremisten seien durch die HNG in ihrer aggressiven Haltung gegen die freiheitlich-demokratische Grundordnung bestärkt worden. Die HNG habe zur verzeichnenden Radikalisierung der Neonazi-Szene beigetragen. Dies sei nicht länger hinnehmbar gewesen, so Friedrich. Warum das Treiben der HNG zuvor 30 Jahre lang offenbar hinnehmbar gewesen war, blieb unklar. Die HNG »betreute« auch den neonazistischen Polizistenmörder Kay Diesner, auch Horst Mahler oder Sylvia Stolz tauchen in den »Gefangenenlisten« der HNG auf, genau wie Neonazis in den USA. Im Zusammenhang mit dem NSU trat auch die HNG in Erscheinung.

Die HNG wurde zuletzt im Zuge der Haftentlassung des Neonazis Martin Wiese in den Medien erwähnt. Wiese saß wegen eines geplanten Sprengstoffanschlags auf die Grundsteinlegung für das neue Jüdische Kulturzentrum am 9. November 2003 am Münchner Sankt-Jakobs-Platz im Gefängnis. Der gebürtige Anklamer wurde wegen Mitgliedschaft in einer terroristischen Vereinigung (Paragraph 129 a StGB) und Planung eines Sprengstoffanschlags angeklagt und zu einer Freiheitsstrafe von sieben Jahren verurteilt. Bayerns Innenminister Günther Beckstein (CSU) sprach damals von einer »Braunen Armee Fraktion«, was besonders bemerkenswert ist, da Becksteins Ermittler bei den fünf (!) NSU-Morden an Migranten in Bayern in den Jahren 2000 bis 2005 nicht auf die Idee gekommen waren, die Taten auf Neonazis zurückzuführen.

Es gab weitere Hinweise auf mögliche rechtsextreme Terrorzellen, gerade Ende der neunziger Jahre. Zum Jahresende 1999 berichtete der *Tagesspiegel*, dass die Gefahr rechtsextremer Terroraktionen zunehme. Das Landeskriminalamt Niedersachsen habe »vor wenigen Tagen Mitglieder der linken Szene in Göttingen vor Briefbomben aus der Neonazi-Szene gewarnt, in Berlin tauchte letzte Woche eine schwarze Liste mit zahlreichen Namen potentieller Attentatsopfer auf.« Über die Bedrohung in Göttingen berichtete der *Tagesspiegel* am 30. Dezember 1999: »Mit Thorsten Heise ist hier ein fanatischer Anführer der deutschen Neonazi-Szene aktiv, auf der Gegenseite agiert vor allem die Antifa (M), eine der härtesten Links-Gruppierungen in der Bundesrepublik. Mutmaßliche Täter aus dem autonomen Milieu zündeten Ende Oktober in Northeim den in einem Carport untergestellten Wagen von Heise an. Das Feuer zerstörte auch zahlreiche rechtsextreme CDs, die Heise gelagert hatte. Der Sachschaden belief sich auf 270.000 Mark. Zu der Tat bekannte sich eine Antifaschistische Brigade Söderberg. Der Name soll auf den Terror schwedischer Neonazis hinweisen: Der Gewerkschafter Björn Söderberg wurde im Oktober mit sechs Schüssen umgebracht. Mitte Dezember brannten unbekannte Täter ein rechtsextremes Schulungsheim im Landkreis Diepholz ab. Mit den Angriffen ›steigt die Gefahr, dass Neonazis die Überlegenheit der Linken durch Verschärfung der Tatmittel ausgleichen‹, begründet Hans-Wilhelm Duvenhorst, Leiter der Abteilung Staatsschutz im LKA Niedersachsen, die Warnung vor rechten Sprengstoffanschlägen. Erst Ende November fand das Bundeskriminalamt bei der Durchsuchung von Wohnungen in Göttingen Anleitungen zum Bombenbau und entsprechende Einzelteile. Die vierköpfige Gruppe von Neonazis blieb allerdings auf freiem Fuß.«[26]

In welchem Ausmaß Neonazis Waffen horteten, zeigte auch das Beispiel des Neonazis und früheren NPD-Politikers Peter Naumann. Ermittler stellten bei ihm 1995 unter anderem drei Handfeuerwaffen, Gewehr- und Handgranaten, Minen, eine größere Menge Munition und 200 Kilogramm Sprengstoff sicher. Wegen Verstoßes gegen das Waffen- und Sprengstoff- sowie gegen das Kriegswaffenkontrollgesetz wurde Naumann 1998 zu einer Haftstrafe von 20 Monaten verurteilt. Die NPD hatte ihn zwar 1987 nach einer ersten Verhaftung ausgeschlossen, die sächsische Landtagsfraktion der Partei beschäftigte ihn dennoch zwischenzeitlich als Berater.

Der Verfassungsschutz selbst führte in einer internen Analyse aus dem Jahr 2004 zahlreiche Waffenfunde und Anschläge aus den Jahren 1997 bis 2003 auf. Mehrere Medien zitierten aus dem Bericht, in dem auch der Fall des Neonazis Andre C. geschildert wurde. Der damals 22-Jährige überfiel im Juni 2000 in Baden-Württemberg eine Bundeswehreinheit und raubte sechs Pistolen und 1 150 Schuss Munition. Andre C. hatte zuvor selbst der Bundeswehr angehört – als Soldat der Eliteeinheit Kommando Spezialkräfte. Später stellte er sich und gab an, dass er Anschläge gegen Politiker und andere ihm missliebige Personen begehen wollte. 2001 wurde er wegen schweren Raubes und schwerer räuberischer Erpressung verurteilt. Sind das keine Hinweise auf Terrorismus?

Und was war mit Kay Diesner, der im Jahr 1997 erst einen linken Buchhändler niederschoss und dann einen Polizisten tötete? Diesner gehörte zu den Kadern, die gezielt für den Kampf ausgebildet wurden. Zu dieser Zeit seien verstärkte Konzepte für den bewaffneten Kampf diskutiert und umgesetzt worden, erklärte der Aussteiger Ingo Hasselbach. Dass die Neonazis dabei auf eine zellenartige Struktur setzten, ist ebenfalls weder neu noch unbekannt. Den führerlosen Widerstand kannte man bereits von den Wehrwolf-Gruppen; er wurde von rechtsextremen Strategen in den USA modernisiert. Als Diesner dann vom Landgericht Lübeck zu lebenslanger Haft – wegen besonders schwerer Schuld wurde eine vorzeitige Entlassung ausgeschlossen – verurteilt wurde, erklärte der Staatsanwalt, es habe sich bei Diesner um eine Ein-Mann-Terrorzelle gehandelt. In diesem Jahr läuft die Haftstrafe für den Neonazi, der vor Gericht keinerlei Reue gezeigt hatte und im Gefängnis offenbar auch von der HNG »betreut« wurde, ab.

Am 14. Juni 2000 erschoss der Neonazi Michael Berger in Dortmund und Waltrop drei Polizisten im Einsatz. Anschließend brachte sich der 31-Jährige selbst um. Seine Kameraden feierten ihren »Märtyrer«, auf Aufklebern der Kameradschaft Dortmund stand der Text: »Berger war ein Freund von uns. 3:1 für Deutschland.« An die Hiltruper Polizeiwache wurde laut Medienberichten die vier Meter lange und einen Meter hohe Parole »3 weniger« gesprüht. Unbekannte verwüsteten zudem die Trauerstätte für die drei Polizisten und hinterließen die gesprayten Parolen: »Scheiß Bullen! Krepieren sollen sie alle! Elendig!« Andere Unbekannte legten vor dem Haus Michael Bergers in Dortmund-Hörde Blumen ab, wie die *Westdeutsche Allgemeine Zeitung* am 19. Juni 2000 berichtete. Dortmunder Neonazi-Kader drohten zudem mit Morden gegen Linke und posierten mit Waffen vor Hakenkreuzen und Symbolen der rechtsextremen Terrorgruppe Combat 18, auch das internationale Rechtsrock-Netzwerk Blood & Honour (B & H) spielte in der Dortmunder Szene eine große Rolle, wie Konzerte von lokalen Bands und Hacker der Daten-Antifa mehrmals zeigten. Auch im Fall des NSU wird immer wieder auf B & H (Chiffre in der Szene: 28) hingewiesen. Nach dem Bekanntwerden der NSU-Terrorserie rückte auch der Dreifachmord von Michael Berger wieder in den Fokus. NRW-Innenminister Ralf Jäger erklärte, es würden sämtliche Anschläge und Morde, die möglicherweise rechtsextrem motiviert waren, noch einmal aufgerollt – auch der Fall Berger. Besonders brisant: Bis heute halten sich die Spekulationen, Berger sei ein V-Mann gewesen. Zudem flog im Jahr 2007 ein anderer Neonazi als Kooperationspartner des Verfassungsschutzes auf: Sebastian S. Der Neonazi gehörte ebenfalls zum Umfeld der Dortmunder Rechtsrock-Band, die zum Blood-&-Honour-Netzwerk gezählt wurde, und wurde mit Waffen- sowie Drogenhandel und einem Raubüberfall in Verbindung gebracht. Der Skandal um Sebastian S. sorgte für einen handfesten Konflikt zwischen Geheimdienst auf der einen und Polizei sowie Staatsanwaltschaft auf der anderen Seite. So warfen die Ermittler dem Verfassungsschutz vor, er habe seinen Informanten vor einer polizeilichen Telefonüberwachung gewarnt, daher wurde wegen Strafvereitelung im Amt ermittelt. Ähnliche Vorwürfe sind auch aus anderen Bundesländern bekannt. 2008 wurde Sebastian S. wegen Verstoßes gegen das Betäubungsmittel- und das Waffengesetz zu drei Jahren und neun Monaten Freiheitsstrafe verurteilt. Sein V-Mann-Führer beim Geheimdienst wurde angeblich suspendiert.

Nach der Wende in der DDR waren rechtsextremistische Gewalt- und Straftaten in ganz Deutschland sprunghaft angestiegen. Während im Osten durch das Machtvakuum geradezu rassistische Volksfeste gefeiert wurden, mordeten die Neonazis im Westen zumeist in der Nacht und überraschten ihre Opfer mit Brandanschlägen im Schlaf. Die schwersten Anschläge wurden von Rechtsextremen in Mölln und Solingen verübt. Mehrere Kinder verbrannten in ihren Betten. Zudem stachen die Mordanschläge von Diesner und Berger gegen Polizisten heraus. Wie Jürgen Rieger bereits angedroht hatte, gehe es los, wenn der erste Polizist »umgelegt« werde – als es dann so weit war, wollte die Öffentlichkeit nichts davon wissen, weil es kein Bekennerschreiben wie bei der RAF gab.

Traurige Höhepunkte im Osten waren die pogromartigen Ausschreitungen in Hoyerswerda und Rostock. Während die Häuser brannten und Menschen vor dem Mob flüchten mussten oder in Sicherheit gebracht wurden, der Rechtsstaat vor den Rechten kapitulierte und ihnen die Straßen überließ, stellten sich führende Politiker vor die Medien und schlugen politisches Kapital aus der Gewaltwelle. Schon seit Monaten waren die Zeitungen voll mit Horrorgeschichten über »Asylbetrüger«, das »Boot ist voll«, titelte der *Spiegel* – und die *Bild* hetzte gegen Deutschlands »schlimmste Asylbetrüger«. Aus Schlagworten wurden Brandsätze. Bundesinnenminister Rudolf Seiters sah offenbar dennoch keinen Anlass, verbal gegenzusteuern. Nach dem Pogrom von Rostock-Lichtenhagen erklärte Seiters, nun müsse man handeln gegen den »Missbrauch des Asylrechts«, der zu einem »unkontrollierten Zustrom« von Wirtschaftsflüchtlingen geführt habe. Die Gewalt des Mobs wurde somit noch von höchster politischer Stelle wenn nicht legitimiert, so aber zumindest für nachvollziehbar erklärt. Schuld sind mal wieder die Ausländer, man müsse eben handeln, jeder so wie er kann. Die Täter fühlten sich durch die gleichzeitig stattfindende Debatte über die Asylpolitik und offene Hetze in den großen Medien gegen Flüchtlinge in ihrem Handeln legitimiert. Zudem wich die Staatsmacht vor den rassistischen Gewalttätern immer wieder zurück, in Rostock kapitulierte die Polizei. Aber als Antifaschisten aus Berlin und Hamburg nach Lichtenhagen reisten, um sich den Rassisten entgegenzustellen, war sie zur Stelle, sperrte sogar die Autobahnen. Die unmittelbaren »Erfolge« dieser »direkten Demokratie« – Flüchtlinge wurden unter dem Jubel des Mobs in Sicherheit gebracht – ermutigte rechtsextreme Täter zu weiteren Angriffen und prägte die Generation der Neonazis, die in den siebziger Jahren geboren wurden, wie Mundlos, Böhnhardt und Zschäpe – die »Generation Hoyerswerda«. Die rassistische Gewaltwelle war die Initialzündung für die nun heranwachsende rechtsextreme Bewegung.

Dimensionen
einer Bewegung

In fast allen Medien ist im Zusammenhang mit dem NSU von einem Terror-Trio die Rede. Damit wird ausgeblendet, dass ein Unterstützernetzwerk existiert und die Ideologie der Terroristen gesellschaftlich anschlussfähig ist – zumindest teilweise.

In der Berichterstattung über Rechtsextremismus wird zudem meistens von der rechten oder rechtsextremen Szene gesprochen beziehungsweise geschrieben. Dies verharmlost allerdings die Komplexität und Schlagkraft des Rechtsextremismus in der Bundesrepublik deutlich. »Szene« – dieser Begriff impliziert eine abgeschlossene, regional begrenzte und in ihren Codes einheitliche Struktur. Dies alles trifft nicht zu. Rechtsextremisten bemühen sich um Anschluss an die »Mitte der Gesellschaft«, agieren bundesweit, sogar international, und es gibt diverse Organisationsformen: Parteien, freie Kameradschaften, kriminelle Banden, Vereine, Musikgruppen, mittelständische Unternehmen, einzelne Aktivisten, Terrorzellen und Unterstützernetzwerke. Innerhalb des Rechtsextremismus haben sich in den vergangenen Jahren zudem diverse Subkulturen und Moden entwickelt.

Daher sollte bezüglich des Rechtsextremismus von einer sozialen Bewegung gesprochen werden. Sozial darf in diesem Kontext auf keinen Fall als inhaltliche Ausrichtung, als Eintreten für Rechte von Minderheiten verstanden werden, sondern ausschließlich als soziologische Klassifizierung.

Nach wissenschaftlichen Kriterien handelt es sich bei einer sozialen Bewegung um einen kollektiven Akteur, der zahlreiche Organisationsformen sowie Mobilisierungs- und Handlungsstrategien umfasst; die verschiedenen Organisationen und Personen verbindet ein gemeinsames Ziel: einen gesellschaftlichen Wandel zu beschleunigen, zu verhindern oder umzukehren. Während bei den sozialen Bewegungen der siebziger und achtziger Jahre größtenteils progressive Kräfte am Werk waren, die sich der Gleichberechtigung und den Bürgerrechten verschrieben hatten, also gesellschaftlichen Fortschritt beschleunigen wollten, wuchs seit Mitte der Achtziger eine reaktionäre, also rückwärtsgewandte soziale Bewegung heran. Diese will gesellschaftliche Prozesse nicht beschleunigen, sondern verlangsamen und umkehren. Sie richtet sich gegen die Prinzipien der Aufklärung und gegen die universellen Menschenrechte. Rechtsextremisten propagieren eine Volksgemeinschaft, bekämpfen den kulturellen Austausch und fordern eine Rückkehr zu einer imaginären ursprünglichen Ordnung. Dies wird oft mit konservativen Werten vermischt, gern auch als »deutsche Tugenden« tituliert: Ordnung, Disziplin und Normalität. Diese Werte sollen die komplexe Gesellschaft übersichtlicher und subjektiv weniger bedrohlich erscheinen lassen. Zudem bedient sich der moderne Rechtsextremismus – wie bereits sein Vorbild in der NS-Zeit – bei der Linken, um sich einen rebellischen und revolutionären Anstrich zu verpassen.

Rechtsextremismus gibt es in Deutschland, seit die moderne Gesellschaft sich herausdifferenziert hat und durch die Mitbestimmungsmöglichkeiten verschiedene gesellschaftliche Gruppen um einen Kompromiss bemüht sind. Die Parteien sind organisatorischer Ausdruck dieser Aushandlungsprozesse. Jede Partei repräsentiert, beziehungsweise repräsentierte zumindest einmal, bestimmte gesellschaftliche Gruppen. Die Anhänger der NPD zeichnen sich dadurch aus, dass Kompromisse und Diskussionen nicht ihre Sache sind, sie hängen einem autoritären Weltbild an, wonach ein starker Mann die Geschicke lenken sollte. Rechtsextremisten zufolge gibt es eine absolute Wahrheit, Debatten und Aushandlungsprozesse zwischen verschiedenen gesellschaftlichen Akteuren sind demnach reine Zeitverschwendung. Daher verhöhnen Rechtsextreme die Parlamente gern als »Schwatzbuden«, die eigentliche parlamentarische Arbeit in den Ausschüssen und Kommissionen tun sie als »Laufen im Hamsterrad« ab.

Da Gesellschaften sich in Transformationszeiten, wie nach der Wende in Ostdeutschland, besonders unübersichtlich gestalten, lässt sich die Entstehung dieser reaktionären sozialen Bewegung unter anderem (!) mit wirtschaftlichen Rahmenbedingungen erklären. Es ist aber viel zu kurz gesprungen, wenn dies als alleinige Erklärung herangezogen wird, wie es immer wieder gern geschieht: Gebt den Leuten Arbeit, dann ist alles in Ordnung, so die These. Diese Erklärung greift bei einigen rechtsextremen Akteuren zwar teilweise, andere Phänomene werden dadurch aber überhaupt nicht berührt. So gibt es durchaus gutsituierte bis wohlhabende Rechtsextremisten; monokausale Erklärungen sind also auch hier unbrauchbar. Naheliegend erscheint es allerdings, dass Menschen, die wenig bis nichts zu verlieren haben, eher zu riskanten oder unüberlegten Handlungen neigen als Besitzstandswahrer. Wer beispielsweise Verantwortung für eine Familie trägt, überlegt sicher einmal mehr, ob er für einen Überfall auf Migranten oder Linke eine Haftstrafe riskiert.

Sowohl in der Bundesrepublik als auch in der DDR hatten bereits rechtsextreme Szenen existiert, die allerdings noch voneinander getrennt agierten. Erst nach der Maueröffnung feierte die extreme Rechte eine braune Hochzeit – auf dem Gebiet der DDR, die schnell von braunen Kadern aus dem Westen heimgesucht wurde. Nationalistische Stimmungen und Krisenszenarien begünstigten die Entstehung oder Verstärkung von rechtsextremen Einstellungsmustern, beispielsweise die Suche nach Sündenböcken.

Der Erfolg der demokratischen Proteste in der DDR dürfte die extreme Rechte zusätzlich beflügelt haben. Denn zum einen herrschte an vielen Orten zunächst ein Machtvakuum, welches die Rechtsextremen füllen wollten, zum anderen hatte der überraschende Sturz des DDR-Regimes gezeigt, dass politische Umwälzungen möglich sind. Dies gab den Völkischen Mut, an ihren eigenen Erfolg zu glauben, an eine weitere Revolution.

Die rechtsextreme Bewegung basiert hauptsächlich auf den Strukturen und Aktivisten in Ostdeutschland – obwohl entsprechende Einstellungen in ganz Deutschland weitverbreitet waren und weiterhin sind. Wissenschaftler sprechen von einer »modernisierungskritischen Reaktion auf Ethnisierungsprozesse und Individualisierungsschübe« in der Gesellschaft. Dies bedeutet praktisch: Angst und Verunsicherung vor allen Veränderungen und Fremde (beziehungsweise das medial verbreitete Bild des Fremden, da an vielen Orten gar keine Fremden anwesend sind) werden als Bedrohung wahrgenommen, die Komplexität der Gesellschaft überfordert viele Menschen, gewohnte gesellschaftliche Institutionen lösen sich auf, neue müssen erst geschaffen werden.

Daher sprachen viele Beobachter beim Kampf gegen den Rechtsextremismus in Teilen Ostdeutschlands auch nicht von der Verteidigung der Demokratie. Das demokratische Bewusstsein gab es dort in Teilen der Bevölkerung gar nicht. Mittlerweile hat sich aber in vielen Regionen ein reges demokratisches Leben entwickelt, selbstbewusst nehmen engagierte Bürger den demokratischen Auftrag wahr und mischen sich ein, was teilweise zu heftigen politischen Schlagabtauschen führt, da viele Parteifunktionäre mit dem Wort »Demokratie« ausschließlich den Begriff »Parlamentarismus« verbinden.

Ostdeutschland leidet an einem siedlungsstrukturellen Problem, wie Experten in empirischen Studien festgestellt haben. Hier dominieren kleine Gemeinden und Kleinstädte. Gut ausgebildete Menschen, die Widerworte geben, wandern aus solchen Siedlungen ab, da sie anderswo Arbeitsplätze und kulturelle Abwechslung suchen. Dadurch wird die Struktur in den Gemeinden noch homogener, sowohl sozial als auch hinsichtlich der Einstellungsmuster. Von homogenen Gruppen geht jedoch weit mehr Gefahr aus als von heterogenen, auch der Konformitätsdruck steigt. Wer von der Norm abweicht, muss mit harten Sanktionen rechnen. Alle kennen sich, es ist kaum möglich, alternative Bekanntschaften und Freundeskreise aufzubauen – anders als in Großstädten. In kleinen Städten in Mecklenburg-Vorpommern und Sachsen erzielt die NPD bisweilen Ergebnisse von mehr als 20 Prozent, in einzelnen Gemeinden holen die Rechtsextremen sogar mehr als 30 Prozent. Dies weist auf ein weiteres wichtiges Merkmal dieser Ideologie hin, der Rechtsextremismus muss auch als antistädtisch definiert werden. Die Großstadt dient Rechtsextremen als ein zentrales Feindbild, das Land wird hingegen stets idealisiert – hier findet sich die Volksgemeinschaft im Kleinen. In NPD-Papieren ist gern von Kulturlandschaften und familiären Bauernbetrieben die Rede. Und der NPD-Landtagsabgeordnete Jürgen Gansel schrieb über die »multiethnischen« Metropolen: »Schon im 20. Jahrhundert haben Nationalisten bei Wahlen auf dem Land stets ihre besten Ergebnisse erzielt, weil Menschen, die in intakte Sozial-, Kultur- und Traditionsverhältnisse hineingeboren werden, immer eine Ader für das Natürliche und Gewachsene, also das Nationale, haben. [...] Die Globalisten wollen den identitätskastrierten, wurzellosen und gemeinschaftsunfähigen Konsumbürger, wie er gerade in multiethnischen Großstädten gedeiht. Dörfer und Kleinstädte könnten zum Kristallisationspunkt eines fast erd- und bluthaften Widerstands werden.«[27]

Im Weltbild der NPD »gedeihen« Menschen auf einem gesunden Boden – und dies im Dorf, nicht in der Großstadt. Das Bild der Stadt war bereits ein Feindbild der NS-Mythen, auch die Juden waren zumeist im urbanen Raum verortet: als hinterlistige Kaufleute und raffende Spekulanten beispielsweise. Neonazis rufen in aktuellen Strategiepapieren dazu auf, die Städte vom Land aus zu erobern. Auch die Rechtsterroristen der NSU suchten ihre Opfer überwiegend in westdeutschen Großstädten, in denen ein vermeintlicher Multikulti-Wahn herrsche.

Antistädtische Einstellungen sind aber bei weitem kein Alleinstellungsmerkmal für überzeugte Rechtsextremisten, es sei jedem empfohlen, sich am Sonnabend zur Hauptfernsehzeit einen Heimatfilm in einem der großen TV-Sender anzuschauen. Der Plot gleicht sich zumeist frappierend: Das Ganze spielt in einer heilen und natürlichen Dorfidylle mit glücklichen, traditionsbewussten und in sich ruhenden Menschen. Dann taucht das Problem, die Herausforderung auf, eine Veränderung beziehungsweise Bedrohung von außen. Oft kommt diese in Person eines skrupellosen Spekulanten oder eines verlorenen Sohnes daher, der in der Stadt verdorben wurde und nun als Erbe oder gewissenloser Geschäftsmann in sein Heimatdorf zurückkehrt. Die ehrlichen und unverdorbenen Dörfler setzen sich tugendhaft und gewitzt, aber stets fair gegen die Eindringlinge zur Wehr – und siegen. Immer. Die heile und vor allem unveränderte Welt bleibt bestehen. Der verlorene Sohn lernt seine Lektion und verliebt sich in die unscheinbare biedere Dorfbraut, mit der er schon in der Kindheit gespielt hatte. »Echte« Städter verlassen hingegen das Dorf nach ihrer Niederlage wieder und sind für immer verloren. Fazit: Alles Schlechte kommt aus der Stadt, das Leben auf dem Land ist ehrlich und gut. Ein simples Schwarzweißdenken – getarnt hinter den leuchtenden Farben von Alpenpanoramen und frisch gestrichenen Fachwerkhäusern.

Solche Vorstellungen von »ursprünglichen« Zuständen sind weitverbreitet, diese Filme und deren immense Einschaltquoten bei fast immer gleicher Handlung belegen eine antimoderne Sehnsucht – auch andere Trends wie der Mittelalterkult oder die Esoterik weisen darauf hin. All dies kann (!) rechtsextreme Einstellungen begünstigen – allerdings ist es ein weiter Weg, bis aus Einstellungen auch Handlungen werden. Denn auch in Westdeutschland hegen und pflegen Studien zufolge 10 bis 15 Prozent der Bevölkerung ein geschlossenes rechtsextremes Weltbild – allerdings wählen diese zumeist keine rechtsextremen Parteien, sondern Union oder SPD, Sarrazin lässt grüßen, oder sie wählen gar nicht.

Große Städte präsentieren sich Besuchern zumeist unübersichtlich, wirken unkontrollierbar und damit möglicherweise auch bedrohlich, zumindest für Menschen, die nach Sicherheit und gewohnten Abläufen streben. Stadtluft verspricht aber oft auch Freiheit. Gerade das macht ihren Reiz aus. Stadtplaner setzen zunehmend auf »weiche Standortfaktoren« – Vielfalt und Subkulturen als Standortvorteil. Wirtschaftsinstitute legen ganze Studien über die Vielfalt in Städten vor, um Fachkräften einen Zuzug schmackhaft zu machen. Städte können als Ausgangspunkt der Globalisierung gesehen werden, sowohl der kulturellen als auch der wirtschaftlichen. Hier sind besonders die Hafenstädte zu nennen, die mit anderen Städten und Ländern Handel trieben, in denen Menschen aus anderen Ländern ankamen und neue Einflüsse brachten. Menschen ziehen aber nicht nur aus Spaß und wegen der Suche nach Abwechslung und der Sehnsucht nach Kultur in Städte, auch Bildung, Arbeit oder Reichtum stellen wichtige Gründe dar – gleichzeitig fürchten sich viele aber auch vor den urbanen Zentren, vor Kriminalität und fremden Menschen. Nicht alle Dörfler sind stockkonservativ, nicht alle Städter tolerante Weltenbürger. Law-and-Order-Politiker, wie Ronald Schill in Hamburg mit fast 20 Prozent gezeigt hat, können in den Städten große Wahlerfolge erreichen. Ihre Versprechen nach geordneten Verhältnissen in der Stadt kommen bei Teilen der Bevölkerung gut an. Die Zahl der Schreckensgeschichten von brandschatzenden Chaoten aus den Städten sind Legion, die Vororte gruppieren sich um die Städte als Rückzugsgebiet für Leute, die zwar in Ballungsräumen leben wollen oder müssen, gleichzeitig aber die Sicherheit und Ordnung von Dörfern benötigen. Sie sind ein Abbild des Landes im städtischen Umfeld, »Disney-World Suburbia«, wie es die Journalistin Petra Steinberger von der *Süddeutschen Zeitung* formulierte. Und der kleine Garten dient als Ersatz für die ursprüngliche Natur.

Mittlerweile sind solche Phänomene nicht mehr auf die Vororte begrenzt. Familien, die sich größere Wohnungen und steigende Preise leisten können, bleiben in den Szenevierteln wohnen. Dies führt zu neuen Konflikten, da nun zunehmend die Bedürfnisse der Eltern mit denen der Pistengänger kollidieren. Mangelnde Toleranz, identitäres Gehabe und Tellerrand-Mentalität bei allen Beteiligten verstärken Auseinandersetzungen, deren Niveau wiederum an der Idee der Stadt zweifeln lässt. Dann werden komplexe Vorgänge personalisiert, es wird ein Konflikt zwischen zugezogenen Yuppies und vermeintlich Alteingesessenen konstruiert – ein Einfallstor für reaktionäre Ideen. Zudem wird gern übersehen, dass auch die Pioniere der Subkulturen die damaligen Alteingesessenen nicht nach ihrer Meinung gefragt hatten, als sie in die günstigen, weil heruntergekommenen Innenstadtviertel zogen und so die Voraussetzungen für den heutigen Aufschwung schufen. Im Gegensatz zu heute wurde damals allerdings niemand verdrängt. Die Wut darüber sollte aber keine neuen Ausgrenzungsmechanismen in Gang setzen. Denn die Stadt ist für alle da – so ein vollkommen zutreffender Slogan von Anti-Gentrifizierungsinitiativen. Alle schließt aber auch den zugezogenen Gutverdiener aus dem Schwabenland ein und nicht nur bestimmte Leute.

Städte verändern sich. Ständig. Wer das nicht ertragen kann oder nicht mit sehr unterschiedlichen Menschen in einem Viertel leben will, sollte nicht in der Stadt wohnen. Dörfer bleiben über Jahrzehnte fast unverändert in ihrer Struktur. In den urbanen Zentren kommen und gehen Menschen andauernd, das Beständige ist der Wechsel, das Leben ist überraschend und oft unvorhersehbar durch die vielen unterschiedlichen Charaktere, welche auf engem Raum zusammentreffen.

In einigen Stadtteilen deutscher Großstädte entstehen durch das Aufeinandertreffen sehr unterschiedlicher Menschen aus verschiedenen Kulturen neue Moden, Stile und Trends, die dann von Trendscouts, Medien und Werbung aufgegriffen und vermarktet werden. Und irgendwann gehören dann auch »Iros« in die Dorfdisco – 20 Jahre zuvor wurden Punks mit einer solchen Frisur dort noch herausgeprügelt. Die rechtsextreme Bewegung hat ihre Hochburgen vor allem auf dem Land und in Kleinstädten, die Probleme im ländlichen Raum sind kein Naturereignis, sondern auch die Kehrseite einer Metropolenpolitik beziehungsweise der Orientierung an regionalen Wachstumskernen. Die Verfassungsnorm der

Herstellung gleichwertiger Lebensverhältnisse im Bundesgebiet (Artikel 72) spielt in der vielgerühmten Realpolitik oft keine Rolle. Vielmehr werden wachsende Ungleichheiten in Kauf genommen. Landkreise, die massiv an Bevölkerung verlieren, werden noch mit anderen Kreisen zu größeren Verwaltungseinheiten fusioniert, um Geld zu sparen – auf Kosten der Partizipationsmöglichkeiten der Bürger. Das demokratische System zieht sich hier immer weiter zurück. Nicht weniger, sondern mehr muss in solche Regionen investiert werden, um beispielsweise für Familien Anreize zu schaffen, in die jeweilige Region zu ziehen. Aber was soll man dort, wenn kein öffentliches Leben stattfindet, weil Schulen, Bibliotheken, Theater, Kinos und alles andere, was das Leben kulturell lebenswerter macht, schlicht fehlen? Was soll aus Ostvorpommern werden? Nimmt man es in Kauf, dass dort ganze Landstriche veröden? Welche Perspektive haben die Jüngeren dort? Welche die Älteren? Solche Fragen gehören nicht in Kreistage, sondern in Landtage oder in den Bundestag, um den Trend nicht noch zu verstärken, sondern um diesen umzudrehen, ihm entgegenzusteuern. Im April 2012 begann die Bundesregierung immerhin, dieses Thema anzugehen, lud zu einem Gipfel, um eine Strategie zur Bevölkerungsentwicklung zu erarbeiten. Dies ist wichtig, auch und gerade, weil die rechtsextreme Bewegung in einem demokratischen Vakuum bestens gedeiht. Die NPD kann sich leicht als Kümmerer-Partei aufspielen, wenn demokratische Parteien praktisch nicht existent sind, wenn die Jüngeren und besser Ausgebildeten nur noch darüber nachdenken, wohin sie am besten abhauen. Wer die Demokratie unter diesen Umständen aufbauen will – denn um nichts anderes geht es in einigen Regionen –, darf diese nicht auf den Parlamentarismus und die Parteien reduzieren. Kulturell besonders beliebte Viertel und Städte in Deutschland, die vor Vitalität und Kreativität nur so strotzen, sind nicht so spannend geworden, weil hier Stadt-planer oder Parteien in den Kommunalparlamenten so aus-gefuchste Arbeit leisteten, sondern weil sich hier unterschied-liche Menschen sammeln, die das öffentliche Leben mitge-stalten – und eine Mitbestimmung einfordern oder sie sich verschaffen. Teile Ostvorpommerns gelten hingegen nicht unbedingt als kulturell besonders spannend, denn hier liegt das öffentliche Leben oft brach – oder wird von Rechtsextre-men mitbestimmt.

Allerdings hatte es für den »Nationalen Widerstand« zu-nächst auch konkrete Nachteile, vor allem auf das subkultu-relle Milieu in der Provinz zurückgreifen zu müssen, beson-ders, was die kulturelle Ausstattung dieser Bewegung anging. So legen die ersten Gehversuche deutscher Rechtsrock-Bands aus den achtziger Jahren Zeugnis von der kulturellen Arm-seligkeit der damaligen Szene ab – sie brillierten durch un-freiwillige Komik; dennoch waren sie der Auftakt einer Er-folgsgeschichte des deutschen Rechtsrocks, anfangs belächelt, heute ein Millionengeschäft. »Deutsch« ist an dieser Musik eigentlich nichts, dennoch erwuchs aus den stümperhaften Songs und den albernen Schüttelreimen der Soundtrack ei-ner neuen Bewegung.

Fast alle im Rechtsextremismus verbreiteten Stile, Moden und Aktionsformen wurden anderswo geklaut und inhaltlich neu besetzt. Rock'n'Roll galt bei wenig fortschrittlichen Men-schen lange als Teufelszeug und »Negermusik«, die Skin-head-Mode stammt aus Jamaika und kam über England auf den Kontinent. Die ersten Skinheads waren keine Rassisten und hatten nichts mit »White Pride« am Hut, ihre Musik war der jamaikanische Ska, der sich mit englischer Musik zu neu-en Stilen weiterentwickelte.

Weniger erfreulich waren die rassistischen Auswüchse der Skinhead-Kultur, welche in Deutschland mittlerweile als überholt gilt, obwohl der glatzköpfige Schläger mit 32-Loch-Doc-Martens-Stiefeln weiterhin gern als Mottobild in den Medien benutzt wird.

Dabei sorgte eine neue rechtsextreme Aktionsform in den vergangenen Jahren für Aufsehen: die Autonomen Nationalisten, die in ihrem Auftreten von linksradikalen Autonomen abgekupfert haben. Zunächst nur in (einst) linken Hochburgen wie Berlin, Hamburg, Frankfurt und Göttingen bekannt, ist dieser Stil inzwischen auch bei Neonazis in Vorpommern angekommen.

Outfits, Symbole und Parolen anderer Subkulturen wurden kopiert, übernommen und uminterpretiert. Kompatibel erscheint besonders ehemals linke Kampf- und Widerstandsrhetorik und deren Symbolik – hier sei zuvorderst das »Palituch« (Palästinensertuch) angeführt, welches die antizionistische und antisemitische Ausrichtung der Rechtsextremisten demonstrieren soll. Der Stil der Autonomen Nationalisten bietet viele Vorteile: funktional auf Demonstrationen und unauffällig im Alltag, dazu modisch anpassungs- und gesellschaftlich anschlussfähig, wie das Beispiel des Palästinensertuchs zeigt, das viele als vermeintlich links betrachten.

Schwarze Uniformen und schwarze Blöcke sind ohnehin nicht neu in der extremen Rechten: Die SS setzte in bewusster Anlehnung an mittelalterliche Ritterorden auf das Ideal eines elitären Führungsordens. Dies wurde durch mythologisch überhöhte Symbole wie dem SS-Totenkopfring und dem Ehrendolch dokumentiert. Toten- und Ahnenkult sowie pseudoreligiöse Rituale in sogenannten Weihestätten wie der Wewelsburg bei Paderborn oder der ehemaligen Stiftskirche in Quedlinburg dienten der Festigung eines unauflöslichen Gemeinschaftssinns. Ähnlich verhält es sich heute mit den martialischen Fackelmärschen von Kameradschaften.

Mitte der siebziger Jahre tauchten schwarze Blöcke dann

auch auf Demonstrationen der extremen Rechten auf. Manfred Roeder nahm die heutigen schwarzen Blöcke vorweg, als am 17. Juni 1975 nach Angaben des Verfassungsschutzberichtes für dieses Jahr in Bonn etwa 3 500 Angehörige der NPD, der DVU, der Wiking-Jugend, des Stahlhelms und neonazistischer Gruppen mit Fahnen, Transparenten und Sprechchören für die Wiedervereinigung demonstrierten. Unter den Teilnehmern trat eine Gruppe von etwa 120 einheitlich schwarz gekleideten jungen Leuten mit schwarz-weiß-roten Fahnen hervor, die dem neonazistischen Kreis um Roeder zuzuordnen war.

Piercings, Hatecore-Shirts und Kapuzenpullover waren damals allerdings bei den jungen Neonazis noch nicht angesagt – es fehlte ein kultureller Kontext, der heute vorhanden ist. Musikalisch wirkten die Rechtsextremen mit ihren völkischen Gesängen damals noch wenig anziehend. Mittlerweile ist aber eine ganze rechtsextreme Kulturwelt erwachsen. Der Bewegung muss eine gewisse Dynamik zugestanden werden: neue Aktionsformen und Stile werden erprobt, möglicherweise verworfen oder integriert, daraus erwachsen neue Szenen. Nur das kreative Potential fehlt, immer wieder müssen die Rechtsextremen woanders kopieren, um noch irgendwie als zeitgemäß zu gelten. Mittlerweile gibt es sogar rechtsextremen Rap, und in Schweden setzten Neonazis dem bizarren Treiben die Krone auf und versuchten sich an einer Reggae-Adaption. Das wirkt ebenso obskur, als würden sich deutsche Neonazis an jüdischer Klezmer-Musik versuchen.

In Italien ist die extreme Rechte, was die Kultur angeht, der deutschen weit voraus. So verfügen die Rechtsextremen in den Metropolen über Immobilien, mit deren Hilfe sie eine kulturelle Wirkung entfalten. Nicht umsonst schauen die deutschen Rechtsextremen immer wieder interessiert auf die Konzepte aus Italien.

Es waren Neonazis in Nordsachsen, die im Jahr 2010 einen Vortrag über die Casa Pound veranstalteten – in einem neugegründeten »Schulungszentrum für die nationale Jugend«, das nach Angaben der Partei von dem sächsischen NPD-Landtagsabgeordneten Jürgen Gansel gefördert wird. Im Freistaat sind die Neonazi-Strukturen so verfestigt und die Bewegung bereits so weit gewachsen, dass rechtsextreme Vordenker hier professionelle Denkfabriken aufbauen wollen – in anderen Bundesländern schaffen es NPD-Kreisverbände hingegen kaum, regelmäßig einen Stammtisch zu organisieren.[28]

Maßgeblich am Aufbau des Schulungszentrums beteiligt war Maik Scheffler, heute NPD-Vize in Sachsen. Scheffler soll im Zusammenhang mit dem mutmaßlichen NSU-Unterstützernetzwerk auch ins Visier der Ermittler geraten sein, wie Medien übereinstimmend berichteten. Scheffler erklärte in Delitzsch anlässlich des Vortrags über die Casa Pound, Nordsachsen werde mit dem neuen Schulungszentrum »zu einer Muster- und Modellregion, die den politischen Widerstand gegen die Volksverräter von unten nach oben wachsen lässt«.[29]

Auch im »Bildungswerk für Heimat und nationale Identität« der NPD war die Casa Pound bereits Thema. Dort referierte Thomas Sattelberg, der als Rädelsführer der verbotenen Schlägertruppe Skinheads Sächsische Schweiz (SSS) bereits verurteilt wurde, im Mai 2011 über das Thema »Kulturrevolution von rechts? Das Beispiel Casa Pound in Rom«.[30]

Neonazis lobten im Internet das Interesse der NPD an dem Konzept aus Italien: Dies sei »der richtige Ansatz, den gerade eine NPD benötigt. Hinsichtlich der Tatsache, dass es vor allem der Jungwähler ist, der der NPD die wenigen Wahlerfolge ermöglicht hat, sollte auch die Arbeit und Struktur der Partei diesen Ansprüchen gerecht werden«.[31]

Das Interessante an dem Bildungswerk der NPD ist, ähnlich wie bei der Casa Pound, dass hier verschiedene Strömungen der extremen Rechten zusammenkommen, um eine Verbindung von Politik und Kultur voranzutreiben. In den Seminaren diskutieren die Rechtsextremen Strategien, die Konzepte aus Italien spielen dabei eine wichtige Rolle.

Der Name Casa Pound geht auf den Schriftsteller Ezra Pound zurück, der während des Zweiten Weltkrieges von Italien aus antisemitische und antiamerikanische Propaganda verbreitete und sich auch danach nie vom Faschismus distanzierte. Die Casa Pound ist ein rechtsextremes Kulturzentrum in einem römischen Viertel, in dem viele Migranten leben. Neofaschisten besetzten im Jahr 2003 das Gebäude in der Via Napoleone III. und bauten es zum wichtigsten Knotenpunkt ihres Netzes aus. Zudem werden in einem weiteren Gebäude Konzerte organisiert, an denen auch des Öfteren deutsche Rechtsextreme teilgenommen haben. Das Konzept der Casa Pound, also die Verschmelzung von Politik und Kultur, sei bislang meist der Linken zugeschrieben worden, schrieb der Hamburger Historiker Volker Weiß in der *Frankfurter Rundschau*. Das rechtsextreme Zentrum werde von der Stadtverwaltung geduldet und der römischen Polizei im Zweifelsfall beschützt. Mittlerweile habe die Casa Pound in der Nachbarschaft deutliche Spuren hinterlassen: »Graffiti und Plakate, auf den ersten Blick von den üblichen Hinterlassenschaften großstädtischer Subkulturen wenig unterschieden, haben in dieser Gegend fast ausschließlich einen rechtsradikalen Hintergrund.«[32]

Von dem Attentäter von Florenz, Gianluca Casseri, distanzierte sich die Casa-Pound-Bewegung nun schnell. Doch dies scheint wenig glaubwürdig. Der deutsche Blogger Kai Tippmann, der in Italien lebt, schreibt, Casseri sei ein intellektueller Ideologe der »Herrenrasse« gewesen, ein Kenner der neofaschistischen Bewegungen und Analytiker ihrer Gründungsmythen. Als großer Comic-Liebhaber habe Casseri im Casa Pound wiederholt über seine Lieblingscharaktere Tex Willer und Tim (aus *Tim & Struppi*) referiert. In den »Protokollen des Weisen von Alessandria« legte der Attentäter laut Tippmann die antisemitische Theorie der jüdischen Weltverschwörung aus den »Protokollen der Weisen von Zion« neu auf und ergänzte es mit den extremsten Anwandlungen der Holocaust-Leugner. Casseri verband demnach eine Mischung aus völkischer Esoterik, schwarzer Magie und Antisemitismus, wie sie aus rechtsextremen Kreisen bekannt ist. In seinem Buch *La Chiave del Caos*, das auch in Deutschland angeboten wird, entwirft Casseri eine Welt, in der die nordischen, germanischen »Rassen« ständig vom »Chaos« der Außenwelt bedroht seien – ähnlich wie der rechtsextreme Massenmörder Anders Behring Breivik in seinem »Manifest«.[33]

Die Strategien der extremen Rechten werden international ausgetauscht. Das Konzept der Neuen Rechten stammt aus Frankreich – zudem lassen sich deutsche Rechtsextreme von ihren italienischen Sinnesgenossen inspirieren. Auch in Berlin sind Ansätze der Casa-Pound-Strategie zu erkennen, allerdings können sich die Neonazis hier kaum als hilfsbereite Nachbarn präsentieren, sondern fallen durch außerordentliche Aggressivität auf. Geschäfte werden eröffnet, Demonstrationen organisiert und politische Gegner offensiv eingeschüchtert – bisweilen direkt vor den Augen der Polizei. »National befreite Zonen« sind in den Städten allerdings nicht zu finden, vereinzelte »Angstzonen« im Umkreis von Kneipen oder rechtsextremen Treffpunkten hingegen schon. Hinter »national befreiten Zonen« steht die Idee, in bestimmten Teilen eines Dorfes, einer Stadt oder einer ganzen Region die staatliche Macht so weit zurückzudrängen, dass die örtlichen Rechtsextremisten selbst sanktionsfähig werden. Der Nationaldemokratische Hochschul-Bund (NHB) brachte im Jahr 1991 den Begriff in einem Strategiepapier ein, die Jungen Nationaldemokraten (JN) propagieren ihn seitdem weiter. Angeblich stammt dieses Konzept aus den Guerilla-Bewegungen Südamerikas. In Deutschland soll für das Konzept ein ehemaliger NPD-Funktionär mitverantwortlich sein, der heute in anderen rechtsradikalen Parteien aktiv ist.

Allerdings gibt es auch strukturelle Hinweise auf einen ganz anderen Ursprung. So waren es in Städten kriminelle Milieus, mafiöse Strukturen und Gangs, die so vorgingen – die Revierkämpfe zwischen Banden zeigen dies. Dabei ging es um wirtschaftlichen, aber auch politischen Einfluss, ebenso um kulturelle Hegemonie. Das Konzept der »national befreiten Zonen« – der Begriff wurde zum Unwort des Jahres 2000 gekürt – lässt sich gut aufs Land übertragen: So werden in einigen Regionen öffentlich kaum andere Milieus sichtbar, die sich gegen das aggressive rechtsextreme Hegemoniestreben auflehnen können, die Infrastruktur ist übersichtlich, die Kontrolle über wenige öffentliche Punkte reicht aus, um Macht zu demonstrieren.

Die rechtsextreme Bewegung hat sich ausdifferenziert, um den harten Kern haben sich Sympathisanten, Unterstützer und Basisaktivisten versammelt. Nach gängigen wissenschaftlichen Kriterien umfassen soziale Bewegungen vier Dimensionen: Sympathisanten, Unterstützer, Basisaktivisten und Bewegungseliten. Kulturelle Codes sind notwendig, um die Bewegung zusammenzuhalten, um sich im Alltag unauffällig zu erkennen zu geben und um eine gemeinsame Identität zu schaffen. Dafür sind die Bewegungseliten beziehungsweise Bewegungsunternehmer zuständig; es handelt sich dabei um einflussreiche NPD-Kader oder parteiungebundene Neonazis. Diese Kader genießen Ansehen in der Bewegung, verfügen über eine extrem hohe Vernetzung, entwickeln Strategien, melden und leiten Demonstrationen, gründen Versandunternehmen, schreiben Reden, streiten kontrovers untereinander und sind fast immer männlich.

Die Bewegungseliten liefern den programmatischen Rahmen für die Bewegung, sie geben Strategien und Argumentationsmuster vor. Streitigkeiten innerhalb der Bewegungseliten werden bisweilen Gegenstand von Berichterstattung, beispielsweise wenn sich führende Neonazis gegen eine Erklärung der NPD-Spitze aussprechen. Die Bewegungseliten definieren sich zumeist als politische Soldaten, investieren äußerst viel Kraft, Zeit und Geld in ihre Aufgabe. Die Politik bestimmt ihr Leben. Sie fallen eher selten durch Gewalttaten auf, da dies aus ihrer Sicht kontraproduktiv wäre. Allerdings liefern sie der Bewegung das intellektuelle und kulturelle Rüstzeug, auch zur Rechtfertigung von Gewalt.

Die Basisaktivisten organisieren sich in den Parteien und anderen Organisationen, nehmen regelmäßig an Aufmärschen teil, verteilen Flugblätter, kandidieren bei Wahlen, übernehmen Hilfsfunktionen bei Veranstaltungen. Wer sich hier besonders hervortut, kann in den Kreis der Bewegungseliten aufsteigen. Auch die Basisaktivisten stecken oft viel Geld und Zeit in die Bewegung, suchen hier nach Anerkennung und Gemeinschaft. Häufig übernehmen Frauen Aufgaben in diesem Bereich, beispielsweise das Verteilen von Flyern, das Kassieren bei Konzerten oder Erste Hilfe bei Demonstrationen. Basisaktivisten geraten bei Demonstrationen oder anderen Aktionen oft mit der Polizei oder Gegendemonstranten aneinander.

Das Fußvolk und die Unterstützer sind eher auf den Konsum der rechtsextremen Angebote aus. Sie besuchen Konzerte, gehen gelegentlich auf eine Demonstration, sind eher subkulturell geprägt und zumeist nicht strikt politisiert. Sie unterstützen zwar die Ziele der Bewegung – die Schaffung einer Volksgemeinschaft durch Ausweisung oder Vernichtung aller Feinde, die im Sinne der Völkischen keine Deutschen sind –, engagieren sich aber nicht aktiv in den Organisationen und Parteien. Die Grenzen zu den Basisaktivisten sowie den Sympathisanten sind fließend. Hier dürften die meisten Straftäter zu finden sein, oft gibt es Überschneidungen mit kleinkriminellen Milieus. Spontane Gewalttaten werden zumeist von diesen Mitläufern verübt – möglicherweise auch, um sich Anerkennung in der Bewegung zu verschaffen.

Die Sympathisanten schließlich sind beispielsweise Wähler, die der NPD ihre Stimme geben, oder auch billigendes Publikum wie der sogenannte bürgerliche Mob. Sie gehen fast nie auf Demonstrationen und sind nicht aktiv in Parteien engagiert. Hier handelt es sich oft um die oft zitierten Protestwähler, die auch rechtsextreme Einstellungen haben, aber kein geschlossenes rechtsextremes Weltbild. Sie sehen sich selbst auch nicht als Rechtsextremisten.

Parteien stellen zwar bürokratisch strukturierte Organisationen dar, gleichwohl können deren Angehörige Teil einer sozialen Bewegung sein. In diesem Fall sehen sich Parteimitglieder nicht zuallererst als Parteifunktionäre, sondern nutzen die Organisation für ihre Aktionen und Ziele. Ein typisches Beispiel für ein NPD-Mitglied, das sich aber offenkundig dem aktionistischen Teil der Bewegung verbunden fühlt, ist Christian Hehl. Lange als »dümmster Nazi Deutschlands« verspottet, baute »Hehli« in und um Mannheim im Umfeld des Fußballvereins SV Waldhof Mannheim und eines Geschäfts, das Neonazi-Artikel verkauft, neonazistische Strukturen auf. Auch Hehl schloss sich der NPD an und kandidierte bei mehreren Wahlen, nachdem er schon einige Jahre in der neonazistischen Szene engagiert war. Doch sein Engagement war offenbar rein strategischer Natur. Im August 2008 schrieb er in einem Neonazi-Forum: »Es gibt Nationalsozialisten in der NPD, und es wird die Zeit kommen da wir vielleicht eine ernstzunehmende NS-Partei haben werden. Das liegt jedoch in weiter Ferne, so lange kämpfe ich mit der Waffe die für mich am sinnvollsten ist. Das ist für mich zurzeit die NPD.«

Die NPD kann nicht isoliert von der rechtsextremen Bewegung betrachtet oder bekämpft werden. Sie ist ein Teil dieser, muss auf Befindlichkeiten Rücksicht nehmen, wird getrieben, nimmt Einfluss. Und die NPD besteht aus sehr unterschiedlichen Aktivisten, einige sehen sich als Parteisoldaten, andere nutzen die NPD als »Waffe«, wieder andere wollen im Landtag Karriere machen. Das bedeutet: Es gibt nicht »die« NPD. Zwar hat die Partei nur noch rund 6 000 Mitglieder, diese bilden aber keinesfalls eine homogene Gruppe.

Das höchst unterschiedliche Auftreten von Partei und ihren Anhängern schafft immer wieder Verunsicherung bei vielen demokratischen Kräften. Denn die Rechtsextremisten eigneten sich in den vergangenen Jahren typische Aktionsformen der sozialen Bewegungen an, neben Demonstrationen auch Flugblattaktionen oder Mahnwachen. Für jeden Anlass die passende Form des Auftretens. Und zu jedem Anlass die passenden Inhalte. Die Neonazis treten als politische Chamäleons auf, weil sie auf das reichhaltige Repertoire einer sozialen Bewegung zurückgreifen können.

Neben den vier oben aufgeführten Dimensionen wäre es sinnvoll, das Modell einer sozialen Bewegung noch um eine andere zu erweitern: die Mehrheitsgesellschaft, die Sympathisanten produziert, aus denen Unterstützer, Basisaktivisten und schließlich Bewegungseliten hervorgehen. Neonazis fallen nicht vom Himmel, sie kommen aus der Gesellschaft. Und daher liegt hier auch der Schlüssel für die Bekämpfung des Rechtsextremismus. Der zivilisatorische Zustand und das Verhalten oder Nichtverhalten der Mehrheitsgesellschaft entscheidet über die Entstehung und den Erfolg einer sozialen Bewegung.

Der Sozialwissenschaft zufolge durchlaufen soziale Bewegungen in der Regel mehrere Phasen: Zunächst wird ein Thema formuliert, das zumeist das Bestehende ablehnt. Dies entspricht bei der rechtsextremen Bewegung dem tiefverwurzelten Rassismus in Deutschland, der sich in Hetze und Gewalt entlädt. Die Brandanschläge und pogromartigen Überfälle auf Asylanten in den neunziger Jahren waren die Initialzündung für die Bewegung.

Darauf folgt die Formierung, aus einzelnen Personen und örtlichen Cliquen werden Initiativen, Gruppen und Verbände, wobei es zu Kooperationen, Allianzen, aber auch Gegnerschaften kommt. Dies war ebenfalls ab den Neunzigern zu beobachten, wobei sich die NPD als führende Organisation durchgesetzt hat. Die entscheidende Stärke der NPD bei der Suche nach einer neuen Strategie war ihre Schwäche, die Partei war praktisch tot – eine Neuausrichtung daher leicht durchzusetzen. Der Partei nutzten dabei die Vereinsverbote in den neunziger Jahren und im neuen Jahrtausend: Als Kleinstgruppen eine neue organisatorische Heimat benötigten, da ihre Strukturen zerschlagen worden waren, stand die NPD bereit, nahm die Neonazis auf und gewann so eine aktionistische Basis. Die NPD mutierte vom Altherrenverein zu einer aktionistischen Dachorganisation des »Nationalen Widerstands«.

Im weiteren Verlauf der sozialen Bewegung führen die Organisationen und Zusammenschlüsse regelmäßig und kontinuierlich Aktionen und Aufmärsche durch, halten Mahnwachen ab. Dieses ist bereits seit Jahren zu beobachten, die Aktionen stellen ohnehin einen elementaren Teil der rechtsextremen Erlebniswelt und Strategie dar. Im Laufe dieser Entwicklung treten mitunter charismatische Anführer auf –

dies fehlt der NPD und der rechtsextremen Bewegung weitestgehend. Mit Holger Apfel steht zwar ein geschickter Stratege an der Spitze der NPD, ein Volkstribun sieht aber anders aus, und Apfels Redekünste erscheinen ebenfalls begrenzt.

Dem wissenschaftlichen Modell zufolge werden in den Organisationen der Bewegung Alternativen zur derzeitigen Gesellschaftsordnung formuliert und die Etablierung der Bewegung im Alltag angestrebt.

Hat sich eine soziale Bewegung etabliert oder wurden die wichtigsten Anliegen in das öffentliche Bewusstsein gebracht, löst sich das Ganze langsam wieder auf und zerfällt, was sich an der ehemaligen linken sozialen Bewegung beobachten lässt. Einige Akteure stiegen zu etablierten Meinungsführern auf (oder aus Sicht der ehemaligen Genossen: ab), andere schlugen aus dem überragenden kreativen Potential der untergehenden Bewegung nicht politisches Kapital, sondern Profit, wieder andere schufen alternative Strukturen, viele gaben auf und arrangierten sich schlicht mit den Begebenheiten. Zudem wurden zentrale Anliegen der linken sozialen Bewegung, beispielsweise Umweltschutz und Gleichberechtigung, in abgeschwächter Form Teile der Mehrheitsgesellschaft. Erfolge begünstigen also auch das Ende von sozialen Bewegungen. Je mehr Vorhaben durchgesetzt oder zumindest in das öffentliche Bewusstsein gebracht werden, desto weniger verbindende Ziele bleiben übrig.

Doch hier kommt die rechtsextreme Bewegung nicht wirklich weiter. Sie kämpft, zumeist erfolglos, um ihren Platz in der Gesellschaft. Es herrscht Stagnation, vor allem was die Zahl der Akteure und die Infrastruktur angeht. Gleichzeitig sind ihre Lieblingsthemen längst im öffentlichen Bewusstsein vorhanden. In der Sarrazin-Debatte spielte die NPD nur eine Rolle, als Sarrazin sie und ihre Anhänger benutzte, um sich selbst als bürgerlichen Biedermann präsentieren zu können. Auch die rechtsextremen Einstellungsmuster in der Bevölkerung bringen die rechtsextremen Akteure kaum weiter – sie kommen an diese Leute nicht heran, um sie für ihre politische Arbeit zu begeistern. So werden offen auftretende Rechtsextremisten größtenteils gesellschaftlich isoliert, in den meisten Gegenden der Bundesrepublik herrscht Konsens, dass solche Leute als Gesprächspartner oder für politische Ämter vollkommen inakzeptabel sind. Nur vereinzelt wird dieser Ausschluss durchbrochen. Weiterhin hat die rechtsextreme Bewegung, wie bereits angeführt, bisher keine charismatischen Führer hervorgebracht. Zudem konnte sie bislang keinen Einfluss auf gesellschaftliche Institutionen wie Gewerkschaften oder Kirchen gewinnen, daher versuchen ihre Kader, in Bürgerinitiativen oder Sportvereinen Fuß zu fassen – beziehungsweise sie sind längst Teil der Stadt- oder Dorfgemeinschaft und versuchen möglicherweise, dort politischen Einfluss auszuüben. Eine gezielte flächendeckende Unterwanderung von ganzen Vereinen oder sogar sozialen Netzwerken ist indes unrealistisch, diese Vorstellung basiert darauf, Neonazis kämen von außen und drängten in die intakte Gesellschaft ein. Vielmehr stellt sich die Realität so dar, dass Rechtsextreme längst Teil dieser Gesellschaft sind, es sind Nachbarn oder Bekannte und nicht irgendwelche Reisekader, die sich heimlich einschleichen. Sie gehören im Schützenverein, in der Freiwilligen Feuerwehr oder im Fußballverein schlicht dazu – und solange sie keine parteipolitische Agitation betreiben oder das Engagement beispielsweise eines NPD-Funktionärs, der gleichzeitig Jugendtrainer ist, von außen nicht thematisiert wird, passiert zumeist nichts.

Auf der lokalen Ebene stehen die Chancen, die Isolation zu durchbrechen, besonders gut. Aber auch aus Bürgerinitiativen werden Neonazis oft wieder ausgeschlossen, wenn sie sich offen als solche zu erkennen geben und dies von außen kritisiert wird; ohnehin bleibt die Wirkung von solchen Initiativen örtlich sehr begrenzt. Hinzu kommen die ewigen Debatten in der rechtsextremen Bewegung über die passende Strategie, hier fehlen fähige Köpfe, die neue Perspektiven entwickeln können. Rassismus und NS-Nostalgie verhindern neue Ansätze, zudem verschlechtern jährlich Hunderte Gewalttaten von rechtsextremen Schlägern weiter das öffentliche Ansehen. Gewalt wird zwar von den Bewegungseliten offiziell abgelehnt, allerdings hauptsächlich aus strategischen Gründen. Ein Recht auf Notwehr, oder was man unter diesem Begriff alles subsumiert, hält man sich immer offen, die Gewalt von Neonazis wird in solchen Fällen legitimiert. So auch nach dem Aufmarsch am 1. Mai 2008 in Hamburg, als Neonazis mehrere Journalisten angegriffen hatten. Hierzu schrieb NPD-Bundesvorstand Frank Schwerdt an den Autor: »Gewalt erzeugt oft auch Gegengewalt, und das ist offenbar in Hamburg passiert. Auch Schreibtischtäter können mit ihren Worten und Werken gewalttätig werden.«

Die Journalisten haben also selbst Schuld. Das ist besonders bemerkenswert, da sich die Rechtsextremisten immer wieder gern als Verfechter der Meinungsfreiheit aufspielen. So polemisieren sie gegen den Paragraph 130, der das Hetzen gegen Bevölkerungsteile, die Aufstachelung zum Rassenhass und die Verhöhnung der Opfer des NS-Terrors durch die Holocaust-Leugnung unter Strafe stellt. Die Gewalt bleibt also stets eine Option der rechtsextremen Aktionsformen. Daher tun sie sich auch bei der Etablierung fester Strukturen sehr schwer. Zwar verfügt die rechtsextreme Bewegung über eine Reihe von Immobilien, auch zahlreiche Geschäfte gibt es, doch der öffentliche Widerstand dagegen wirft sie immer wieder zurück, kostet Zeit, Geld und Kraft. Auch hier zeigt sich, dass das Verhalten oder Nichtverhalten der Mehrheitsgesellschaft beim Kampf gegen die Neonazis entscheidend ist.

Nicht umsonst bauten die Rechtsextremisten beispielsweise in Thüringen ihre Strukturen aus. Dort herrschte eine gefährliche Gleichgültigkeit, wie es der Journalist Thilo Schmidt über die »netten braunen Nachbarn« beschrieb. Zudem fiel die dortige Landesregierung über Jahre durch ein besonders konsequentes Ignorieren und Verharmlosen des Problems auf.

Somit befindet sich die rechtsextreme Bewegung zurzeit in einer entscheidenden Phase. Entweder kann sie sich institutionalisieren und zu einem festen Bestandteil der bundesrepublikanischen Gegenwart und Zukunft werden, oder sie verschwindet allmählich wieder, weitere Kader wandern wegen der Perspektivlosigkeit in den terroristischen Bereich, andere ziehen sich gänzlich zurück, wieder andere werden moderater und schließen sich bürgerlichen Organisationen an.

Die rechtsextreme Bewegung strebt keinen Wandel der etablierten Strukturen an, sondern deren komplette Vernichtung. Und daher gehen bei dem Eintritt in die Realpolitik, beispielsweise nach dem Einzug in die Parlamente, große Teile der ursprünglichen Zielvorstellungen sofort verloren. Denn um langfristig in den Parlamenten vertreten sein zu können, müssen die Rechtsextremisten Kompromisse eingehen, nur durch Provokationen und Radau ist kein langfristiger Erfolg möglich. Die Pluralität, die soziale Bewegungen in ihren aktivsten Phasen kennzeichnet, lässt sich institutionell nicht oder nur sehr schlecht beibehalten. Allerdings sehen viele NPD-Funktionäre die Parlamente sowieso hauptsächlich als Bühne für ihre Propaganda. Sacharbeit liegt auch nicht im Interesse der NPD, da diese für den Zusammenhalt der Bewegung gar nicht förderlich wäre.

Was die Situation für die rechtsextreme Bewegung erleichtert: Es gibt ein klares gemeinsames Ziel, das »System soll abgewickelt werden«, wie es der langjährige NPD-Chef Udo Voigt formulierte. Stattdessen solle eine Volksgemeinschaft installiert werden – »Volk« und »Gemeinschaft« sind besonders in rechten Kreisen positiv besetzt –, der Begriff lässt genügend Raum für eigene Interpretationen, und die Konsequenzen aus einem solchen gesellschaftlichen Modell werden nicht sofort ersichtlich. Auch hier liegt es also an der Zivilgesellschaft, ob diese Strömungen Erfolg haben können. Solange die gesellschaftliche Isolation aufrechterhalten wird, erscheint es ausgeschlossen, dass die rechtsextreme Bewegung sich dauerhaft etablieren kann. Doch es hat sich in ostdeutschen Regionen bereits gezeigt, dass viele die NPD als eine normale Partei ansehen, deren Positionen gesellschaftsfähig werden. Somit konnte die rechtsextreme Bewegung zu einem regionalen Machtfaktor werden. Weitere Regionen sollen folgen. Doch die Zivilgesellschaft formiert sich zunehmend – und so muss die NPD mittlerweile selbst in der tiefsten Sächsischen Schweiz mit Protesten gegen ihre Veranstaltungen rechnen. Der NSU-Terror hat die Partei weiter in die Defensive gedrückt, strategisch steckt sie fest. Öffentlich muss sie sich von jeder Gewalt distanzieren, doch ihre Basis, ohne die sie nicht leben kann, feierte und feiert die Mordserie teilweise ganz offen. Das ist kein Wunder, denn NPD und NSU sind unterschiedliche Teile ein und derselben Bewegung.

Das braune Netz

»Vielen Dank an den NSU, es hat Früchte getragen – Der Kampf geht weiter ...« Dieser Gruß stand fettgedruckt und deutlich hervorgehoben mitten im Vorwort der Ausgabe Nummer 18 des neonazistischen Fanzines *Der Weisse Wolf*, wie das Antifaschistische Pressearchiv und Bildungszentrum (apabiz) Anfang 2012 berichtete. Ein Gruß, der damals nicht weiter aufgefallen war, aber heute Fragen aufwirft. Durch einen Hinweis stieß das apabiz nach eigenen Angaben in dem neonazistischen Szeneblatt auf den bemerkenswerten Gruß »an den NSU«. Der kurze Satz erschien bereits in der ersten Jahreshälfte 2002, als die Öffentlichkeit noch nichts von der Terrorzelle des Nationalsozialistischen Untergrunds ahnte, sondern nach »kriminellen Ausländern« suchte, die sich vermeintlich gegenseitig umbringen würden. Fest steht: Die Buchstaben NSU waren bislang kein bekanntes Kürzel in der Szene, sie standen in der großen Öffentlichkeit bislang für die NSU-Motorenwerke, die in den vergangenen Jahren aber zunehmend in Vergessenheit geraten sind, wie bereits die Namenswahl der Terroristen zeigt. Sie hätten sich wohl kaum nach einem alten westdeutschen Automobilhersteller benannt, wenn ihnen der Name geläufig gewesen wäre. Die Publikation könnte zu einem Fundstück passen, das Ermittler laut *Spiegel Online* im Brandschutt der Zwickauer Frühlingsstraße sicherstellten, dem letzten Versteck des Neonazi-Trios. Dort waren Fahnder auf einen Datenträger gestoßen, der eine am 5. März 2002 erstellte Datei namens »nsu.brief« enthielt. Unter anderem heißt es in der Datei: »Der National-sozialistische Untergrund verkörpert die neue politische Kraft im Ringen um die Freiheit der Deutschen Nation. [...] Getreu dem Motto ›Sieg oder Tod‹ wird es kein Zurück geben.« Das Schreiben endet mit einem Verweis auf Fanzines als möglichen Kommunikationsweg: »Der NSU wird niemals durch eine Kontaktadresse oder Nummer erreichbar sein, was aber nicht bedeutet, dass er unerreichbar ist. Internet, Zeitungen und Zines sind gute Informationsquellen – auch für den NSU.«[34]

Der Hinweis im *Weissen Wolf* ist bislang, Stand April 2012, die erste bekannte Verwendung des Kürzels in der Neonazi-Szene. Entstanden war *Der Weisse Wolf* laut apabiz bereits 1996 als »Rundbrief inhaftierter Kameraden der ›Justizvoll-zugsanstalt‹ Brandenburg«, das Heft entwickelte sich über die Jahre zu einem zentralen Fanzine für Mecklenburg-Vorpommern. Dass der *Weisse Wolf* bestens in der Szene vernetzt gewesen ist, zeigen die vielfältigen Anzeigen für Neonazi-Läden und -Versandhäuser sowie Interviews mit Bands. Auffällig dabei, schreibt das apabiz, sei die häufige Bezugnahme auf Bands und Autoren aus dem Umfeld von Blood & Honour (auch noch nach dem Verbot von Blood & Honour im Jahr 2000) und Combat 18. Ebenso berichtete »Eihwaz«, der ab 2000 als Herausgeber auftritt, regelmäßig über Treffen der HNG (Hilfsorganisation für nationale politische Gefangene und deren Angehörige).

Und wie so oft, wenn es um den NSU und das Unterstützernetzwerk geht, so gibt es auch hier eine Verbindung zur NPD. Denn der heutige Abgeordnete der NPD im Landtag von Mecklenburg-Vorpommern, David Petereit, spielte eine zentrale Rolle beim *Weissen Wolf.* Er meldete um das Jahr 2000 die Internetseite der Publikation an, wie ein Auszug der Internet-Registrierstelle Denic belegt, den das apabiz veröffentlicht hat. Herausgeber war zu dieser Zeit oben erwähnter »Eihwaz« – ein Pseudonym, das zumindest bei einem Hackerangriff im Jahr 2002 Petereit zugeordnet werden konnte. In der gehackten Datenbank wurde Petereit mit der Usernummer 10 geführt, der Username lautete »Eihwaz« – und auch die E-Mail-Adresse wurde mit eihwaz(at)web.de angegeben. Die Verbindungen werden aber noch deutlicher, denn später wurde David Petereit namentlich als Verfasser und Hersteller des Fanzines angegeben. Der NPD-Landtagsabgeordnete wollte sich auf Anfragen nicht zu der Sache äußern, die Partei veröffentlichte lediglich eine knappe Pressemitteilung, wonach ihm der Textabschnitt aus der Ausgabe Nr. 18 des *Weissen Wolfs* aus dem Jahre 2002, in dem in einer Zeile der Begriff »NSU« erschien, weder »bekannt noch erinnerlich« sei. Er habe, so Petereit weiter, das Fanzine erst ab der Ausgabe 20 als presserechtlich Verantwortlicher betreut. Das war allerdings schon längst belegt; inwieweit er aber bereits zuvor in die Herstellung und Verbreitung des Szenehefts involviert war, ließ Petereit offen. Kein Wunder, denn in der Ausgabe 20 heißt es im Vorwort, die Zusammenarbeit zwischen dem Fanzine *Freyja* mit dem *Weissen Wolf* habe sich über Jahre bewährt und werde sicher in Zukunft noch optimiert. Darunter steht als Impressum: »Verfasst und hergestellt von David Petereit«. Mit anderen Worten: Petereit arbeitete demnach bereits seit Jahren mit dem *Weissen Wolf* zusammen. Die Brisanz des Materials scheint auch der NPD klar zu sein, und so schob sie einen Tag nach der dürftigen Erklärung Petereits noch eine Mitteilung nach, in der sie behauptete, eine führende Rolle bei dem Fanzine habe »offensichtlich ein gewisser Carsten Szczepanski gespielt. Er war wegen einer schweren Straftat bis 1997 in der JVA Neubrandenburg inhaftiert und kam überraschend schnell auf freien Fuß, da er bereits im Gefängnis vom Verfassungsschutz angeworben wurde.« Und dann behauptet die NPD, ohne Angaben von irgendwelchen Quellen, es bestehe »der hinreichende Verdacht, dass mit Geld des Verfassungsschutzes auch die Herausgabe des *Weissen Wolfes* zumindest mitfinanziert worden sein könnte«. Gut möglich, dennoch eine Erklärung, die mehr Fragen aufwirft, als dass sie Antworten gibt. So ist es korrekt, dass Szczepanski als V-Mann des Inlandsgeheimdienstes angeworben wurde, wann genau, darüber wird spekuliert. Im Jahr 1995 war der Neonazi aus Brandenburg wegen versuchten Mordes zu acht Jahren Haft verurteilt worden, weil er dabei war, als Neonazis einen Schwarzen in einem See ertränken wollten. Weil Szczepanski bereit war, mit den Verfassungsschützern zusammenzuarbeiten, wurde er bereits nach rund vier Jahren Haft auf Bewährung entlassen. Im Juli 2000 flog Szczepanski, der damals eine Buchhandlung in Königs Wusterhausen führte, als V-Mann auf. Er wurde laut *Berliner Zeitung* in das Zeugenschutzprogramm aufgenommen und zog fort. Das Brandenburger Innenministerium zahlte, nachdem es sich monatelang weigerte, im Oktober 2000 schließlich rund 23.000 Euro Schmerzensgeld an das nigerianische Opfer. Im Jahr 2002 stand der ehemalige V-Mann dann erneut vor Gericht, weil er gegen das Waffengesetz verstoßen hatte – während seiner Zeit als V-Mann.[35]

Der Verfassungsschutz kooperierte also mit einem Schwerkriminellen, der sich während der Zusammenarbeit in der Szene weiter einen Namen machte – und angeblich am *Weissen Wolf* beteiligt war. Nun könnte der NPD-Abgeordnete Petereit aber erläutern, warum er mit einem Fanzine kooperierte und dieses später sogar übernahm, das mit Geld des Verfassungsschutzes aufgebaut worden sein soll. Auch die

Zusammenarbeit mit einem Schwerkriminellen war für Petereit offenbar kein Problem, immerhin hieß es in der Ausgabe Nummer 20 aus dem Jahr 2005, es gebe bereits eine jahrelange Zusammenarbeit. Zudem war der *Weisse Wolf* laut apabiz ununterbrochen unter einem Postfach zu erreichen gewesen, welches bis heute noch von Petereit genutzt wird. Petereit betreibt nämlich noch einen Versandhandel, über den er Neonazi-Tonträger, unter anderem mit Songs wie »Kanaken zerhacken«, Schlagwerkzeuge sowie Reizgas verkauft. Kein Wunder, dass die NPD angesichts dieser Erkenntnisse, allesamt nicht von staatlichen Stellen ans Tageslicht befördert, massiv unter Druck gerät. Die rechtsextreme Fraktion im Landtag wusste daher nur abschließend zu schreiben, es sei zu hoffen, dass die Bundesanwaltschaft die Angelegenheit um den NSU-Gruß aufkläre. Ob die NPD und Petereit, offenkundig mit besten Kenntnissen in Sachen *Weisser Wolf* ausgestattet, den Ermittlern dabei helfen? Oder werden alte Kameraden und Strukturen gedeckt? Dass Petereit auch heute keine Berührungsängste hat, was kriminelle Neonazis angeht, bewies er im März 2012, als die Fraktion mitteilte, die Abgeordneten David Petereit und Michael Andrejewski hätten »den Dissidenten Axel Möller« im Gefängnis in Stralsund besucht. Möller, ein mehrfach vorbestrafter, unverbesserlicher Hetzer aus der Hansestadt, muss dort eine mehrjährige Gefängnisstrafe absitzen. Er beging auf der Neonazi-Seite *Altermedia* über Jahre, offenbar unter genauer Beobachtung der staatlichen Stellen, die aber kaum eingriffen, immer wieder Straftaten wie Volksverhetzung oder Beleidigung. Interessanterweise soll der NSU in Stralsund recht aktiv gewesen sein, hier sollen die Rechtsterroristen eine Bank gleich zweimal überfallen haben, und zwar im November 2006 und im Januar 2007. Augenzeugen hatten nach dem zweiten Banküberfall ausgesagt, die beiden Täter hätten mit sächsischem Akzent gesprochen. Die Polizei wollte von diesen Hinweisen aber nichts wissen, da die Aussagen widersprüchlich gewesen seien. Da Stralsund im äußersten Nordosten der Republik liegt, rund 500 Kilometer von Sachsen entfernt, kann man also davon ausgehen, dass, sollten die Überfälle tatsächlich den Rechtsterroristen zugeordnet werden können, sie auch hier ortskundige Komplizen hatten. Die Neonazi-Szene in der Region verfügt seit Jahren über feste Strukturen. David Petereit ist seit langer Zeit Teil dieser Strukturen in Mecklenburg-Vorpommern, lange war er in der Kameradschaftsszene aktiv – und wurde nun mit einem Sitz im Landtag belohnt.

Der Gruß in dem Fanzine und die Überfälle in Stralsund verdeutlichen: Der NSU verfügte über ein weitgespanntes Unterstützernetzwerk mit doppeltem Boden. Die Kontakte verliefen auf freundschaftlicher Basis, die Netzwerke dahinter funktionierten auf mehreren Ebenen: Es gab Organisationen wie den parlamentarischen Arm der Bewegung und Kameradschaften, dazu kamen subkulturelle Strukturen wie Blood & Honour, die sogar international auftreten. Ohne Unterstützer konnten die Rechtsterroristen ihre Morde und Überfälle nicht finanziert und geplant haben, hilfreiche Instrumente wie *Google Maps* existierten damals noch nicht. Der ehemalige Neonazi Ingo Hasselbach wies darauf hin, dass die rechtsextreme Szene schon länger »in einem Zellensystem funktioniert« habe. »Gerade was den Untergrund angeht, das war immer gewollt und auch so konzipiert von der NSDAP/AO [NSDAP-Aufbauorganisation, Anm. d. A.] aus den USA heraus, die dafür Handbücher angelegt haben, dass man als einzelne Zelle in einer Stadt agiert, aber trotzdem auf ein großes Netzwerk zurückgreifen kann. Das ist immer so angedacht gewesen. So sind die Leute ausgebildet worden. So haben wir damals angefangen uns damit auseinanderzusetzen.« Auch für Hasselbach ist klar, dass eine einzelne Neonazi-Zelle »nicht unabhängig von einer Unterstützung auch von außen agieren [kann]. Das ist unmöglich. Das ist nicht zu schaffen, weil man wirklich gewisse Strukturen einhalten muss.«[36]

Übrigens war der »führerlose Widerstand« auch im *Weissen Wolf* Nummer 20 Thema, der Artikel hieß »Leaderless Resistance« (dt.: Führerloser Widerstand). Ein weiterer Beitrag in dem Petereit-Fanzine beschäftigte sich mit einem Klassiker der NS-Literatur: »Alte Bücher neu gelesen – Herman Löhns *Der Wehrwolf*«. Der Mann schrieb sich allerdings Hermann Löns und hatte im Jahr 1910 das Buch *Der Wehrwolf* veröffentlicht, worin er den Kampf von bodenständigen Bauern gegen marodierende Banden während des Dreißigjährigen Krieges glorifizierte. Der Roman wurde in der NS-Zeit zum Bestseller und zum Namensgeber für die Wehrwolf-Gruppen, die nach der Invasion der Alliierten aus dem Untergrund losschlagen sollten. Ein Selbstverständnis, das viele Neonazis bis heute teilen. Und es finden sich noch weitere Inhalte, die Hinweise geben, dass die Macher des Fanzines vom NSU zumindest gewusst haben könnten. So würdigt der *Weisse Wolf* den 2003 verstorbenen ehemaligen NPD-Landeschef Hans Günter Eisenecker. Es waren unter anderem Recherchen des *Nordkuriers*, die ergeben hatten, dass Beate Zschäpe Kontakte zu Eisenecker unterhielt. Das Blatt wollte vom Innenministerium wissen, welche Erkenntnisse der Inlandsgeheimdienst in dieser Sache hatte, erhielt aber – auch nach einer Klage – keine Auskunft. Eisenecker kam aus Westdeutschland nach Mecklenburg-Vorpommern, war mehrere Jahre Landeschef der NPD. Nach seinem Tod folgte ihm Stefan Köster in diesem Amt, heute Fraktionskollege von Petereit, der wie Eisenecker aus Nordrhein-Westfalen stammt und schon unter Eisenecker Pressesprecher gewesen sein soll. Eisenecker hatte die NPD im Verbotsverfahren verteidigt und war sogar NPD-Bundesvize, er vertrat auch den Hamburger

Neonazi Jürgen Rieger, Finanzier der NPD und der rechtsextremen Bewegung, der vor laufender Kamera über Mordanschläge auf Politiker und Journalisten spekulierte. Auch Eisenecker machte aus seinen Zielen und der Angst vor dem »Volkstod« keinen Hehl: »Wir wollen nicht bewahren, wir wollen dieses System überwinden, weil davon das Überleben unseres Volkes abhängt.« Eisenecker, der eine Kanzlei in Mecklenburg-Vorpommern betrieb und sich als Szene-Anwalt einen Namen machte, vertrat auch die Kameradschaft Oberhavel, die im Jahr 1997 verboten wurde, weil sie sich ohne jede Einschränkung zum Nationalsozialismus, zu Adolf Hitler und anderen NSDAP-Funktionsträgern bekannt hatte. Der ehemalige Anführer dieser Neonazi-Gruppierung, Karsten G., stand später vor Gericht, da er versucht haben soll, im September 2003 einen türkischen Imbiss niederzubrennen, in dem sich zur Tatzeit mehrere Menschen aufhielten. Karsten G. war wiederum im Märkischen Heimatschutz (MHS) aktiv, der immer wieder mit NPD-Funktionären aus Thüringen in Verbindung gebracht wird, die ebenfalls Kontakte zum NSU-Netzwerk gehabt haben sollen. Auch Eisenecker hatte in seiner Zeit als NPD-Chef in Mecklenburg-Vorpommern offenkundig indirekt Kontakt zu den untergetauchten Neonazis. Gemeinsam mit dem der NSU-Mittäterschaft verdächtigten Carsten S. aus Jena (er zog später nach Düsseldorf) reiste Ralf Wohlleben Anfang Februar 1999 nach Mecklenburg, um den damaligen NPD-Landeschef zu treffen. Wahrscheinlich war geplant, dem bekannten Szene-Rechtsanwalt die Vertretung von Beate Zschäpe anzutragen. Warum daraus nichts wurde, ist bis heute unklar, möglicherweise wollte Zschäpe aus der Illegalität zurückkehren. Nach Angaben von Böhnhardts Eltern in einem ARD-Interview sei dies bei einem Treffen im Jahr 2000 durchaus ein Thema gewesen, Mundlos habe sich aber dagegen ausgesprochen.[37]

Eisenecker meldete sich nach Recherchen des *Focus* Anfang März 1999 bei der Staatsanwaltschaft Gera. Er teilte mit, er vertrete Zschäpe juristisch und legte eine von der Mandantin unterschriebene Vollmacht bei. Zugleich beantragte er Akteneinsicht. Die Staatsanwaltschaft lehnte das Gesuch den Angaben zufolge ab, die Akten seien »erst nach Abschluss des Verfahrens« einzusehen. »Danach hat sich der Anwalt nicht mehr gemeldet«, so Oberstaatsanwalt Hans-Otto Niedhammer von der Thüringer Generalstaatsanwaltschaft gegenüber dem *Focus*.[38]

Beate Zschäpe wurde wie ihre Komplizen Böhnhardt und Mundlos zu diesem Zeitpunkt per Haftbefehl gesucht. Bis Ende der neunziger Jahre war auch Manfred Roeder für die NPD in Mecklenburg-Vorpommern aktiv. Der ehemalige hessische Rechtsanwalt war 1982 vom Oberlandesgericht Stuttgart wegen Sprengstoffanschlägen, versuchter Anstiftung zum Mord und Rädelsführerschaft in der rechtsterroristischen Vereinigung Deutsche Aktionsgruppen zu einer 13-jährigen Freiheitsstrafe verurteilt worden. 1990 wurde er vorzeitig auf Bewährung entlassen. Im Jahr 1998 trat Roeder in Stralsund für die NPD zur Bundestagswahl an. Seine Kandidatur sorgte für Aufsehen, da er nach Recherchen des ARD-Magazins »Panorama« bei einer Wahlkampfveranstaltung gesagt hatte: »Wahlen genügen nicht, wir brauchen den Umsturz.« Auf Nachfrage soll er bekräftigt haben, Politiker hätten »den Tod verdient«. Ein verurteilter Rechtsterrorist, ein Anwalt, der Zschäpe vertreten hatte, ein Gruß in einem Fanzine, Banküberfälle und ein Mord – die Spuren des NSU nach Mecklenburg-Vorpommern sind vielfältig, und die NPD spielt offenkundig immer wieder eine Rolle.

Viele Fragen sind noch offen, fest steht aber: Keine von der Polizei gesuchte Kleingruppe fährt mit falschen Papieren von Sachsen aus mit einem Wohnmobil, unter falschem Namen gemietet, nach Hamburg, Nürnberg, Dortmund, Rostock oder Stralsund, steigt irgendwo, ebenfalls unter falschen Namen, auf einem Campingplatz ab – vor allem nicht in den kalten Jahreszeiten, wie in Rostock und Stralsund – und erschießt wahllos einen Migranten oder überfällt irgendeine Bank, und das sogar zweimal innerhalb weniger Monate. Der Nationalsozialistische Untergrund hatte im Februar 2004 eines seiner zehn Opfer in Rostock ermordet – rund zwei Jahre nach dem Gruß im *Weissen Wolf*. Waren genau diese zwei Jahre die Zeit, die für die Planung des Verbrechens benötigt wurde?

Mecklenburg-Vorpommern ist kein Einzelfall, die Spuren in andere Länder sind ebenfalls vielfältig und nahezu flächendeckend – von Jena, Chemnitz und Zwickau ausgehend ins Erzgebirge, nach Baden-Württemberg, Bayern, Berlin, Brandenburg, Hessen, Niedersachsen, Nordrhein-Westfalen, Mecklenburg-Vorpommern, Sachsen-Anhalt, Schleswig-Holstein. Die Neonazi-Szene hat in den vergangenen 20 Jahren ihre Strukturen systematisch ausgebaut. Aufmärsche, Konzerte, Veranstaltungszentren, überall knüpften Kader neue Knoten in das Netzwerk, das dadurch nach und nach engmaschiger wurde. Experten hatten immer wieder darauf hingewiesen, welche immense Bedeutung Aufmärsche und Konzerte für die Binnenstruktur der Bewegung haben. In Nordrhein-Westfalen müssen die Terroristen mindestens einen Komplizen gehabt haben, hier verübten sie in Köln (Nagelbombenanschlag) und Dortmund ihre Taten, zudem fanden die Ermittler in der zerstörten Wohnung in Zwickau diverse Zeitungsberichte aus NRW – aus Zeitungen, die in Sachsen kaum erhältlich sind.

Auch in Hamburg mordete der NSU, hierhin knüpfte der Thüringer Heimatschutz (THS), zu dem die drei späteren Rechtsterroristen gehörten, offenkundig frühzeitig Kontakte.

So berichtete Felix Krebs vom Hamburger Bündnis gegen Rechts, ein Artikel aus der nicht mehr erscheinenden Hamburger Neonazi-Zeitschrift *Zentralorgan* (ZORG) belege, dass Neonazis aus der Hansestadt Ende der neunziger Jahre Verbindungen zum THS unterhielten. Der Artikel mit der Überschrift »… ab sofort wird Bombe mit Bombe vergolten« berichtete demnach über einen »Trauermarsch« von 300 Neonazis im Mai 1998 anlässlich des Jahrestages des Todes eines Kameraden. Der Bericht legt nahe, schreibt Krebs weiter, dass sich damals Hamburger Neonazis an dem Aufmarsch beteiligten, zumindest aber gute Kontakte zum THS hatten. Interessant an dem Artikel des ZORG ist auch, dass hier berichtet wird, wie eng die militante Kameradschaft Thüringer Heimatschutz mit der NPD, den Jungen Nationaldemokraten und sogar den Republikanern zusammenarbeitete. Weil in den Jahren zuvor Anmeldungen für den jährlichen »Trauermarsch« des THS von den Behörden nicht genehmigt wurden, bediente man sich der genannten drei Organisationen für die Anmeldung. »Bei der Durchführung war dann der THS federführend«, berichtet das ZORG über die Strategie beim Aufmarsch.

Auch Mundlos, Böhnhardt und Zschäpe beteiligten sich an Neonazi-Demonstrationen, das Gemeinschaftsgefühl stärkte den Glauben an ihre Mission. Das Erschreckende an den Erkenntnissen, die nun nach und nach bekannt werden: Die meisten der Namen, die als mutmaßliche Unterstützer genannt werden, sind seit vielen Jahren als wichtige Kader in der Bewegung aktiv und vor allem bekannt. Beobachter hatten zwar nie daran gezweifelt, dass die Neonazis ihre Gegner lieber heute als morgen aus dem Weg geräumt hätten, doch dass sie dazu in der Lage sind, über Jahre nach außen »dichtzuhalten«, damit hatten viele nicht gerechnet. »Das hat mich völlig überrascht«, räumt der Fachjournalist Anton Maegerle ein. »Noch überraschter war ich angesichts der Tatsache jedoch, dass die Rechtsterroristen von einem regelrechten Sympathisanten-Netz getragen wurden, ohne dass die dafür zuständigen Ämter und Behörden Kenntnis gehabt haben.«[39]

Das sorgte für Entsetzen und Wut – Wut auch darüber, dass die jahrelangen Appelle und Hinweise auf die Militanz und Vernetzung der braunen Szene von Staat und Öffentlichkeit verharmlost oder ignoriert wurden. »Auf uns hat nie jemand gehört«, beklagte Katharina König von der Linkspartei in Thüringen. Aus dem Terror-Trio hätte zudem auch leicht ein Terror-Quartett werden können, doch der vierte potentielle Terrorist ist schon länger tot. 1998, das Jahr, in dem Zschäpe, Mundlos und Böhnhardt untertauchten, sprengte sich ein in der Szene bekannter Neonazi in Jena-Lobeda beim Hantieren mit Sprengstoff in die Luft. Wie zuvor das Terror-Trio. Katharina König machte die Ermittler auf den Zusammenhang aufmerksam. Es bestehe bei dem verstorbenen Bombenbastler kein politischer Hintergrund, hieß es damals.

Die gesuchten Neonazis zogen also durch das ganze Land und erschossen Menschen. Fünf Morde begingen sie in Bayern. Das lag nahe, denn sowohl geografisch als auch von den Verbindungen her bot sich der benachbarte Freistaat für die Neonazis geradezu an. So intensivierten Neonazis über ihre »Freien Netze« die Zusammenarbeit, eine der führenden Figuren in Bayern war dabei Matthias Fischer. Der Anführer der 2005 verbotenen Fränkischen Aktionsfront (FAF), zeitweiliger NPD-Aktivist, habe auch in der thüringischen Szene seit Jahren einen besonderen Ruf genossen, berichtete das Fachmagazin *blick nach rechts*.[40]

Dem verstorbenen NSU-Terroristen Mundlos soll der Fürther bereits seit den neunziger Jahren bekannt gewesen sein. Das belegen laut *blick nach rechts* Unterlagen, die den Behörden bereits vor dem Abtauchen der drei Bombenbastler 1998 vorlagen. Über Jahre hinweg baute Fischer gemeinsam mit Kameraden Strukturen in Franken auf. Mitte der neunziger Jahre sei die frühe Kerntruppe der Kameradschaft Jena, zu der auch Böhnhardt, Mundlos und Zschäpe zählten, zu einem Kameradschaftsabend nach Nürnberg gereist, berichtete der *blick nach rechts* weiter. Mit dabei waren nach Zeugenaussagen auch der wegen Unterstützung der NSU inhaftierte Ralf Wohlleben sowie André Kapke. Unter »Polizeischutz« sei die thüringische Neonazi-Truppe noch am selben Abend zurückgefahren. Matthias Fischer, später Chef der NPD-Jugendorganisation in Bayern, hielt den Neonazis aus Jena die Treue. Bei fast allen von Ralf Wohlleben organisierten »Festen der Völker« oder anderen Events war der mehrfach verurteilte Franke in den kommenden Jahren anwesend, auch als Redner. Die mutmaßliche NSU-Unterstützerin Mandy S. war ebenfalls in Franken aktiv. Damit nicht genug: Bei der Durchsicht alter Ermittlungsakten stießen Ermittler dem *Focus* zufolge auf ein Flugblatt, das ein bekannter Neonazi am 26. August 2000 in Nürnberg an Autofahrer aus Ostdeutschland verteilt hatte. In dem an die »mitteldeutschen Volksgenossen« gerichteten Text rief dieser das »Unternehmen Flächenbrand« aus. In dem Flugblatt heißt es: »1. September 2000 – von jetzt ab wird zurückgeschossen.« Das Blatt endete mit dem Satz: »Weitere Anordnungen abwarten (Mittwochsdossier beziehungsweise Angriff).« Nach Einschätzung der Ermittler könnten die Passagen auf die unmittelbar danach beginnende Verbrechensserie des NSU hindeuten. Der erste Mordanschlag fand am 9. September 2000 in Nürnberg statt. Die Formulierung »Mittwochsdossier beziehungsweise Angriff« halten die Ermittler laut *Focus* für interessant, weil mehrere der insgesamt zehn Morde mittwochs verübt wurden. Dass der Neonazi, der die Flugblätter verteilte, direkten Kontakt zu dem NSU-Trio hatte, gilt als unwahrscheinlich.

Aktenkundig sind nach Angaben des *Focus* jedoch enge Verbindungen des fränkischen Neonazis zu dem früheren NPD-Funktionär Ralf Wohlleben aus Jena. Die Ermittler halten es daher für möglich, dass fränkische Kameraden über bevorstehende Aktionen gegen Migranten informiert worden sind. Fischer trat im Jahr 2008 nach internen Streitigkeiten aus der NPD aus. Er musste sich mehrfach vor Gericht verantworten, dabei wurde immer wieder deutlich, wie menschenverachtend sein Weltbild ist. So hatte er beispielsweise beim Frankentag 2008 ausgehungerte KZ-Häftlinge als »Weight-Watchers-Werbung« bezeichnet. Im Februar 2008 marschierten Neonazis, darunter auch NPD-Kader, in Budapest auf. In Ungarn findet alljährlich im Februar die Gedenkveranstaltung zum »Tag der Ehre« statt, welcher von ungarischen Blood-&-Honour-Aktivisten organisiert wird. 2007 waren insgesamt rund 800 Rechtsextreme dabei, darunter auch eine Delegation der NPD mit Matthias Fischer sowie erstmalig mit dem damaligen Bundesvorsitzenden Udo Voigt. Sie richteten Grußworte an die versammelten Teilnehmer, in der sie laut *Wiener Zeitung* an die »großen Heldentaten der Waffen-SS- und der ungarischen Pfeilkreuzler-Einheiten« erinnert haben sollen. Bei den anschließenden Konzerten mit Blood-&-Honour-Bands traten auch Gruppen aus Deutschland auf. Fischer und der damalige NPD-Mann Norman Bordin sollen bei dem Konzert mehrmals den Hitlergruß gezeigt haben, wie Aufnahmen des ARD-Magazins »Panorama« zeigten. Von »Panorama« auf den Hitlergruß angesprochen, erklärte Voigt, ob jemand etwa einen Hitlergruß zeige, sei ihm eigentlich »piepschnurzegal«. Er wolle der Sache aber nachgehen. Nach dem Interview teilte der damalige NPD-Sprecher Klaus Beier mit, Bordin und Fischer würden den mehrmals gezeigten Hitlergruß bestreiten. Doch die »Panorama« vorliegenden Videoaufnahmen belegten eindeutig das Gegenteil. Bordin gehört zu den Schwergewichten der süddeutschen Neo-nazi-Szene, sein Vorstrafenregister umfasst zahlreiche Ein-träge. Er saß schon im Gefängnis, unter anderem im Zusam-menhang mit einem Skinhead-Überfall auf einen Griechen, der dabei schwerverletzt wurde.

Stichwort »Gefängnis«: Eine weitere Ebene im braunen Netzwerk war die Hilfsorganisation Nationaler Gefangener (HNG, siehe auch Kapitel »Neue Qualität?«). Zu der HNG wurden zahlreiche Neonazis gezählt, die nun auch im Zusam-menhang mit den Netzwerken um die mutmaßlichen NSU-Unterstützer erneut auftauchen. Bordin selbst beispielsweise, aber auch Thomas Gerlach und Frank Schwerdt aus Thürin-gen, beide Weggefährten von Ralf Wohlleben und anderen wichtigen Strippenziehern rund um den Thüringer Heimat-schutz. Auch die mutmaßliche NSU-Unterstützerin Mandy S. engagierte sich bei der »Betreuung« von »nationalen Ge-fangenen«, unter denen sich Polizistenmörder und andere Schwerkriminelle befanden.

Die Ermittler konzentrieren sich den Erkenntnissen der Fachjournalistin Andrea Röpke zufolge indes eher auf den Thüringer Heimatschutz mit seinem dem Verfassungsschutz nahestehenden Anführer Tino Brandt. Doch die Spuren ins Blood-&-Honour-Netzwerk wurden ganz offenkundig unter-schätzt oder schlicht nicht gesehen. Dabei könnten führende sächsische Blood-&-Honour-Mitglieder bei der Beschaffung von Sprengstoff für die ersten Bomben geholfen haben. Auch beim Abtauchen der Neonazis sollen Kameraden aus dem Umfeld von Blood & Honour maßgeblich beteiligt gewesen sein, das Gleiche gilt für die Beschaffung von falschen Identi-täten. Blood & Honour ist ein international agierendes Netz-werk in der neonazistischen Skinhead-Szene, das Rechtsrock-Konzerte und den Vertrieb neonazistischer Musik organisiert. Blood & Honour vertritt die Ideologie von der globalen Dominanz der »weißen Rasse«. Das Netzwerk wurde in den achtziger Jahren in Großbritannien unter maßgeblicher Beteiligung von Ian Stuart Donaldson (1957–1993), dem Sänger der Nazi-Band Skrewdriver, gegründet. Der Name knüpft bewusst an die Parole »Blut und Ehre« der Hitlerjugend an, die sich auch in der Begründung der Nürnberger Rassengesetze findet. Als Symbol benutzt Blood & Honour eine Triskele – ein dreizackiges Hakenkreuz, in Anlehnung an das Logo weißer Rassisten aus Südafrika, die für eine Beibehaltung der Apartheid kämpften.

»Der alte Geist lebt eingepfercht in unsichtbaren Mauern, verdammt, in ihren Kerkern diese Zeit zu überdauern. Für sein Überleben streiten wir allzeit in Wort und Tat, bewahren diesen Kontinent vor Unheil und Verrat.« (White Rebel Boys, »Der Traum von Freiheit«)

In Sachsen wuchs mit den Jahren das NSU-Unterstützernetzwerk, eine maßgebliche Rolle spielen Neonazi-Strukturen im Erzgebirge rund um die Weiße Bruderschaft, eine Organisation, die Blood & Honour ebenfalls nahesteht und bei der der aus Brandenburg stammende Neonazi Andre E. eine führende Rolle gespielt haben soll. In den ersten Jahren nach dem Verbot der Blood & Honour Division Deutschland im Jahr 2000 kam es nach Angaben der Bundesregierung vom Februar 2011 noch zu mindestens sieben Konzerten, die sich auf Blood & Honour bezogen. Allein zwischen 2005 und 2007 gab es zudem, ebenfalls nach Angaben der Bundesregierung, mehr als 20 Auftritte deutscher rechtsextremistischer Skinhead-Bands und -Liedermacher auf Veranstaltungen im Ausland, die von Blood & Honour organisiert wurden. Die Konzerte wollte die Regierung aber nicht benennen, weil sonst angeblich Rückschlüsse auf die Quellen möglich sein könnten. Eine Begründung, die schwer nachvollziehbar ist, da es sich um Veranstaltungen handelte, die ohnehin von der

Szene beworben und im Nachhinein auch in der Lokalpresse erwähnt wurden.[41]

Das dürfte nur die Spitze des Eisberges sein, denn Dutzende Konzerte und Festivals mit Bands aus dem Blood-&-Honour-Umfeld wurden in den vergangenen Jahren organisiert. Fachleute wie Andrea Röpke oder Andreas Speit sind sich einig: Der NSU hat die Ideen von Blood & Honour umgesetzt, ein Rassenkrieg für die »Reinhaltung« des deutschen Blutes – passend zum Motto »Blut & Ehre«. In Fanzines wie dem *Totenkopf Magazin* würde die Bildung geheimer Zellen propagiert, die aus nicht mehr als »vier Freiwilligen« bestehen sollten, so Speit. Erst wenn man bewaffnet sei, sollte an »die Arbeit« gegangen werden. In einem anderen Fanzine hieß es: »Die Patrioten von heute müssen sich auf den größten aller Kriege, den Rassenkrieg, vorbereiten, und dafür muss man geheime Strukturen schaffen und bereit sein, sein Leben zu opfern.«

Der terroristische Arm von Blood & Honour nennt sich Combat 18 – eine der C18-Parolen lautet: »White Revolution is the only solution« (dt.: Weiße Revolution ist die einzige Lösung). Die Strukturen sollten ebenfalls nach dem »führerlosen Widerstand« funktionieren. Dennoch darf für die Neonazi-Terrorgruppe in Deutschland geworben werden – sogar mit richterlicher Erlaubnis. Der Bundesgerichtshof entschied im August 2009, dass der fremdsprachige Gebrauch einer NS-Parole nicht den Straftatbestand nach Paragraph 86 a StGB erfüllt. Ein Angeklagter hatte im September 2005 100 T-Shirts im Besitz, die zur Weitergabe an verschiedene Personen bestimmt und wie folgt bedruckt waren: Auf der Vorderseite befand sich der Schriftzug *Blood & Honour / C 18*, ferner die Abbildung einer Hand, die eine Pistole hält, sowie der englischen Satz *support your local section*. Auf der Rückseite der T-Shirts stand *Blood & Honour is our voice / Combat 18 is our choice*.

In Norddeutschland zerschlugen Ermittler im Jahr 2003 eine Zelle von Combat 18. Dabei sei, so der damalige Innenminister von Schleswig-Holstein, ein »florierender Waffenhandel« aufgedeckt worden. Es sei der erste Versuch in Deutschland gewesen, einen Ableger von Combat 18 zu etablieren. Allerdings recherchierte das in Fürth ansässige Antifaschistische Dokumentations- und Informationsprojekt (adip) auch eine Verbindung der Kameradschaft Süd zu Combat 18. Die Kameradschaft Süd hatte ein Attentat auf die Baustelle des jüdischen Gemeindezentrums in München geplant.[42]

Und es liegen weitere Hinweise vor, wie wichtig das Musiknetzwerk für den NSU war. Denn neben dem Gruß an den NSU im *Weissen Wolf* hat vor allem das Lied »Döner-Killer« von Gigi & die braunen Stadtmusikanten für Aufsehen gesorgt. Im Juni 2010 war die CD *Adolf Hitler lebt* mit dem Song darauf beim Plattenlabel PC Records erschienen, welches wiederum in Chemnitz seinen Sitz hat. Es soll auch in die Organisation von Rechtsrock-Festivals in Thüringen eingebunden gewesen sein – Konzerte, die maßgeblich von den Personen aus dem ehemaligen Thüringer Heimatschutz durchgeführt wurden. Mit dabei sollte im Jahr 2006 auch die Band Gigi & die braunen Stadtmusikanten sein. Unterlagen, die dem NDR vorliegen, zeigten zudem, dass ein Macher des Plattenlabels offenbar Uwe Mundlos schon seit Jahren gekannt haben soll.[43]

Das LKA Sachsen prüfte im Jahr 2010 den Tonträger und schlug diesen zur Indizierung vor – aber das Lied »Döner-Killer« wurde dabei nicht genannt. Auch der Name eines weiteren Musikproduzenten aus Chemnitz, der ebenfalls zum Blood-&-Honour-Netzwerk gezählt wird, tauchte im Zusammenhang mit den NSU-Ermittlungen auf.

Ein wichtiger Strippenzieher mit guten internationalen Kontakten im Rechtsrock-Geschäft ist seit vielen Jahren

Thorsten Heise, NPD-Funktionär, über Jahre der wichtigste Kameradschaftsführer in Südniedersachsen – bis er nach Thüringen übersiedelte. Angeblich sollen die Rechtsterroristen geplant haben, auf Heises Anwesen in Thüringen unterzukommen.

Zehn Morde, drei Terroristen und ein braunes Netzwerk, das bislang erst ansatzweise ausgeleuchtet werden konnte. Die Verbindungen und Strukturen werden noch ganze Bücher füllen können, zum gegenwärtigen Zeitpunkt kann nur angedeutet werden, wie groß und arbeitsfähig die Strukturen waren. Auffällig sind besonders die verschiedenen Ebenen des Netzwerks: feste politische Organisationen wie die NPD tauchen auf, Vorfeldorganisationen wie die HNG, vor allem für die interne Vernetzung wichtig, und dazu als informelle Struktur Blood & Honour, die von Russland über Ungarn und Deutschland bis in die Beneluxstaaten und nach Skandinavien reicht.

Die Bedeutung der Musiknetzwerke kann also im Zusammenhang mit dem NSU gar nicht hoch genug eingeschätzt werden, dies gilt für die Vernetzung, die Finanzierung durch Konzerte und Festivals in der ersten Zeit nach dem Abtauchen sowie auch die mögliche Propaganda nach innen und die Mobilisierung. Doch in Sachsen, wo die Rechtsterroristen über viele Jahre lebten, sieht man hier kaum einen Klärungsbedarf. Die Linkspartei hatte beantragt, wegen der offenkundigen Verbindungen zwischen NSU-Netzwerk und Blood & Honour die Aktivitäten des Musiknetzwerks seit 1995 im Freistaat zu untersuchen. Sachsens Innenminister Markus Ulbig antwortete darauf im März 2012, »das – zu großen Teilen auf die Vergangenheit ausgerichtete – Thema des Antrags betrifft einen sehr speziellen Ausschnitt aus dem Bereich ›rechtsextremistische subkulturelle Szene‹. Ich gebe insoweit zu bedenken, dass der von der Fraktion Die Linke zusammengestellte Fragenkatalog sehr umfassend ist und sehr ins Detail gehende Fragen enthält. Die gewünschten Informationen liegen zusammengefasst nicht vor. Die Abfassung eines Berichts, wie ihn die Fraktion Die Linke wünscht, würde deshalb umfassende Recherchen in den Datenbeständen und Akten von Polizei und Verfassungsschutz erfordern.«

Andere Behörden müssten beteiligt, Spezialwissen zusammengetragen und aufbereitet, »Erkenntnisse, die nur außerhalb des Freistaats vorhanden sind, beschafft und ausgewertet werden«. Mit anderen Worten: Das Innenministerium müsste seine Aufgaben erledigen. Daher fügte Markus Ulbig hinzu, die Regierung setze derweil andere Prioritäten. Den Kampf gegen links vielleicht?

HILFLOS GEGEN RECHTS?!

Wenn der parlamentarische Arm zuschlägt

Während die ehemaligen Kameraden aus dem Thüringer Heimatschutz durch das Land zogen, Menschen erschossen und Banken ausraubten, versuchte sich der mittlerweile inhaftierte Ralf Wohlleben am »Kampf um die Parlamente«, wie es im NPD-Jargon heißt. Er trat 2005 als NPD-Kandidat bei der Bundestagswahl an. Ein Wähler stellte damals auf *abgeordnetenwatch.de* folgende Frage an Wohlleben: Neben den Neonazis gebe es »in unserem geliebten Land leider auch Rechtsterroristen, die Sprengstoff horten, Bomben bauen, Frauen entführen, um Informationen über die antifaschistische Szene zu bekommen, Schlägerskins die in Gruppen auf Jagt gehen usw. Mit welchen Mitteln möchte die NPD gegen solche Schwerkriminellen vorgehen?«

Eine Reaktion blieb der Thüringer Neonazi dem Bürger schuldig. Aber manchmal ist keine Antwort auch eine Antwort. Zum NSU fallen der NPD ebenfalls nur dürftige Antworten ein, man versucht, sich irgendwie zu distanzieren. Denn der Partei droht das Aus. Sie steht besonders unter Druck, seit die rassistische Mordserie nach mehr als einem Jahrzehnt als eine solche erkannt worden war und die Debatte über ein erneutes Verbotsverfahren gegen die NPD wieder einsetzte – beziehungsweise instrumentalisiert wurde, um die Handlungsfähigkeit der Politik zu demonstrieren und von dem skandalösen Versagen auf allen Ebenen abzulenken. Bislang blieben die sich regelmäßig wiederholenden Diskussionen ohne konkrete Ergebnisse, doch die NPD fürchtet zu Recht, dies könnte sich bald ändern. Kein Wunder, denn die Partei ist der selbsternannte parlamentarische Arm der Bewegung, zu der auch die Rechtsterroristen zählen. Im Herbst 2011 stieß Holger Apfel seinen ehemaligen Ziehvater Udo Voigt vom Thron der NPD, der sächsische Fraktionschef steht für die Strategie der »seriösen Radikalität«: moderates bürgerliches Image, radikal-nationalistische Positionen. Intern ist der Kurs umstritten, weil einige Neonazis ihn offenkundig nicht verstehen oder ablehnen, da sie darin eine vermeintliche Verbürgerlichung sehen. Apfel braucht aber den Erfolg, sonst verschwindet seine Partei möglicherweise in der Versenkung der Kommunalparlamente einiger ostdeutscher Regionen – auch ohne ein Verbot. Zudem leidet die Neonazi-Partei unter einer notorischen Geldknappheit; die selbsternannten Retter Deutschlands schaffen es kaum, eine 6 000-Mitglieder-Partei zu verwalten und am Leben zu erhalten. Die NPD sorgte seit Jahren für Negativschlagzeilen wegen interner Schlammschlachten und Straftaten von Mitgliedern, doch die Verbindungen zum mutmaßlichen NSU-Unterstützernetzwerk könnte ihr endgültig das Genick brechen. Die NPD beeilte sich daher, eine imaginäre Linie zwischen Partei und besonders militanten Neonazis zu ziehen. Eine kniffelige Sache, immerhin bietet die NPD seit Jahren dieser Klientel eine politische Heimat. Apfel führte selbst aus, dass sich die Partei als Arm des »Nationalen Widerstands« versteht – und nicht als Teil des Parteienspektrums. »Die NPD war und ist Stachel im Fleisch des Systems«, sagte er beispielsweise 2007 bei einer Rede. Für die Bundesrepublik zeigte Apfel nur Verachtung: Der Landtag sei »nicht mehr als eine billige Karikatur einer wirklichen Volksherrschaft«, polterte der heutige NPD-

Chef. Die etablierten Politiker »vergewaltigen tagtäglich« die »wahre Demokratie«. Apfel setzte weiter auf provozierende Krawallsprache, die jüngste Debatte über ein Verbotsverfahren bezeichnete er als »beispiellose Pogromhetze«.

Das Verhältnis der NPD zur Gewalt ist eindeutig zweideutig. Offiziell lehnen die Funktionäre Gewalt ab – doch viele NPD-Mitglieder sind vorbestraft, auch wegen Gewaltdelikten.

Beispielsweise in Sachsen, wo Apfel die Fraktion im Landtag anführt und außerdem Parteichef war. Hier ist auch Thomas S. aktiv, er war führender Kader einer mittlerweile verbotenen Schlägertruppe mit dem Namen Skinheads Sächsische Schweiz (SSS). Mit seinen ehemaligen SSS-Kadern macht er nun Karriere bei der NPD – Thomas S. ist wegen Gründung und Weiterführung einer kriminellen Vereinigung vorbestraft. »Die SSS ist inzwischen komplett in der NPD untergekommen«, sagte Petra Schickert, eine Beraterin für Demokratiefragen in Pirna.[44]

Darüber hinaus wurden anfang November 2011 Aussagen bekannt, die dem Image der »seriösen Radikalität« ebenfalls nicht gerade zuträglich waren. So veröffentlichte das Magazin GAMMA Auszüge aus einem Internetforum, in dem Neonazis aus Sachsen und anderen Ländern ihre Aktivitäten koordinierten. Auch NPD-Funktionäre sollen dabei gewesen sein, beispielsweise Maik Scheffler, seines Zeichens NPD-Vize in Sachsen, vorbestraft wegen gefährlicher Körperverletzung, unerlaubten Waffenbesitzes und Hausfriedensbruchs. Die Inhalte des Forums sind erschütternd und reichen bis zu der »Anregung«, eine »Polizeiwache abzufackeln« und einen »Polizisten abzustechen«. Nach der Veröffentlichung der Inhalte dieses Forums geriet Scheffler in die Schlagzeilen. Apfel stand aber zu seinem Kameraden, lobte ihn für seine »konstruktive« Zusammenarbeit. Denn auf die ultraradikale Neonazi-Basis kann die NPD nicht verzichten. Angefeindet wurde Scheffler jedoch aus der Kameradschaftsszene, weil er sich zu sehr an den bürgerlichen Kurs der NPD anpasse. Die Abkürzung SSS im Zusammenhang mit der NPD und den Freien Kräften steht mittlerweile für »Sächsische Schlammschlacht«.

Lange Jahre war Apfel bei den Kameradschaften angesehen, hatte er doch als JN-Chef selbst einen radikalen Kurs der Mutterpartei gefordert und noch offener gesprochen. In einer Rede im Jahr 1998 sagte er: »Wir, der Nationale Widerstand, sind die einzige, wirkliche Weltanschauungsbewegung in der bundesdeutschen Parteienlandschaft mit der NPD als der organisierten Partei, die das politische System in der BRD bis auf die Wurzel bekämpft, auch die Wurzel abnimmt.« Der heutige NPD-Chef weiter: »Wir sind stolz darauf, dass wir alljährlich in den bundesdeutschen Verfassungsberichten stehen und dort als feindlich, verfassungsfeindlich, gegen dieses System gerichtet genannt sind. Jawohl, wir sind verfassungsfeindlich!« Und die NPD zieht die öffentliche Aufmerksamkeit auf sich, wenn es um das Thema Rechtsextremismus geht. Andere Neonazi-Organisationen können sozusagen im öffentlichen Windschatten der Partei agieren.

In zwei deutsche Landtage und Dutzende Kommunalparlamente schaffte es diese verfassungsfeindliche Partei. Rassismus und Antisemitismus können sich immer so weit ausbreiten, wie die Mehrheitsgesellschaft dies zulässt. Wie weit dies gehen kann, zeigt ein Fall aus Brandenburg. In Guben brauchte sich die NPD nicht einmal von einer tödlichen Hetzjagd auf einen Flüchtling zu distanzieren, sondern konnte das Opfer öffentlich noch verhöhnen. Vor der Kommunalwahl in Brandenburg im September 2008 reagierte die Partei auf die Berichterstattung über ihren Kandidaten Alexander B. In einer Mitteilung warfen die Rechtsextremisten den Medien eine »Verschleierungstaktik« vor. Den Umstand, dass über die Verurteilung ihres Kandidaten berichtet wurde, wertete die NPD als ein Indiz für ihre vermeintlich guten Chancen bei der Kommunalwahl. Alexander B. war im Zusammenhang mit einer Hetzjagd verurteilt worden. Als ein Flüchtling im Februar 1999 von elf Jugendlichen durch die Stadt gejagt worden war, trat der Asylbewerber in Todesangst die Scheibe einer Haustür ein, um dort Hilfe zu finden. Dabei verletzte Omar Ben Noui sich eine Beinarterie und verblutete. Rädelsführer der Verfolger war Alexander B. Der damals 21-Jährige wurde dafür zu zwei Jahren Jugendgefängnis verurteilt. Die NPD nannte diesen Angriff in ihrer Erklärung zur Kommunalwahl eine »Klamotte«. Was wirklich geschehen sei, so die Rechtsextremisten weiter, sei von den meisten Medien verzerrt worden.

Im Folgenden versucht sich die NPD an der bekannten Umkehr von Täter und Opfer: »Bemerkenswert war auch, dass sich der Algerier unter falschem Namen in Deutschland aufhielt und in Guben als Drogendealer bekannt war.« Aus Sicht der NPD sind diese unbelegten Behauptungen also bemerkenswert, da die Hetzjagd der Jugendlichen so zu erklären sei. Die Absicht ist klar: Das Opfer habe es im Prinzip nicht anders verdient. So legitimiert die NPD indirekt die Hetze auf Neonazis. Der Verfassungsschutz schrieb zu der Attacke und den Folgen: »Die Hetzjagd auf den algerischen Asylbewerber Farid Guendoul alias Omar Ben Noui am 13. Februar 1999 stellte einen Wendepunkt dar. Seit Mitte der neunziger Jahre war die rechtsextremistische Szene Gubens wenig aktiv und eher unselbständig geblieben, obschon sie von Berliner Neonazis umworben wurde. Doch im Gefolge der tödlichen Hetzjagd erwies sie sich als virulent. Seither stieg die Zahl der einschlägigen Straftaten drastisch an. Nach dem Tod des Asylbewerbers wusste sich die rechtsextremistische Szene unter öffentlicher Beobachtung. Sie pendelte zwischen Rückzugsverhalten und Trotzreaktionen. Ein Teil der Szene fühlte sich durch das Medienecho und die Anteilnahme der politischen Eliten, aber auch durch die lange Prozessdauer offenkundig zu weiteren Provokationen und Straftaten animiert. Die am 13. November verkündeten Urteile gegen die elf Angeklagten im ›Hetzjagdprozess‹ – acht erhielten Freiheitsstrafen zwischen drei Jahren ohne und einem Jahr auf Bewährung, drei kamen mit Verwarnungen und Arbeitsauflagen davon – entfalteten kaum abschreckende Wirkung. Insbesondere jüngere Angehörige der rechtsextremistischen Szene Gubens hatten weiterhin keine Scheu, ihre Fremdenfeindlichkeit auch gewaltsam auszuleben. Nicht die Untat, sondern der Gedenkstein für das Opfer wurde für die rechtsextremistische Szene – aber auch für Teile der Gubener Bevölkerung – zum Stein des Anstoßes. Mehrfach wurde er geschändet. Zu den Tätern gehörte ein an der tödlichen Menschenjagd Beteiligter, den seine Verurteilung offensichtlich nicht beeindruckt hatte.«

Rechtsextreme werden also durch Attacken auf ihre Feinde und den fehlenden Verfolgungsdruck ermutigt, ihr Treiben fortzusetzen und weitere Angriffe folgen zu lassen. Die Gewaltwelle mit Überfällen, Anschlägen und pogromartigen Ausschreitungen Anfang der neunziger Jahre zeigte bereits deutlich, welche Dynamik solche Gewalttaten in der Szene in Gang setzen. Dies werden auch die Rechtsterroristen gewusst haben, möglicherweise ist das eines ihrer Motive; sie wollten der Bewegung neuen Schwung verleihen und signalisieren, was alles möglich ist. Das Bekenntnis nach innen spielt somit im Rechtsterrorismus womöglich eine große Rolle, wie auch entsprechende Texte von Hunderten Liedern belegen. Die Rechtsextremen gingen dabei höchst riskant vor, erschossen ihre Opfer tagsüber, mitten in großen Städten. Entweder sie waren sich sehr sicher, nicht gestoppt zu werden, oder der fehlende Verfolgungsdruck ermutigte die NSU-Terroristen.

Auch viele NPD-Anhänger wissen, welche Bedeutung die Aktion hat, um junge Kader an sich zu binden. Anfang Februar 2012 zeigte die Berliner NPD wieder ganz offen ihre Gesinnung, als der Autonome Nationalist Sebastian Schmidtke zum Vorsitzenden des darbenden Landesverbandes gewählt wurde. Schmidtke kann eine Neonazi-Karriere vorzeigen, wie sie typisch für viele NPD-Funktionäre ist. Sein Name wurde in Verbindung gebracht mit Organisationen wie dem Kampfbund Deutscher Sozialisten (KDS) oder dem Märkischen Heimatschutz, eine Bruderorganisation des Thüringer Heimatschutzes, dem die Neonazis des NSU entstammten. Bei der 2005 verbotenen Kameradschaft Berliner Alternative Süd-Ost (BASO) soll Schmidtke ebenso aktiv gewesen sein wie beim Neonazi-Netzwerk Nationaler Widerstand Berlin (NW Berlin). Ähnlich wie in Sachsen oder Mecklenburg-Vorpommern, wo ganze Kameradschaften in der NPD aufgingen, war es auch in der Hauptstadt. Die aktionistische Ausrichtung der jungen Neonazis drückte Schmidtke so aus: »Die Bevölkerung von Berlin darf sich in der Hinsicht auf mehr NPD-Material in den Briefkästen freuen, mehr Informationsstände und mehr öffentlichen ... äh ... wirksamkeite Aktionen.« Zuvor waren auf den Internetseiten der Berliner Kameradschaftsszene immer wieder Mordaufrufe gegen politische Gegner veröffentlicht worden. Schmidtke war angeblich Teil dieser Szene, wie Aufkleber und Flugblätter nahelegen, auf welchen er als Verantwortlicher im Sinne des Presserechts aufgeführt wurde.

Schmidtke war es auch, der einen Aufmarsch im Oktober 2009 angemeldet hatte, auf dem Namen von mehreren Dutzend linken Politikern und Antifaschisten verlesen wurden – begleitet von der vom braunen Mob gerufenen Drohung

»Wir kriegen euch alle«. Die Demonstration stand unter dem Motto »Vom nationalen Widerstand zum nationalen Angriff«, und nicht nur einmal machten Teilnehmer des Aufmarsches diese Drohung wahr und attackierten Gegendemonstranten und Journalisten. Bei einer angeblich von Schmidtke angemeldeten NPD-Kundgebung am Rosa-Luxemburg-Platz versuchten mehrere Neonazis am 17. Juni 2011, das Verlagshaus der linksdogmatischen Tageszeitung *Junge Welt* zu stürmen. Die Gewalt eskalierte vollends bei einem ebenfalls von Schmidtke angemeldeten Aufmarsch ein Jahr zuvor, am 14. Mai 2011 im Stadtteil Kreuzberg. Nach einer erfolgreichen Blockade des Aufmarsches durch Antifaschisten griffen Neonazis die Gegendemonstranten an und verletzten viele.

Angesichts der zahlreichen Beispiele für Gewalttaten aus dem Umfeld der NPD und direkten Verbindungen von ehemaligen Funktionären zu mutmaßlichen NSU-Unterstützern, versuchte die Partei, sich als harmlos und unschuldig darzustellen. Ein besonders bizarres Schauspiel wurde im *NPD-Wochenbrief*, einem Newsletter von überschaubarem Inhalt, aufgeführt: Der NPD-Funktionär Patrick Wieschke aus Thüringen, vorbestraft wegen Beihilfe zur Herbeiführung einer Sprengstoffexplosion, sprach mit dem langjährigen »NPD-Rechtsamtsleiter« und Thüringer Funktionär Frank Schwerdt, vorbestraft wegen Volksverhetzung, über den Fall des NSU. Wieschke behauptete einleitend, es gebe keinen Zusammenhang zwischen »den Verbrechen, die einem Trio aus Jena zur Last gelegt werden und der NPD«. Möglich, aber auch fraglich, da Verbindungen zwischen dem Trio und Parteifunktionären existierten, wie Schwerdt später einräumen musste. In der ARD gab er zu, dass Uwe Mundlos Ende der neunziger Jahre als Fahrer für ihn gearbeitet hatte. Auf einem dem Sender vorliegenden Foto vom 17. Januar 1998 ist er außerdem mit der mutmaßlichen NSU-Terroristin Beate Zschäpe bei einer Demonstration in Erfurt zu sehen. Zudem sollen Unterstützer der untergetauchten NSU-Zelle den NPD-Funktionär Schwerdt um Unterstützung für die Gruppe gebeten haben. Damals war Schwerdt Bundesgeschäftsführer der Partei. Er sagte, er habe jedoch nicht helfen können und wollen. Schwerdt gilt außerdem als ein politischer Förderer des Thüringer Ex-NPD-Funktionärs Ralf Wohlleben, der in Untersuchungshaft sitzt und die rechtsextreme Gruppe mit einer Waffe versorgt haben soll. Und Patrick Wieschke gehörte zum Thüringer Heimatschutz – genau wie die Mitglieder der Zwickauer Terrorzelle Uwe Mundlos, Uwe Böhnhardt und Beate Zschäpe sowie der ehemalige NPD-Vize von Thüringen, Ralf Wohlleben. Schwerdt hätte also durchaus, als die NSU-Unterstützer bei ihm anfragen ließen, zur Polizei gehen können, um Hinweise auf den Verbleib von Terroristen zu geben. Doch dies stand offenkundig nicht zur Debatte, was einmal mehr zeigt, wie sehr NPD und NSU einer gemeinsamen Bewegung und Idee verpflichtet sind. Die Rolle weiterer NPD-Funktionäre beschäftigt die Ermittler im Zusammenhang mit dem NSU. Es tauchten auch Fotos auf, die das Neonazi-Trio auf NPD-Aufmärschen zeigt. Auf einem Bild aus dem Jahr 1996 sind einer der Terroristen und der Parteichef Apfel zu sehen. Zwar stehen sie bei der Demonstration nicht gemeinsam in einer Gruppe, doch wird nochmals dokumentiert, dass die Rechtsterroristen zu genau jenem »Nationalen Widerstand« gehörten, dessen parlamentarischer Arm die NPD sein will – und der auch über einen kräftigen militanten Arm verfügt.

Die NPD solle kriminalisiert werden, beklagt Apfel angesichts solcher Veröffentlichungen. Doch dies besorgt die Partei seit Jahren selbst. Einige Beispiele aus Mecklenburg-Vorpommern: Udo Pastörs, Parteivize und Fraktionschef im Landtag, verkörpert wie Apfel das Biedermann-Image der

NPD, doch seine Hetzreden sind berüchtigt. Im Jahr 2009 sprach er von »Krummnasen« und »türkischen Samenkanonen«. Dafür musste sich Pastörs vor Gericht verantworten. Zudem drohte dem Fraktionschef ein neuer Prozess, da er im Landtag das Andenken Verstorbener verunglimpft haben soll. Auch sonst spricht Pastörs gern Klartext, was seine Feindbilder, Ideologie und seine Ziele angeht. Im März 2011 gab der NPD-Fraktionschef beim Schwabentag der Partei eine Kostprobe seiner Hasspropaganda. Den FDP-Politiker Guido Westerwelle bezeichnete er nach Angaben des Fachjournalisten Robert Andreasch als »sexuell unappetitlich orientiert«. Danach begab sich Pastörs auf das gewohnte Feld rassistischer Hetze und beschwor ein »Selbstbestimmungsrecht [...] der weißen Rasse« und den Kampf gegen »fremdvölkische Massen«. Mit Blick auf Flüchtlingsbewegungen aus Nordafrika hetzte er anschließend: »Wir ertrinken in fremdem Blut.« Nach derart rassistischer Agitation wandte sich Pastörs der Eugenik zu und kommentierte die Debatte um ein Verbot der Präimplantationsdiagnostik: »Das ist doch der Wahnsinn: Auf der einen Seite etwas vielleicht sehr Krankes und sehr, ähm, Bemitleidenswertes verlangen, auf die Welt bringen zu müssen, aber auf der anderen Seite ein absolutes Gesundes auf Staatskosten eiskalt in den Mülleimer zu werfen.« Die Anwesenden im Saal rief er indirekt zu einem Umsturz auf: »Wir werden von Verbrechern regiert in Berlin. [...] Wir Nationalisten haben keine Angst mehr vor diesem System [...], und es ist alles richtig, das auszumerzen, was uns ausmerzen will.«[45]

Kein Blatt vor den Mund nahm Pastörs auch bei einer Hetzrede in Saarbrücken im Jahr 2009: »Wenn wir einen Schulterschluss haben, dann sind wir auch wieder in der Lage, anzugreifen dieses System! Auf der Straße – und in den Parlamenten! [...] Wir müssen Licht anmachen, damit man uns sehen kann. Aber: Es ist oft ratsam, dass man, bevor man den Lichtschalter umlegt, sehr gut überlegt, ob die Zeit denn schon reif ist, um das Licht anzuschalten Und ich habe den Eindruck, dass wir doch hier und da, das ein oder andere Mal den Lichtschalter zu früh betätigt haben und ein anderes Mal zu spät. […] Auch wer zu früh kommt, den bestraft das Leben. Und daher braucht eine so kleine Kampftruppe, so wie wir es sind, Punktlandungen! Und dafür müssen wir arbeiten, kämpfen und notfalls auch bluten. Angriff heißt die Parole! Nicht blind agieren.«

Dass Pastörs das demokratische System zerstören möchte und die NPD dabei nur Mittel zum Zweck ist, geht aus seinen folgenden Ausführungen hervor: »Die Zukunft der Partei ist nur dann möglich, wenn sie biologisch unterfüttert ist. Das heißt, wenn genügend junge Nationalistinnen und Nationalisten in unseren Reihen kämpfen. Und dazu muss man die Rahmenbedingungen schaffen. Und das ist die Aufgabe des Apparates. Die NPD hat nichts anderes als den Auftrag, Werkzeug zu sein. Politisches Werkzeug, um einen Maximalschaden [zu erreichen], keinen Kollateralschaden, damit sind wir nicht zufrieden, wir wollen den Maximalschaden dieses Parteienstaates, der nichts anderes als der verlängerte Arm USraels [USrael ist in rechtsextremen Kreisen eine Chiffre für die angeblich von Israel geführte Weltmacht USA, Anm. d. A.] ist.«

Zwar ist es nur schwer erträglich, den Hasstiraden des angeblich biederen Handwerkers aus Mecklenburg-Vorpommern zu folgen, doch können die Aussagen Pastörs nicht einfach ignoriert werden. Immerhin handelt es sich um einen Fraktionschef aus einem deutschen Landtag im 21. Jahrhundert, der seinen Anhängern das »intellektuelle Rüstzeug« bereitstellt und offen im NS-Jargon gegen Juden hetzt: »Weil das gesamte Finanzgebäude dieser Juden-Republik in den nächsten zwei Jahren zusammenbrechen wird. [...] Sagt Ihnen der Name Alan Greenspan etwas? Der eine hat vor nicht allzu langer Zeit noch große Sprüche geklopft, dass es durchaus seriös sei, auf das Eigenkapital von Banken 20 und 25 Prozent Rendite zu erwirtschaften. Und Ackermann und Konsorten-Gaunertum haben ihm das nicht nur nachgemacht, sondern die sind dieser Krummnase kräftig auf den Leim gegangen.«

Zu den Feindbildern der Neonazis gehören das demokratische System, Juden und natürlich auch Muslime. Pastörs schließt beim Kampf gegen die »muselmanische Bedrohung« Gewalt nicht aus: »Wer Selbstrespekt hat und Stolz entwickelt hat auf das, was er ist – und in seiner Ahnenkette geworden ist, der wird sich wehrhaft dieser muselmanischen Bedrohung entgegenstellen. Mit Herz, mit Verstand und wenn nötig auch mit Hand, meine Damen und Herren!« Oder eben auch mit der Waffe – wie der NSU.

Zu Pastörs Landtagsfraktion gehört auch Stefan Köster, vorbestraft wegen gemeinschaftlich begangener Körperverletzung. Köster hatte auf eine am Boden liegende Frau eingetreten. Er ist Chef des NPD-Landesverbandes, der noch weiteren Gewalttätern eine Heimat bietet. Ein Fraktionsmitarbeiter wurde als Rädelsführer eines Angriffs zu einer Bewährungsstrafe von 17 Monaten verurteilt, weil er sich »durch das Austeilen von Schlägen besonders hervorgetan« habe. Fast direkt vom Kreistag ins Gefängnis wanderte 2011 Sven Krüger aus Jamel. Er wurde wegen gewerbsmäßiger Hehlerei und unerlaubten Waffenbesitzes zu einer Haftstrafe von vier Jahren und drei Monaten verurteilt. Krüger war bereits dreizehnmal vorbestraft, unter anderem wegen Landfriedensbruchs, Körperverletzung und Eigentumsdelikten. 1999 war er nach dem Überfall auf eine Jugendgruppe auf einem Campingplatz als Haupttäter zu drei Jahren und neun Monaten verurteilt worden. Für die NPD ist das offenbar alles kein Problem: 2009 zog er für die Neonazi-Partei in den Kreistag von Nordwest-mecklenburg ein. Nach der Anklageerhebung im Mai 2011 legte er sein Mandat nieder.

Der NPD-Funktionär Andreas Theißen wurde wegen Körperverletzung und Nötigung zu einer Geldstrafe verurteilt, weil er 2006 einen NDR-Kameramann gewaltsam abgedrängt hatte. Kurz vor der Landtagswahl 2011 wurde zudem ein NPD-Direktkandidat in erster Instanz zu 14 Monaten Haft auf Bewährung wegen gefährlicher Körperverletzung verurteilt. Die Ausrüstung für solche Taten konnten die Neonazis im Versandhandel ihres Kameraden David Petereit kaufen. Der Landtagsabgeordnete bietet dort Sturmhauben, Reizgas und Schlagstöcke an.

Auch Lutz Giesen arbeitete für die Fraktion. Er ist vielfach vorbestraft, unter anderem wegen gefährlicher Körperverletzung, Erpressung und Widerstands gegen Vollstreckungsbeamte. Im Oktober 2009 trat Giesen bei der oben bereits erwähnten Neonazi-Demonstration in Berlin auf und bezog sich in seiner Rede offen auf die SA. Zudem verlas er Namen und Adressen von Personen, die die Neonazis als Feinde betrachten und drohte: »Rote haben Namen und Adressen. Wir kriegen euch alle!« Mittlerweile wurde er dafür verurteilt. Ebenfalls in Berlin zogen am 1. Mai 2010 Neonazis über den Kurfürstendamm, bedrohten und schlugen Passanten. Die Polizei nahm Dutzende Rechtsextreme in Gewahrsam, darunter auch NPD-Funktionäre. An jenem Tag wollten zudem Neonazis aus Nordrhein-Westfalen einen Sprengkörper mit Glassplittern zünden, um Polizisten und linke Demonstranten zu verletzen.

Die Vorliebe für Sprengstoff und Waffen ist in der Bewegung verbreitet. Der NPD-Funktionär Thorsten Heise beispielsweise geriet ebenfalls im Zusammenhang mit dem NSU in die Schlagzeilen. Bei Heise selbst wurden im Zuge einer Razzia mehrere Waffen gefunden – interessanterweise im Oktober 2007, als die Mordserie des NSU nach bisherigen Erkenntnissen plötzlich endete. Heise ist unter anderem wegen schwerer Körperverletzung, Landfriedensbruch, Nötigung und Volksverhetzung vorbestraft, in der NPD saß er mehrere Jahre im Vorstand. Sein Werdegang als brauner Schläger und Hetzer verlieh ihm die nötige Glaubwürdigkeit, um die Freien Kräfte an die Partei zu binden.

Die NPD ist also wenig wählerisch, was ihr Personal angeht. Zahlreiche weitere Mitglieder und Funktionäre sind vorbestraft. Es handelt sich dabei nicht, so wie es die NPD gern behauptet, um Einzelfälle. Das ARD-Politikmagazin »Report Mainz« dokumentierte Anfang 2012, dass in den vergangenen zehn Jahren rund 110 NPD-Funktionäre und deren Mandatsträger etwa 120 Straftaten begangen haben oder wegen solcher beschuldigt wurden. Das bedeutet, im Durchschnitt verging kein Monat, ohne dass ein Repräsentant der NPD eine Straftat verübt hat oder dass gegen einen von ihnen ermittelt wurde. Rund 35 Straftäter oder Beschuldigte gehören oder gehörten einem NPD-Landes- oder dem Bundesvorstand an, also obersten Parteigremien. 50 NPD-Mandatsträger beziehungsweise deren Mitarbeiter sind strafrechtlich auffällig geworden. Am häufigsten ging es um Körperverletzung, rund 70 dieser Fälle wurden ermittelt. Des Weiteren tauchen in der Statistik Delikte wie Freiheitsberaubung, Waffen- und Sprengstoffbesitz, Raub und Erpressung auf.[46]

Für den ehemaligen Richter am Bundesverfassungsgericht, Siegfried Broß, sind das Delikte, »die die Unantastbarkeit von Leben, Gesundheit und persönlicher Freiheit von Menschen betreffen und insofern schwerwiegend sind«. Broß war als Richter im Jahr 2003 maßgeblich an der Einstellung des damaligen NPD-Verbotsverfahrens beteiligt und betonte gegenüber »Report Mainz«, er könne sich nicht erinnern, dass ihm zum damaligen Zeitpunkt vergleichbares Material über Straftaten von NPD-Funktionären vorgelegen hätte: »Es ist jetzt zwar schon viele Jahre her, aber mir ist nichts dergleichen in Erinnerung. Und wenn vergleichbares Material, auch nicht in der Dichte und in der Vielzahl, vorhanden gewesen wäre, dann hätte ich es aufgegriffen und dann hätte das thematisiert werden müssen, und hätte vielleicht damals dem Verfahren eine andere Wendung gegeben.« Ein längst überfälliger Ansatz sei diese Statistik, meint der angesehene Staatsrechtler Jörn Ipsen von der Universität Osnabrück. Überrascht habe ihn allerdings, dass »diese Statistik auf Recherchen eines Fernsehjournalisten beruht und nicht längst durch Verfassungsschutzbehörden vorgelegt worden ist«. Bei der Häufung insbesondere der Gewaltdelikte, »die von Funktionären begangen sind, spricht alles dafür, dass diese Delikte zu einem großen Teil der Partei zuzurechnen sind«. Aufgrund der neuen Sachlage hält der Staatsrechtler Ipsen »die Bundesregierung für verpflichtet, ein neues Verbotsverfahren einzuleiten«.

Dabei sind die Straftaten der NPD-Anhänger kein Geheimnis, es muss sie nur jemand über die Jahre dokumentieren – beispielsweise Anton Maegerle, der den »Report Mainz«-Bericht mit realisiert hat. Er betont, künftige Verbotsanträge »müssen sich jedenfalls nach der Berichterstattung von ›Report Mainz‹ intensiv mit dem Strafregister der NPDler auseinandersetzen. Eine entsprechende Dokumentation könnte DER Mosaikstein für ein Verbot dieser verfassungswidrigen Partei sein«.

Anfragen an die Landesregierungen von Thüringen und Sachsen-Anhalt bestätigen das Bild. So wurde fast jeder vierte Kommunalabgeordnete der NPD rechtskräftig verurteilt. In Sachsen-Anhalt liegen nach den Erkenntnissen der Landesregierung 21 rechtskräftige Urteile gegen 7 der 31 Mandatsträgerinnen und Mandatsträger der NPD vor. Die Straftaten lassen sich im Strafgesetzbuch folgendermaßen zuordnen:

- Volksverhetzung § 130 StGB
- Volksverhetzung in Tateinheit mit Gewaltdarstellung §§ 130 Abs. 2 Nr. 1 d und 131 Abs. 1 Nr. 4 StGB
- Verwenden von Kennzeichen verfassungswidriger Organisationen § 86 a Abs. 1 Nr. 1 und 86 Abs. 1 StGB
- Bankrott in drei Fällen in Tatmehrheit Insolvenzverschleppung und Betrug – §§ 283 Abs. 1 Nr. 5, Nr. 6, Nr. 7 b, Abs. 6 und 263 Abs. 1 StGB; sowie §§ 130 b Abs. 1 sowie 177 a HGB
- Vorenthalten und Veruntreuen von Arbeitsentgelt in neun Fällen in Tatmehrheit mit Insolvenzverschleppung und Bankrott – §§ 266 a Abs. 1 und 283 Abs. 1 Nr. 5, Nr. 6 StGB; sowie §§ 84 Abs. 1 Nr. 2 und 64 Abs. 1 GmbHG
- Betrug § 263 Abs. 1 StGB
- Anstiftung zur falschen Verdächtigung – §§ 164 und 26 StGB
- Beleidigung – §§ 185 und 194 StGB
- Vorsätzliche Körperverletzung – §§ 223 Abs. 1 und 230 Abs. 1 StGB
- Gefährliche Körperverletzung – §§ 223 Abs. 1 und 224 Abs. 1 StGB
- Trunkenheit im Verkehr §§ 316 Abs. 1, 2 und 69 und 69 a StGB
- Fahrlässige Trunkenheit im Verkehr §§ 316 Abs. 1, 2 und 69 und 69 a StGB
- Widerstand gegen Vollstreckungsbeamte § 113 Abs. 1 StGB
- Versuchte räuberische Erpressung §§ 253 Abs. 1, Abs. 3 und 255 und 249 Abs. 1 und 22 und 23 StGB[47]

In Thüringen wurden 10 der 25 Mandatsträger aus der extremen Rechten in insgesamt 29 Fällen rechtskräftig verurteilt, darunter in zwölf Fällen zu Freiheits- und Jugendstrafen. Zu den Straftatbeständen gehören Volksverhetzung und Verwenden von Kennzeichen verfassungswidriger Organisationen wie auch Körperverletzung, Brandstiftung, Herbeiführen einer Sprengstoffexplosion und unerlaubter Besitz einer verbotenen Waffe.[48]

Auffällig ist, dass die rechtsextremen Abgeordneten nicht nur wegen politisch motivierter Delikte vor Gericht stehen, sondern auch wegen »konventioneller« Straftaten. Es handelt sich also um politische und herkömmliche Kriminelle, die in der NPD ihr Zuhause gefunden haben. In keiner anderen Partei wäre es ansatzweise denkbar, dass auch nur ein verurteilter Gewalttäter zum Funktionär aufsteigt. Man stelle sich vor, eine der demokratischen Parteien würde bei einer Wahl einen 13-fach vorbestraften Gewalttäter aufstellen – doch in der NPD gelten andere Gesetze, weil sie das »System« nicht anerkennt. Sie rechtfertigt Gewalttaten sogar noch. So beispielsweise im April 2012, als ein NPD-Kreisvorsitzender in Nordhausen bei einer Gedenkveranstaltung zum Jahrestag der Bombardierung der Stadt im Jahr 1945 die Oberbürgermeisterin tätlich angriff. Bereits im Vorfeld der Gedenkveranstaltung hatten Neonazis über das Internet gedroht, die Veranstaltung zu stören. Tatsächlich erschienen dann 20 Rechtsextreme, um einen Kranz niederzulegen. Bei dem engagierten Versuch der Oberbürgermeisterin Barbara Rinke, »der NPD ihren Kranz zurückzugeben«, eskalierte die Situation. Der Kreisvorsitzende und NPD-Ratsherr Roy Elbert griff Rinke tätlich an und bedrohte sie. Angeblich sei der Satz gefallen, die Oberbürgermeisterin solle aufpassen, dass ihr Auto nicht abbrenne. Die Polizei nahm den NPD-Funktionär vorübergehend fest. Die NPD stilisierte sich danach wie gewohnt zum Opfer: Hartmut Krien, Bundesvorsitzender der Kommunalpolitischen Vereinigung der NPD und Dresdner Stadtrat, erklärte, er wolle dem Nordhäuser Stadtrat Elbert empfehlen, bei der Staatsanwaltschaft Strafanzeige wegen Verunglimpfung des Andenkens Verstorbener gegen Rinke zu stellen. »Das Verhalten der Oberbürgermeisterin ist der Gipfel einer ganzen Reihe von Verfehlungen, für die sie zumindest die politische Verantwortung trägt. Es wird offensichtlich höchste Zeit, dass die Dame in den Ruhestand geht.« Eine Distanzierung von dem Angriff sucht man vergeblich.[49]

Die Neonazis erklären sich selbst zum Objekt von Aggressionen oder Angriffen – um ihre eigene Aggressivität zu legitimieren. So argumentieren Rassisten, wenn es beispielsweise um Anschläge auf Migranten geht: Man wehre sich nur gegen die »Landnahme« durch die »Samenkanonen«, um es mit den Worten von NPD-Funktionär Pastörs zu formulieren.

Die Gewaltbereitschaft vieler Neonazis kommt nicht von ungefähr, gehört doch die Vorstellung vom Endkampf ums Überleben des deutschen Volks und die Vernichtung aller Feinde zu den Grundfesten der rechtsextremen Ideologie. Dementsprechend bezeichnete NPD-Bundesvize Pastörs die Partei wie erwähnt als »kleine Kampftruppe«, sprach davon, dieses »System anzugreifen«. Die Partei ist dabei nur Mittel zum Zweck. Eine Parole, bereits mehrfach in der NPD benutzt, bringt es auf den Punkt: »Unser Weg ist die NPD – Unser Ziel ist das Reich«. Auf internen Fotos von Veranstaltungen, die dem Autor vorliegen, steht dieser Spruch sogar auf Fahnen mit dem Parteilogo.

Die NPD ist in einer schwierigen Lage. Da sie sich als aktionistische Dachorganisation des »Nationalen Widerstands« etablieren wollte, musste sie auch den militanten Neonazis eine Heimat bieten, ideologisch unterscheiden sich Partei und gewalttätige Basis ohnehin nicht. Nur über das richtige Konzept, über die richtige Strategie bei der Außendarstellung entflammt immer wieder Streit. Zwischenzeitlich hatten viele Militante auch verstanden, wie die NPD funktionieren sollte: Bei Wahlen moderat auftreten, um Geld in die braunen Kassen zu spülen. Die Fraktionen in den Landtagen sind die Schaltzentren der Bewegung. Hier können die Funktionäre Neonazi von Beruf sein, ausgestattet mit Büros, Mitarbeitern und Geld. Die NPD ist eine Organisation, die die Privilegien einer Partei genießt, um das demokratische System »abzuwickeln«. Oder wie einst Joseph Goebbels propagierte: »Das wird immer einer der besten Witze der Demokratie bleiben, dass sie ihren Todfeinden die Mittel selbst stellte, durch die sie vernichtet wurde.«

NPD und NSU sind zwei Knotenpunkte in einem braunen Netz, wie die gemeinsame Ideologie, die fehlende Ächtung von Gewalt und die personellen Überschneidungen zeigen. Die Partei akquiriert Geld für die Bewegung, zieht die Aufmerksamkeit auf sich – mit Erfolg, wie das Versagen der Sicherheitsbehörden beim braunen Terror gezeigt hat.

Pannen mit System

Die Liste der »Pannen« der Sicherheitsbehörden, speziell in Thüringen, Sachsen und Bayern, im Zusammenhang mit rechtsextremer Gewalt sowie der Terrorgruppe NSU ist lang – so lang, dass es schwerfällt, nur von Versäumnissen auszugehen, so lang, dass es nach einem System aussieht, zwar kein bewusstes, aber ein bestimmtes Muster, das auf gewisse Einstellungen einiger Beamter, die Ausrichtung der Arbeit sowie strukturelle Mängel schließen lässt. Der Verfassungsschutz ist Teil des Problems, meinen viele Kritiker, und nicht Teil der Lösung – eine These, für die zahlreiche Vorfälle sprechen.

Es war nicht irgendjemand, der im Jahr 2005 in Pößneck vor mehr als 1 000 Neonazis auftrat: Michael »Lunikoff« Regener, Frontmann der verbotenen Rechtsrock-Gruppe Landser, stand im Schützenhaus auf der Bühne – und das, obwohl der Bundesgerichtshof die Band kurz zuvor als kriminelle Vereinigung eingestuft und eine mehrjährige Gefängnisstrafe für Regener bestätigt hatte. Bevor er die Haft antreten musste, durfte sich der Rechtsrocker mit seiner Band Die Lunikoff Verschwörung im Schützenhaus von den Fans verabschieden. Die Stimmung war einem Bericht der *taz* zufolge bestens.[50]

Eigentlich hätte das Konzert gar nicht stattfinden dürfen, die Stadt hatte es im letzten Moment verboten. Doch die Polizei konnte das Verbot nicht durchsetzen. »Es gab vorab keine Hinweise des Verfassungsschutzes«, sagte der Leiter der Polizeidirektion Saalfeld, Jürgen Höhn, dem Blatt. Und weiter: »Wenn wir gewarnt worden wären, hätten wir ganz anders reagieren können.«

Der Geheimdienst tat indes das, was er in solchen Fällen am liebsten tut: keine Stellungnahme abgeben. Dabei war die Szene laut *taz* längst über das Konzert informiert. Möglicherweise wusste der Verfassungsschutz wirklich nichts, möglicherweise wollte er seine internen Quellen schützen. Der Effekt bleibt gleich: Die Aufgabe, Polizei, Politik und Öffentlichkeit zu warnen, wurde nicht erfüllt. Zudem ergibt sich ein Dilemma, denn wenn im Internet halböffentlich für eine Veranstaltung mobilisiert wird, könnte der Verfassungsschutz diese Informationen weitergeben – ohne Rücksicht auf seine Quellen in der Bewegung. Wird er von diesen Quellen jedoch informiert, halten die V-Leute, also vom Staat bezahlte Neonazis, die Informationen zurück. Vor dem Hintergrund, dass sich rechtsextreme V-Leute intern abstimmen, was sie dem Geheimdienst an Informationen liefern, ist das eine brisante Konstellation.

Ein anderer rechtsextremer Treffpunkt in dem Bundesland ist das Hotel *Romantischer Fachwerkhof*, auch bekannt als *Erlebnisscheune Kirchheim*. Anlässlich des Papstbesuches in Erfurt wurden nach Angaben der Bundesregierung in der Zeit vom 21. bis 23. September 2011 insgesamt 20 Beamte des Bundeskriminalamtes (BKA) in dem Hotel untergebracht. Das BKA hatte dies bereits zuvor nach Medienanfragen bestätigt. Die Zimmer habe das Bundesverwaltungsamt gebucht. Auf Nachfrage des MDR erklärte das Bundesamt, weder vom Thüringer Verfassungsschutz noch von anderen Sicherheitsbehörden hätten Informationen zu dem Hotel vorgelegen. Erstaunlich, denn mit Hilfe der Suchmaschine *Google* lassen sich diese Details schnell in Erfahrung bringen, außerdem ist der Gasthof der interessierten Öffentlichkeit bereits seit längerem als Treffpunkt der rechtsextremen Szene bekannt. Die Thüringer NPD hielt dort Landesparteitage ab, und regelmäßig fanden dort Neonazi-Konzerte statt. Die DVU nutzte den einschlägig bekannten Hof ebenfalls für einen Parteitag, und auch rechtsextreme Vertriebenenorganisationen trafen sich hier.

Stichwort »Vertriebene«: Eine wichtige Rolle in der rechtsextremen Szene des Landes spielt auch die Schlesische Jugend (SJ), die in Thüringen maßgeblich von Rechtsextremen beeinflusst wird, wie im April 2011 aufgedeckt wurde.[51] Der Geheimdienst hätte dies bereits seit Jahren thematisieren können, aber in den Verfassungsschutzberichten blieb die Schlesische Jugend ungenannt. Der SJ-Bundesvorsitzende, ein bekannter Rechtsextremist, gehörte sogar zum Vorstand der Landsmannschaft Schlesien, die wiederum ein Teil des Bunds der Vertriebenen (BdV) ist und mit staatlichem Geld versorgt wird. Die Unterwanderung der SJ durch Rechtsextreme birgt also durchaus politischen Sprengstoff, denn während einerseits Initiativen gegen Rechtsextremismus unter Generalverdacht gestellt werden, sie seien möglicherweise Linksextremisten, fließt das Geld ungefiltert in Vertriebenenorganisationen, in deren direktem Umfeld, wie der Fall der SJ gezeigt hat, sogar Neonazis organisiert sind. Dieses Problem hatte auch ein ehemaliger Informant des Verfassungsschutzes von Thüringen erkannt. Im Gespräch mit dem Autor berichtete er, er habe bereits 2007 eine interne E-Mail an den Verfassungsschutz weitergeleitet, die eine Kooperation zwischen Vertriebenenfunktionären und Neonazis nahegelegt hatte. 2008 habe er umfangreiche Informationen aus einem internen Onlineforum über ein Netzwerk aus NPD-Leuten, Freien Kameradschaften und Vertriebenenfunktionären in Thüringen, Sachsen-Anhalt und Sachsen an den Verfassungsschutz geliefert. Da der Geheimdienst diese Informationen offenbar ignorierte, stellte der Informant seinen Zugang zu dem Forum dem Autor zur Verfügung, zudem wurden sämtliche Einträge aus dem Forum gesichert. Der Inhalt war brisant, auch über die Beschaffung von Waffen und Sprengstoff tauschten sich die Rechtsextremen aus, sie entwarfen sogar mögliche Anschlagsszenarien. »20 Koffer, 20 Mann, 20 Bahnhöfe. Bundesrepublik lahmgelegt. Alles legal. Kosten unter 1.000 Euro. Wo ist das Problem?«, fragt »Junker Jörg« in dem Forum. In einem Unterbereich mit dem Titel »Waffen« beschrieb »Junker Jörg« in sieben Schritten genau, wie Sprengstoff hergestellt werden kann. Experten schätzen die Einträge als strafrechtlich relevant ein, da auch erklärt wird, wie die Substanzen dosiert werden müssen. Seit 2005 planten einige Teilnehmer des Forums zudem eine systematische Übernahme des Vorstands der Schlesischen Jugend, welche in den Folgejahren auch umgesetzt wurde. Am 11. Mai 2005 schrieb der Rechtsextremist T. S.: »Meines Wissens nach sind nur wenige Mitglieder immer bei den Vorstandswahlen der SJ anwesend. Der Plan zur Übernahme der SJ sieht deshalb derzeit so aus, dass wöchentlich ein Mitglied von uns neu der SJ beitreten sollte – ich habe heute bereits eine Anfrage für meine Mitgliedschaft gestartet. Bei den nächsten SJ-Vorstandswahlen sollte es dann möglich sein, wenn die meisten unserer Leute anwesend sind, einen unserer Leute als Vorstand zu wählen.«

Ausdrücklich betonte der Revisionist, Ziel sei es, über das Geld der Vertriebenenorganisation zu verfügen, um dies im Sinne der Rechtsextremen für »Aktivitäten im Osten« (gemeint sind die ehemaligen deutschen Ostgebiete) einzusetzen. S. ließ dabei keinen Zweifel an ihrer Gesinnung: »Geschichte ist kein festgeschriebenes Buch wie die Heilige Schrift. Deutsche Geschichte in der BRD kann es gar nicht sein. Schlesien war deutsch. Schlesien ist deutsch. Auch wenn dort zurzeit mehrheitlich Polen leben.«

Bereits am 19. Mai 2005 vermeldete S. einen ersten Erfolg: »Neues von der Front: Habe mich gestern mit den Polacken aus dem Vorstand getroffen. Man will mich dabei haben – auch im Vorstand. Es ist dann bereits jetzt möglich unsere Aktionen über die SJ laufen zu lassen. D. h. Werbung weiterer Teilnehmer und Finanzierung der bzw. für die Osttour 2006 kann bereits über die SJ gehen.«

Wenig später berichteten die *Schlesischen Nachrichten*, ein Mitteilungsblatt der BdV-Landsmannschaft Schlesien, dass es »verschiedene Veranstaltungen« geben werde, um Nachwuchs für die SJ zu rekrutieren. Bei den »Osttouren« handelte es sich um Fahrten, die das Netzwerk der Rechtsextremen, die sich in dem geschlossenen Forum organisiert hatten, seit 2002 veranstalteten. Später tauschten sie hier auch Fotos und Erlebnisse. So hieß es zu der Osttour 2005 in dem Forum: »Politischer Höhepunkt war Auschwitz. Und ich kann hier nur für mich persönlich sprechen – dieser Besuch hat Wirkung gezeigt: Ich bin seit diesem Tage bekennender Antisemit. Der kameradschaftliche Höhepunkt war natürlich wieder das multikulturelle Grillfest mit unseren tschechischen Kameraden. Diesmal mit mitternächtlicher Verbrennung der Zionsfahne.«

Einen Tag später ergänzte S.: »Die zahlreichen Juden, die übrigens rassisch einen ganz üblen Multikulti-Brei darstellen, ziehen freudig und mit wehenden Zionsfahnen in das Lager ein. Vor 60 Jahren wäre dies Verhalten durchaus begrüßenswert gewesen *g* [soll heißen: grins, Anm. d. A.], heute jedoch müsste das selbst ein BRD-Weichei nach Gutmenschenart ankotzen, wie man hier ein möglicherweise angebrachtes Gedenken pervertiert. Wer in Auschwitz war, weiß spätestens hier, dass der Holo Religion ist. [...] Es sind Juden die auf den Gräbern Ihrer Vorfahren die Herrschaft des Weltjudentums und unsere Knechtschaft feiern. Und deshalb: Juda, du stirbst für diese Schweinerei!«

Die »Ostfahrt« sollte 2010 erneut von der SJ in Kooperation mit der Jungen Landsmannschaft Ostdeutschland (JLO) durchgeführt werden, welche mehrmals an der Organisation der Neonazi-Aufmärsche in Dresden beteiligt war. Die Zusammenarbeit zwischen SJ-Funktionären und JLO war leicht zu erkennen, denn die SJ verwies von mehreren Seiten auf die rechtsextreme Organisation und arbeitete auch bei anderen Aktivitäten mit der JLO zusammen, wie Journalisten in Thüringen belegen konnten. Dennoch beobachtete der Geheimdienst nach offiziellen Angaben die SJ erst ab Mai 2010, größere Berichte zum Treiben der rechtsextremen SJ blieben zunächst ganz aus. Nach den Berichten über die Vernetzung zwischen Vertriebenen-Nachwuchs mit offen neonazistischen Organisationen trennte sich, vermutlich unter dem Druck verschiedener Bundespolitiker, die Landsmannschaft Schlesien von der SJ. Und den eigenen Landesverband in Thüringen musste die Landsmannschaft ebenfalls suspendieren, da sich dieser nicht von der SJ distanzieren wollte. Nun berichtete auch der Verfassungsschutz über die Sache: »Unter dem Deckmantel eines Vertriebenenverbandes« werde die SJ in dem Bundesland inzwischen (!) von »aktiven Rechtsextremisten« missbraucht. Ein Frühwarnsystem sieht anders aus.

Die innenpolitische Sprecherin der Linksfraktion in Thüringen, Martina Renner, die sich seit vielen Jahren mit der rechtsextremen Bewegung in dem Bundesland beschäftigt, meinte zur Arbeit des Inlandsgeheimdienstes, neue und aktuelle »Entwicklungen des Neonazismus wurden zu spät erkannt oder in ihrem Gefahrenpotential unterschätzt. Dies gilt insbesondere in den neunziger Jahren für die Radikalisierung der Szene durch Wehrsport/Schießübungen und Sprengstofferwerb und -umgang und kursierender Konzepte des bewaffneten braunen Kampfes, z. B. durch die NF oder Combat 18. Trotz Auffinden von Waffenlagern (Heilsberg), Schießübungen (Milbitz), Wehrsport (Kahla und Raum Stadtroda) hatte man immer Beschwichtigungen parat. Waffenerwerb und -training wurden als nicht zielgerichtet, spielerisch, Ausdruck eines ›Waffenfetischismus‹ oder als jugendtypisches Phänomen abgetan. In den Folgejahren gab es zu späte oder falsche Einschätzungen zur Bedeutung der Nazi-Musik-Szene in Thüringen, zur Rolle von rechten Immobilien, zum Aufkommen der Autonomen Nationalisten und zur Gefahr durch völkische rechtsextreme Organisationen wie Schlesische Jugend und HDJ. Der Verfassungsschutz reagierte oft erst, wenn investigative Journalisten das Thema in überregionale Medien thematisierten.«

Während Projekte für Demokratie und gegen Rechtsextremismus also eine rechtlich und politisch höchst umstrittene Klausel unterzeichnen müssen, um zu versichern, dass sie selbst keine Verfassungsfeinde seien und auch nicht mit solchen kooperierten, bleibt den Vertriebenen dies erspart. Volker Beck, der Fraktionsgeschäftsführer der Grünen, wollte von der Bundesregierung wissen, warum das so ist. Die Antwort: »Das Bundesministerium des Innern prüft im Übrigen vor jeder Bewilligung einer Zuwendung, ob der Empfänger einer Zuwendung in einem extremistischen Umfeld angesiedelt ist oder sich in irgendeiner Weise gegen die freiheitlich-demokratische Grundordnung betätigt. Liegen entsprechende Hinweise vor, wird von einer Zuwendung abgesehen oder eine Förderung eingestellt.«[52] Aber was passiert, wenn keine Hinweise vorliegen, weil der Verfassungsschutz diese schlicht ignoriert? Warum die Informationen des Informanten nicht verwertet wurden, weiß nur der Inlandsgeheimdienst selbst, Auskunft darüber erteilt er, wie gewohnt, nicht. Eine qualitative Überprüfung der Arbeit ist schlicht nicht vorgesehen. Dieser Vorfall zeigt aber exemplarisch, sobald der Verfassungsschutz auf dem rechten Auge blind ist, ist es auch das Innenministerium, da der Geheimdienst für die Beschaffung von Informationen und Einschätzungen der aktuellen Entwicklungen zuständig ist. Und so wird auch klarer, warum der NSU nicht ins Bewusstsein von Politik und Öffentlichkeit drang. Die Einschätzungen des Geheimdienstes hatten mit der realen Gefährdung wenig gemein, die Relationen stimmen nicht, wie ein Beispiel aus dem Jahr 1999 zeigt, als in Thüringen längst das Fundament für den braunen Terror gelegt worden war.

Für den 1. Dezember 1999 hatte die Jenaer Burschenschaft Jenensia zu einer Veranstaltung unter dem Titel »Müssen wir Deutsche uns ewig schuldig fühlen?« geladen. Die Jenensia war in Jena mehrfach dadurch aufgefallen, dass bei ihren Veranstaltungen Mitglieder der NPD und des Thüringer Heimatschutzes, in dem die NSU-Terroristen organisiert waren, teilnahmen. Ein ehemaliger NPD-Funktionär trat als Referent auf, und Neonazis wurden als Ordner eingesetzt. Diese Veranstaltung wurde im Jahresbericht des Verfassungsschutzes unter der Rubrik »Rechtsextremismus« nicht einmal erwähnt – wohl aber im Kapitel »Linksextremismus«! Auf einer ganzen Seite wird eine Protestveranstaltung des Jenaer Bündnisses gegen rechts dargestellt, Texte von Transparenten wie »Burschenschaftler sind Faschisten« oder »Antifaschistische Selbsthilfe organisieren« angeführt und das Skandieren des Rufes »Deutsche Polizei schützt Faschisten« erwähnt. Die damalige PDS erkundigte sich, ob die Landesregierung dies, was die Relationen anginge, so in Ordnung fände. Sie fand es in Ordnung. Bemerkenswerterweise wurde der THS, in dessen direktem Umfeld Uwe Mundlos, Uwe Böhnhardt und Beate Zschäpe bereits Ende der neunziger Jahre mit Spreng-

stoff aufgefallen waren, mit gerade einmal 13 Zeilen im Verfassungsschutzbericht 1999 erwähnt. Terroristische Auswüchse des Rechtsextremismus nahmen somit weniger Raum in
dem Bericht ein als eine einzelne antifaschistische Protestaktion.[53]

In den Jahren zuvor hatte der Verfassungsschutz noch intensiver über den THS informiert und keinen Zweifel daran
gelassen, dass es in Thüringen bewaffnete rechtsextreme
Gruppierungen und in ihr auch Befürworter einer rechtsterroristischen Strategie gab. Dies alles spielte im Bericht für das
Jahr 1999 plötzlich keine Rolle mehr – und das, obwohl der
Verfassungsschutz direkt an der Spitze des Thüringer Heimatschutzes und somit im Umfeld des späteren NSU-Netzwerks
Informanten hatte, über die der Geheimdienst später sogar
versuchte, Geld an die Terrorzelle zu leiten. Der Verfassungsschutz in Thüringen half also über Jahre, rechtsextreme
Strukturen aufzubauen und zu finanzieren, analog zur rechtsextremen Propaganda wurde die Militanz von Antifaschisten
vollkommen übertrieben und die Gefahr durch Neonazis
konsequent verharmlost oder sogar ignoriert. Dies gilt auch
und insbesondere für den THS, dessen Vertreter in einem
Aufklärungsvideo über »Extremismus«, das vom Verfassungsschutz unterstützt wurde, unkommentiert erklären konnten,
die Gewalt gehe von den Linken aus – man selbst wolle nur
das Land schützen.[54]

Da passt es ins Bild, dass in den Verfassungsschutzberichten für Thüringen regelmäßig Kapitel über linksextremen und
islamistischen Terror zu finden waren, obwohl diese Phänomene in dem Land – wie der Verfassungsschutz in eben jenen
Berichten selbst einräumen musste – gar nicht existierten.
Ein entsprechendes Kapitel über Rechtsextremismus fehlte
hingegen komplett, trotz zahlreicher Vorfälle, Hinweise und
Erkenntnisse. Würde man also dem Verfassungsschutzbe

richt von 1999 glauben, so wäre die Gefahr durch den Rechtsterrorismus deutlich zurückgegangen. Heute wissen wir, dass
das Gegenteil der Fall war, weil sich aus den gewachsenen
und durch öffentliches Geld geförderten Neonazi-Strukturen
in dem Bundesland die Terrorzelle der NSU bildete. Doch
aus damaliger Sicht ist es erstaunlich, dass der Rechtsterrorismus plötzlich an Bedeutung verloren haben soll. Besonders,
da andere Sicherheitsbehörden kurz vor der Jahrtausend-
wende von möglichen Anschlägen durch Neonazis gewarnt
hatten (siehe Kapitel »Neue Qualität?«).

Der Verfassungsschutz Thüringen steht allerdings nicht
allein da mit seiner skandalösen Verharmlosung. Auch anderswo wurde die Gefahr durch Neonazis heruntergespielt –
oder einfach nicht hingeschaut, weil man Entwicklungen und
Phänomene falsch einschätzte oder nicht sehen wollte. Ein
Beispiel aus den vergangenen Jahren: Erstmals fiel der Öffentlichkeit am 1. Mai 2008 die Aktionsform der Autonomen
Nationalisten (AN) auf, als in Hamburg Hunderte Neonazis
im AN-Style (schwarze Kleidung, schwarze Sonnenbrille,
teilweise vermummt) an einer von der NPD unterstützten
rechtsextremen Demonstration teilnahmen. Der Verfassungsschutz hatte bei diesem Thema tief und fest geschlafen. Es
gebe bundesweit rund 200 Autonome Nationalisten, hatte
der Geheimdienst damals vermeldet, dabei waren es an diesem Tag allein in der Hansestadt um die 500. Diese Fehlin-
formation hätte blutige Konsequenzen haben können. Der
Einsatzleiter der Hamburger Polizei zeigte sich schockiert
über die unerwartet hohe Gewaltbereitschaft der Neonazis;
Polizisten und Gegendemonstranten wurde angegriffen. Es
hätte Tote geben können, meinte der Polizist, hätten sich die
Einsatzkräfte nicht unter hohem Risiko zwischen Neonazis
und Gegendemonstranten gestellt.

In Sachsen äußerte sich die Staatsregierung nach dem Bekanntwerden der rechtsextremen Terrorserie zunächst gar nicht zu dem Skandal. Miro Jennerjahn, Landtagsabgeordneter der Grünen, kritisiert, Ministerpräsident Stanislaw Tillich habe danach vor allem auf Abwehrreaktionen gesetzt. Von Anfang an bestand laut Jennerjahn das Bemühen, den NSU als außersächsisches Problem zu definieren. Das geschah etwa, indem konsequent von einem »Thüringer Terrornetzwerk« oder dem »Thüringer Trio« die Rede gewesen sei, obwohl die Mitglieder des NSU Sachsen mehr als zehn Jahre als Ruhe- und Rückzugsraum für ihre Morde und andere schwere Straftaten genutzt hatten. Während auf Bundesebene und in Thüringen schnell über geeignete Instrumente zur Aufklärung möglichen Behördenversagens diskutiert worden sei, hätte sich die sächsische Strategie von Beginn an darauf gerichtet, diese Fragen überhaupt nicht erst aufkommen zu lassen, bilanziert Jennerjahn. Dabei besteht dringender Aufklärungsbedarf, denn die sächsischen Behörden waren in diverse Ermittlungsmaßnahmen gegen die gesuchten Rechtsterroristen involviert.[55]

Zudem wurden nach Erkenntnissen des Innenministeriums in Dresden allein in Sachsen zwischen dem 6. Oktober 1999 und dem 5. Oktober 2006 mutmaßlich zehn Banküberfälle von den Neonazi-Terroristen verübt, sieben in Chemnitz, drei in Zwickau – ohne dass die Ermittler eine Verbindung herzustellen vermochten. Mutmaßliche Unterstützer des NSU wurden sogar mit Videokameras überwacht, Zschäpe und Böhnhardt wurden wahrscheinlich auf den Aufnahmen identifiziert, und dies bereits im Jahr 2000. Zehn Morde bundesweit, zehn Banküberfälle allein in Sachsen: eine unfassbare Bilanz für polizeibekannte Rechtsextremisten – und für die Ermittlungsbehörden. »Sachsen hat alles vermieden, was hier Licht ins Dunkel bringen könnte«, meint Jennerjahn. »Weder beteiligte sich Sachsen an einer gemeinsamen Expertenkommission mit Thüringen (obwohl sich Thüringen mit diesem Vorschlag an Sachsen wandte) noch war man bereit, eine eigene Expertenkommission einzuberufen. Die Absage an solche Gremien lautete stets: Das Thema sei so groß, das könne von Sachsen aus gar nicht geleistet werden. Der Haken dabei: Wenn es explizit um das mögliche Versagen sächsischer Behörden geht, muss die Aufklärung zwingend von Sachsen ausgehen, das gebietet schon die föderale Organisation der Bundesrepublik.«[56]

Letztendlich konnte die Opposition in Sachsen doch noch einen Untersuchungsausschuss durchsetzen – gegen beträchtlichen Widerstand der schwarz-gelben Koalition in Dresden.

Dass die Behörden die Dynamik, die Militanz und die Entschlossenheit der Rechtsextremisten unterschätzten und zudem keinen Rechtsterrorismus erkennen konnten, hat auch mit der öffentlichen und politischen Wahrnehmung der Bewegung zu tun. Wenn Politik und Sicherheitsbehörden immer nur Einzeltäter sehen, wenn Medien nicht das bundesweite und internationale Netzwerk der extremen Rechten durchschauen, verstehen und darstellen, kann auch kein Bewusstsein dafür wachsen, dass sich innerhalb dieser komplexen rechtsextremen Bewegung einzelne Kameradschaften oder Zellen so weit radikalisieren, dass sie in den Terrorismus abwandern – und dass sie durch ein intaktes internationales Netzwerk unterstützt und versorgt werden. Das heißt, wenn ein komplexes Phänomen nicht einmal ansatzweise in seiner Gesamtheit erkannt wird, weil es einfach mit dem Siegel »Extremismus« versehen wird, und Einstellungsmuster dahinter sowie die spezifischen Eigenschaften – wie das Primat der Praxis sowie der Wille zur Vernichtung – übersehen werden, wenn stattdessen nur einzelne Teile der Bewegung, vorzugsweise die NPD, beleuchtet und als exotisches Problem der politischen »Ränder« dargestellt werden, dann kann auch kein sinnvolles Gesamtbild entstehen, aus dem sich mögliche Gefahren ablesen lassen.

Der Ex-Neonazi Ingo Hasselbach betonte, als er aus der Szene ausgestiegen sei, habe er »monatelang beim BKA gesessen und eine Lebensbeichte abgelegt«. Dabei habe er »sehr klar darauf hingewiesen, dass da Strukturen entstehen, die nicht mehr kontrollierbar sind«. Zu dieser Zeit – nach den großen Parteiverboten von 1993 – hätten die Neonazis angefangen, sich »ganz klar mit rechtsterroristischen Gedanken zu beschäftigen«. Hasselbach weiter: »Wir haben angefangen, Planungen zu machen: Wie finanziert man das, was ist der Hinterhalt in der Öffentlichkeit, in der Legalität? Wo kriegt man Papiere her? – All diese Sachen sind '94, '95, '96 angedacht worden. Diese Hinweise habe ich damals in meinen Aussagen dem BKA gegeben. Deshalb war für mich, als jetzt alle darstellten, das ist eine große Überraschung, zumindest, was die Behörden angeht, dann eher die große Überraschung, dass die nichts gewusst haben wollen.«[57]

Die Gefahr durch den Rechtsterrorismus wurde massiv unterschätzt – und nach dem Terroranschlag des 11. September 2001 mit mehr als 3 000 Opfern in New York wurde der Fokus bei den Sicherheitsbehörden deutlich verschoben. Dies zeigt sich auch in den Strukturen: Das Bundesinnenministerium sollte auf Anfrage der Linksfraktion im Jahr 2011 erläutern, warum fünf Jahre zuvor im Bundesamt für Verfassungsschutz die Abteilung Rechtsextremismus aufgelöst (!) worden war. Die Kritik daran wurde von der schwarz-gelben Koalition zurückgewiesen, die Abteilung sei lediglich mit der für den Linksextremismus zusammengelegt worden. Eine Abteilung für zwei vollkommen gegensätzliche Phänomene – deutlicher könnte das Versagen bei der Analyse und Bewertung der rechtsextremen Bewegung kaum dokumentiert werden. Welche Vorteile diese Zusammenlegung bringen sollte, wo linker und rechter Terrorismus grundverschieden funktionieren, was Motivation, potentielle Opfer und Vorgehen angeht, konnte die Regierung dementsprechend nicht darlegen.

Zudem fragt man sich: Warum werden aus Skandalen und Versäumnissen keine Konsequenzen gezogen? Wie ist es in einem demokratischen Rechtsstaat möglich, dass ein Geheimdienst das Verbot der NPD durch seine frag- und kritikwürdige Kooperation mit den Neonazis verhindert und die Öffentlichkeit den Wert der Informationen dieser V-Leute noch nicht einmal bewerten kann? Warum kann ein Geheimdienst indirekt Politik machen? Die Antwort: Weil es sich eben um einen Geheimdienst handelt, jede Transparenz endet an den Pforten der Verfassungsschutzämter. Eine schwierige Lage für ein demokratisches System, denn jeder Staat benötigt einen Geheimdienst. Aber wie kann dieser effektiv kontrolliert werden? Die wenigen Informationen, die derzeit nach außen dringen, werden sorgsam ausgewählt und gefiltert. Dementsprechend steht in den jährlichen Tätigkeitsmerkberichten des Geheimdienstes, den Verfassungsschutzberichten, kaum etwas, was die interessierte Öffentlichkeit nicht bereits weiß.

Katharina König sitzt für die Linkspartei im Landtag von Thüringen und auch im Innenausschuss, der für die Kontrolle des Verfassungsschutzes zuständig ist. Sie sagt, es gebe praktisch gar keine parlamentarische Kontrolle. »Das, was stattfindet, ist eine Augenwischerei. Es wird vermittelt, die Parlamentarier hätten einen gewissen Einfluss auf das, was im Verfassungsschutz passiert und könnten, wenn etwas schiefgelaufen ist, entsprechend reagieren. Das stimmt aber nicht. Letztendlich entscheidet der Geheimdienst, was er den Parlamentariern sagt. Diese müssen diese Aussagen dann einordnen können, was meistens nicht geht, weil Informationen fehlen. Und wenn die Parlamentarier es einordnen können und nachfragen, ist überhaupt nicht klar, ob sie eine Antwort bekommen. Das Entscheidende ist aber auch, dass man mit kritischen Informationen nichts anfangen kann, weil es wiederum verboten ist, darüber zu sprechen.«[58]

Ähnlich argumentiert ihre Fraktionskollegin Martina Renner. »Was der Verfassungsschutz macht, wissen Abgeordnete und Öffentlichkeit nicht«, sagt sie. Die Mitglieder der Parlamentarischen Kontrollkommission seien zum Schweigen verpflichtet. Das Landesamt wisse aber, dass es »in der Kritik steht und versucht, die erfahrene Delegitimation durch PR-Kampagnen wie einer ›antiextremistischen‹ Ausstellung an Schulen zu begegnen. Presseanfragen werden nach wie vor wortkarg und zögerlich beantwortet. Aktuelle Entwicklungen der militanten Neonazi-Szene wie z.B. das ›Freie Netz‹ nicht adäquat bewertet. Die Funktion des Frühwarnsystems, das sich der VS gern selbst zuschreibt, erfüllt das Landesamt an keiner Stelle. Diese Funktionen nehmen institutionelle und freie Projekte und Gruppen aus dem Bereich der antifaschistischen Recherche und Prävention war.«

Der Verfassungsschutz entscheidet, was er überhaupt beantwortet und was nicht, und wenn der Geheimdienst antwortet, lassen sich die Angaben kaum überprüfen – und falls doch mal brisante Details auftauchen sollten, dürfen die Politiker nicht darüber sprechen. Demokratische Kontrolle? Fehlanzeige!

Der Politikwissenschaftler und Publizist Armin Pfahl-Traughber, seit vielen Jahren ein anerkannter Experte auf dem Gebiet des Rechtsextremismus, versuchte die Kritik am Verfassungsschutz abzumildern. Pfahl-Traughber, früher wissenschaftlicher Mitarbeiter des Verfassungsschutzes, argumentierte, auch andere hätten die neue Dimension des NSU-Rechtsterrorismus nicht erkannt. »Weder Antifa-Gruppen und Fachjournalisten noch Terrorismusforscher und Verfassungsschützer gingen von der realen oder theoretischen Existenz einer solchen Gruppe aus.«[59]

Diese Argumentation zeigt eine gewisse Hilflosigkeit: Weil Antifa-Gruppen oder Journalisten nichts vom NSU ahnten, braucht auch der Inlandsgeheimdienst, ausgestattet mit weitreichenden Überwachungsmöglichkeiten, Geld, V-Männern und Mitarbeitern in allen Bundesländern sowie auf Bundesebene, nichts davon zu wissen? Welchen Mehrwert bringt dieser Geheimdienst, dessen Zusammenarbeit mit NPD-Funktionären das Verbot dieser Partei verhindert und der Bewegung viel Geld einbringt, wenn er maximal den Sachstand von Journalisten, Antifa-Gruppen oder Wissenschaftlern haben sollte? Der ehemalige Ministerpräsident von Thüringen Bernhard Vogel (CDU) räumte offen ein, dass er »selten« von den Verfassungsschützern Informationen bekommen habe, die er »nicht vorher schon in der Zeitung gelesen hatte«.[60]

Zudem gab es durchaus immer wieder die Warnungen vor den zahlreichen Waffen in der rechtsextremen Bewegung, die gepaart mit der Vernichtungsideologie der Nazis und den zahlreichen Anschlägen und Überfällen sowie bisherigen rechtsterroristischen Erfahrungen höchst bedrohlich waren. Gideon Botsch von der Universität Potsdam betonte, die militante Gewalt sei vorhersehbar gewesen »und sie wurde auch vorhergesagt, aber leider nicht von Wissenschaft und Sicherheitsbehörden«.[61]

Auch die über viele Jahre gewachsenen Netzwerke in Thüringen und Sachsen wurden von Fachjournalisten, Politikern der Linken und der Grünen sowie Antifa-Gruppen immer wieder thematisiert. Der Freistaat Thüringen war jedoch der Meinung, sich als einziges ostdeutsches Bundesland kein Programm gegen Rechtsextremismus leisten zu müssen – mutmaßlich auf Empfehlung des Verfassungsschutzes, der 1999, wie oben ausgeführt, über angeblichen Linksterrorismus in

Thüringen berichtete, nicht aber über die konkreten Indizien und Hinweise auf den rechten Terror. Außerdem hatte die Linkspartei bereits im Jahr 2007 im Bundestag gefragt, welche Hinweise es auf die Motive der Mordserie gab. Leider antwortete die Regierung darauf nicht.[62]

Auch die Angehörigen der Opfer hatten immer wieder auf Rassisten als mögliche Täter hingewiesen, ebenso ein bayerischer Profiler. Der Täter sei Deutscher, habe sich vor Beginn der Mordserie im Jahr 2000 in der rechten Szene bewegt, sei damals zwischen 22 und 28 Jahre alt gewesen, habe wohl einen Mittäter gehabt und das Schießen in einem Schützenverein oder beim Militär gelernt. Er spiele zudem womöglich am Computer Ego-Shooter-Spiele, hieß es laut *taz* in einer Fallanalyse.[63]

Damit war man Böhnhardt und Mundlos schon recht nahe. Doch die Ermittlungen in diese Richtung verliefen im Sande. Bundesinnenminister Otto Schily wollte in dem Nagelbombenattentat von Köln keine terroristische Tat erkennen, Bayerns Innenminister Günter Beckstein bestand darauf, das Bundeskriminalamt bei den Ermittlungen zu den fünf Morden in Bayern nicht einzuschalten. Schritte, die möglicherweise fatale Folgen hatten, denn so arbeiteten die zuständigen Landeskriminalämter weiter vor sich hin, ermittelten im »Milieu«, sprachen in der Öffentlichkeit von möglichen Verstrickungen der Opfer in die Wett-Mafia, was die Medien dankbar weitergaben. Es konnte nicht sein, was nicht sein durfte. Dabei gab es Ende der neunziger Jahre unzählige Hinweise auf rechtsterroristische Aktivitäten, Neonazis verübten Bombenanschläge, bewaffneten sich, bedrohten Menschen – doch die Gefahr wurde nicht gesehen. Weil man sie offenbar nicht sehen wollte. Und weil offenkundig Rassismus bei der Polizei mindestens genauso verbreitet ist wie auch sonst in der Bevölkerung, wie ein aktueller Kalender der Deutschen

Polizeigewerkschaft sowie weitere Zeichnungen eines Polizei-Karikaturisten belegen. In dem Kalender, den der Landesverband Bayern der Deutschen Polizeigewerkschaft in einer Auflage von 3 000 Stück produziert hatte, gab es etwa für den Monat März das Motiv eines festgenommenen Schwarzen auf einer Polizeiwache im Griff eines Beamten, der ruft: »Was heiß' hie' Ve'dunklungsgefah' …?!«. Auf anderen Motiven des Zeichners, selbst ein Polizist, der des Öfteren bei Polizeijubiläen und ähnlichen Anlässen ausstellt, werden Schwarze durchweg als Eingeborene – mit dicken Lippen und Knochenschmuck – dargestellt, rassistische Witze und Sexismus geben sich ein munteres Stelldichein. So zeigt eines der Bilder etwa einen Schimpansen und zwei ratlose Polizisten. Darunter heißt es: »Er behauptet nicht aus dem Zoo, sondern dem Asylantenlager zu stammen.« Ein weiteres Motiv zeigt einen Schwarzen mit Wulstlippen und krausen Haaren, dessen Fingerabdrücke genommen werden: »Bei ihm brauchen wir keine Druckerschwärze. Es reicht, ihm die Finger anzufeuchten«, dichtet der Karikaturist. Auf einem anderen rassistischen Bild ist ein Schwarzer zu sehen, der von einem Polizisten getreten wird: »Kommt doch aus 'nem sicheren Tritt-Staat!« Auch die Politessen bekommen den Herrenhumor zu spüren: Da wären beispielsweise drei Polizistinnen, eine zeigt ihren Mehrzweckrettungsstock und sagt dazu, dieser ersetze »drei Neger: Hier lang und schmal, hier dick und massig, hier riffelig und ruppig.«

Es stellt sich die Frage, ob sich der Polizist mit seinen Zeichnungen über den Rassismus und Sexismus in den eigenen Reihen lustig machen wollte? Wohl kaum, denn zur Verteidigung erklärten Gewerkschaftsvertreter, auf den Bildern sollte nur der Alltag (!) der Polizisten gezeigt werden – was interessante Rückschlüsse darauf zulässt, wie es in deutschen Polizeistationen so zugeht. Aber, so die Polizei weiter, das habe man schon länger so gemacht und deswegen könne das alles nicht falsch sein. Seit sechs Jahren erscheine der Kalender, und noch nie habe es Beschwerden gegeben, hieß es von der Gewerkschaft. Er sei nicht rassistisch und auch nicht diskriminierend, beharrten die Polizisten. »Da steckt nichts dahinter«, sagte der Chef des Landesverbandes, Hermann Benker. Es handle sich lediglich um »Polizistenjargon«.[64]

Zudem seien die Darstellungen gar nicht rassistisch, sondern einfach nur witzig gemeint und von der Freiheit der Kunst gedeckt. Was hat Rassismus aber mit Kunst zu tun, besonders bei der Polizei, die dem Grundgesetz und den Menschenrechten verpflichtet ist? Und dass Rassismus auch Rassismus sein kann, wenn es gar nicht so gemeint ist, hat bei der Deutschen Polizeigewerkschaft in Bayern wohl auch noch nie jemand gehört. Was Rassismus ist, das bestimmt in Deutschland immer noch die weiße Mehrheit. Der Historiker Andreas Strippel betonte, nur weil man etwas nicht rassistisch gemeint habe, könne es sehr wohl rassistisch sein. »Sonst wird Rassismus auf ein individuelles Problem reduziert, das die Diskriminierten selbst mit ein bisschen gutem Willen aus der Welt schaffen könnten, wenn sie sich nur nicht so anstellen würden.« Genau diese vermeintliche Harmlosigkeit sei es, erläutert Strippel, die Alltagsrassismus so stark mache. »Und gerade diese Akzeptanz der weichen Diskriminierung ist immer wieder eine Legitimation für den rassistischen Schläger, der sich gern auf die schweigende Mehrheit beruft.«[65]

Da passt es ins Bild, dass nach den NSU-Morden in dem Freistaat jahrelang die Opfer und deren Angehörigen verdächtigt wurden, viele Polizisten scheinen Migranten und Schwarze hauptsächlich als kriminelle Affen oder omnipotente Asylanten wahrzunehmen.

Es handelt sich also längst nicht nur um ein Versagen des

Inlandsgeheimdienstes, sondern um ein gesellschaftliches Problem, dass sich nicht mit ein paar Reformen der Sicherheitsstruktur beheben lässt. Dies zeigt sich auch daran, dass die für die NSU-Morde zuständigen Landeskriminalämter und das Bundeskriminalamt komplett versagten. Pfahl-Traughber mahnt eine »seriöse Antwort« auf die Fragen zu diesem Skandal an, der »eine detaillierte Aufarbeitung der Vorgänge« vorausgehen müsse. Klingt theoretisch gut, praktisch wird dies für die Öffentlichkeit kaum möglich sein, da Verfassungsschutz, Bundeskriminalamt und Bundesanwaltschaft auf entsprechende Anfragen wenig bis keine Auskünfte erteilen. Die Öffentlichkeit wird kaum informiert, stattdessen präsentieren diese staatlichen Stellen ein Ermittlungsplakat, das an die RAF-Fahndung Ende der siebziger Jahre erinnert. Der *Nordkurier* beklagte sich öffentlich, die Recherchen zu den Verbindungen zwischen NSU-Terroristen und Neonazi-Szene in Mecklenburg-Vorpommern würden durch die Behörden behindert. Nachforschungen der Zeitung hatten ergeben, dass Zschäpe Kontakte zur NPD in Mecklenburg-Vorpommern unterhielt. Die Pressestelle des Schweriner Innenministeriums verweigerte eine Auskunft zu diesbezüglichen Erkenntnissen des Verfassungsschutzes, über die Gesamthöhe der Geldzahlungen an V-Leute in der rechtsextremen Szene des Landes sowie über dessen Verwendung. Das Verwaltungsgericht Schwerin unterstützte in einem Beschluss vom 6. März 2012 diese Position der Landesregierung. Michael Seidel, Chefredakteur des *Nordkurier*, erklärte: »Die Behörde beruft sich selbst bei Anfragen allgemeiner Natur auf ihr Geheimhaltungsbedürfnis und blockt ab. Aber angesichts des massiven Behördenversagens in Thüringen und teilweise in Sachsen, wo mit Unterstützung des Verfassungsschutzes rechtsextreme Aktivitäten nicht nur beobachtet, sondern teils mutmaßlich befördert wurden, sind Fragen nach entsprechenden Vorgängen im Land Mecklenburg-Vorpommern von gewaltigem öffentlichen Interesse.«

Öffentliches Interesse steht also gegen die Interessen der Geheimdienste, die selbst entscheiden können, welche Informationen sie freigeben und welche nicht. Eine Aufarbeitung der Ereignisse ist hingegen im Untersuchungsausschuss teilweise möglich, wo aber wiederum parteipolitische Interessen eine gewisse Rolle spielen. »Was unklar ist und bleibt, ist die Frage, ob CDU und SPD auch dann noch Aufklärungswillen haben werden, wenn sich abzeichnet, dass ›eigene‹ Minister in den Fokus der Kritik geraten«, betont Martina Renner von der Linksfraktion in Thüringen.[66]

Eine Kontrolle durch die Öffentlichkeit, sprich durch die Medien, ist so nicht gewährleistet. Ob sich das eine demokratische Gesellschaft leisten sollte, wurde zwischenzeitlich flächendeckend bezweifelt; der Verfassungsschutz stand im Kreuzfeuer der Kritiker – von Antifa-Gruppen bis FAZ. Doch schnell rissen die Innenminister die Debatte wieder an sich, setzten mit der Verbunddatei und dem NPD-Verbot neue Zeichen, die von den großen Medien aufgenommen wurden. Eine grundlegende Debatte um den Verfassungsschutz wurde so erfolgreich verhindert.

Ist der Verfassungsschutz also auf dem rechten Auge blind, wie es so schön heißt? Nein, das nicht, aber er sieht die rechtsextreme Bewegung durch einen Zerrspiegel, durch die Brille der V-Leute, die selbst überzeugte Rechtsextremisten sind. Den Linksextremismus sieht er durch die Brille der Extremismustheorie und in der langen deutschen Tradition des Antikommunismus, die den Blick offenbar massiv schärft. Während deutsche Sicherheitsbehörden lange Jahre vor allem im Umfeld der Opfer ermittelten, kamen FBI-Profiler schnell zu einem anderen Szenario, das der Realität deutlich näherkam. Im Juni 2007 hatten die hochspezialisierten Fallanalytiker der

US-Behörde auf Bitten deutscher Ermittler die sogenannten Ceska-Morde untersucht. Das Ergebnis fiel nach Informationen des *Spiegels* eindeutig aus. Der Täter sei diszipliniert, er habe die Männer erschossen, weil diese aus der Türkei gekommen seien oder so ausgesehen hätten. Seine Motivation sei eine Mischung aus persönlicher Veranlassung und Nervenkitzel gewesen. Der Mörder hege aus unbekannten Gründen eine tiefsitzende Animosität gegen türkischstämmige Menschen, heißt es demnach in dem FBI-Bericht. Er sei zudem bereit, mit seinen am helllichten Tage begangenen Taten ein hohes Risiko einzugehen. Das FBI empfahl den deutschen Ermittlern bereits im Frühsommer 2007, öffentlichkeitswirksam nach Personen zu suchen, die einen »Groll gegen Türken« hegten und zu den fraglichen Zeitpunkten an den Tatorten gewesen sein könnten. Zudem fiel den US-Fallanalytikern laut *Spiegel* das merkwürdige Kaliber der zweiten Tatwaffe auf: Neben der Ceska 83 hatten die Killer bei ihrem ersten Mord in Nürnberg sowie bei ihrem dritten in Hamburg zusätzlich eine Pistole des antiquierten Kalibers 6,35 Millimeter verwendet. Die Profiler schlussfolgerten daraus, dass es sich wahrscheinlich um eine »alte Waffe« handele, auf die »der Angreifer sehr stolz« sein könnte. Sie rieten den deutschen Kollegen, öffentlich nach Besitzern solcher Waffen zu fahnden. Tatsächlich wurde später im Brandschutt des NSU-Verstecks in der Zwickauer Frühlingsstraße die gesuchte Pistole entdeckt.[67]

Welche Rolle spielte Andreas T., ein Mitarbeiter des hessischen Verfassungsschutzes, der beim Mord an Halit Yozgat im April 2006 in Kassel am Tatort war? Zufällig, wie es später hieß, und erinnern könne sich der Verfassungsschützer, der in der Jugend ein großes Interesse an Nazi-Literatur hatte, an gar nichts. Die Ermittlungen gegen den Geheimdienstler, der auch V-Leute geführt hatte, wurden eingestellt. Die Anwälte der Familie Yozgat, Thomas Bliwier und Doris Dierbach aus Hamburg, wollen das nicht hinnehmen. »Es gibt einfach zu viele Merkwürdigkeiten in diesem Mordfall«, sagt Strafrechtler Bliwier. Die Anwälte wollen sämtliche Akten des Landesamtes für Verfassungsschutz sehen. »Wir werden alles dran setzen, dass die mysteriöse Rolle des Verfassungsschützers aufgearbeitet wird.« Einige Fragen sind offen. Warum meldete sich Andreas T. nicht als Zeuge? Der Geheimdienstler behauptete, er habe den Aufruf wenige Tage später gelesen, habe aber rekonstruiert, dass er an diesem Tag nicht in dem Internetcafé gewesen sei. Für einen Sicherheitsbeamten eine beachtliche Fehlleistung. Die Ermittler rekonstruierten laut *Stern*, dass Halit Yozgat zwischen 16.54 Uhr und kurz vor 17.03 Uhr erschossen wurde. Um 17.03 Uhr fanden ihn sein Vater und ein weiterer Kunde des Internetcafés blutüberströmt. Andreas T. hörte unmittelbar vorher – um 17.01 Uhr und 40 Sekunden – auf, im Netz zu surfen. Danach habe er 50 Cent auf den Tresen gelegt und sei gegangen, gab der Verfassungsschützer zu Protokoll. Halit Yozgat habe er nicht gesehen. Das kommt den Ermittlern seltsam vor. Wenn Halit Yozgat zu diesem Zeitpunkt schon schwerverletzt am Boden lag, hätte der Verfassungsschützer ihn sehen müssen. Andreas T. ist ein Hüne von 1,90 Meter, der den Tresen um Längen überragt. Auch die Blutspritzer auf dem Tresen hätten ihm auffallen müssen. Die anderen vier Zeugen, die zum Tatzeitpunkt in Kabinen mit dem Surfen oder Telefonieren beschäftigt waren, erinnern sich an Knallgeräusche, so als ob ein Stuhl umgefallen oder ein Luftballon geplatzt sei. Andreas T. dagegen gibt an, nichts gehört zu haben. Doch es geht noch weiter: In Gesprächen verschweigt der Geheimdienstmitarbeiter, dass er das Internetcafé, in dem der 21-Jährige erschossen wurde, kennt beziehungsweise regelmäßig besucht. Angeblich wurde Andreas T. in seinem Heimatort »Klein-Adolf«

genannt. Journalisten fanden auch Kollegen von Andreas T., die behaupteten, seine rechte Gesinnung sei ihnen bekannt gewesen. Im Frühjahr 2012 haben die Ermittler auch die Telefondaten der V-Leute überprüft, die Andreas T. führte. Als in Kassel Halit Yozgat ermordet wurde, telefonierte T. mit einem rechtsextremen V-Mann – und zwar um 16.11 Uhr, also kurz vor dem Mord. Darüber hinaus soll der Verfassungsschützer auch an exakt jenen Tagen mit seinem rechten V-Mann telefoniert haben, als in München Theodorus B. und in Nürnberg Ismail Y. ermordet wurden.[68]

Hessens damaliger Innenminister, mittlerweile Ministerpräsident, Volker Bouffier (CDU), hatte dem V-Mann bei den Ermittlungen nach dem Mord im Jahr 2006 keine Aussageerlaubnis erteilt. Nun dürfte er zwar Aussagen, aber da das Verfahren gegen T. bereits 2007 eingestellt worden war, muss er es nicht mehr. Welchen rechtsextremen Informanten T. führte, wurde in der Öffentlichkeit bislang nicht beleuchtet. Ständig wurde und wird weiterhin behauptet, man sei auf die Neonazi-Informanten angewiesen, um über mögliche Anschlagspläne und terroristische Strukturen unterrichtet zu sein, obwohl das System nachweislich versagt hat. Immer wieder gaben Verfassungsschützer Entwarnung. Rechtsterroristische Strukturen seien nicht zu erkennen – derweil mordeten die Neonazis. Im Jahr 2004 vermeldete der Verfassungsschutz in einem internen Papier, die Sicherheitsbehörden hätten zwischen 1997 und Ende 2003 in 114 Fällen Waffen, Munition oder Sprengstoff sichergestellt, dennoch seien in Deutschland keine rechtsterroristischen Organisationen und Strukturen erkennbar. Auch in den Publikationen gaben die Verfassungsschützer immer wieder Entwarnung. In dem internen Papier wurden auch die Neonazis Mundlos, Böhnhardt und Zschäpe erwähnt, auch hier lagen die Sicherheitsexperten weit daneben. So heißt es in der »nur für den

Dienstgebrauch« klassifizierten Analyse des Bundesamtes für Verfassungsschutz aus dem Juli 2004, als die Neonazis bereits fünf Menschen ermordet hatten, weiter: »Ungeachtet der Tatsache, dass es den ›Bombenbastlern von Jena‹ jahrelang gelungen war, sich ihrer Verhaftung zu entziehen, gibt es keine wirkungsvolle Unterstützerszene, um einen nachhaltigen Kampf aus dem Untergrund heraus führen zu können.«[69]

Dabei hatte der Verfassungsschutz Kontakt zu Neonazis aus dem Umfeld des NSU, wollte sogar Geld an die Rechtsterroristen weiterleiten. Wurden die Terroristen sogar vom Geheimdienst gedeckt? Dieser Gedanke ist eigentlich undenkbar, doch mehrere Punkte sprechen für eine solche These: Die zahlreichen Pannen bei versuchten Zugriffen, das hohe Risiko, das die Terroristen bei den Anschlägen eingegangen waren und die lange Zeit im Untergrund, der kein Untergrund war. Oder tappten staatliche Stellen im Dunkeln, weil sie von den V-Leuten gezielt mit falschen Informationen beliefert wurden? Führten sie den Geheimdienst in die Irre, um die NSU-Kameraden zu schützen? Im Thüringer Heimatschutz gab es V-Leute, von denen einer sogar Steuergelder an die Terroristen weiterleiten sollte, um diese dazu zu bewegen, sich zu stellen – der Plan schlug fehl. Mit anderen Worten, die Neonazis nutzten den Verfassungsschutz möglicherweise, um sich zu finanzieren und falsche Fährten zu legen. Und selbst wenn die Neonazis, die mit dem Geheimdienst eines demokratischen Rechtsstaats kooperieren, nicht falsche Informationen lieferten, sondern nur ein paar entscheidende Dinge wegließen, wie beispielsweise die Rolle von ehemals führenden NPD-Kadern als mutmaßliche Terrorunterstützer, steht fest, dass das ohnehin umstrittene V-Mann-System versagt hat. Das Argument für die staatliche Kooperation mit Rechtsextremen hat sich praktisch in Luft aufgelöst. »Es geht nicht nur um die immensen Summen, die so in die Neonazi-

Szene geflossen sind«, betont die innenpolitische Sprecherin der Linksfraktion im Thüringer Landtag, Martina Renner.[70]

Bei dem Ex-V-Mann und Neonazi Tino Brandt stelle »sich auch die Frage nach geheimdienstlicher Aufbauleistung für den Thüringer Heimatschutz, Strafvereitelung und gegebenenfalls auch Anstiftung zu Straftaten.« Brandt hatte Renner zufolge 35 Ermittlungsverfahren, ohne dass auch nur eines zu einer Anklage, Verurteilung oder Verhängung eines Strafbefehls geführt hätte. Brandt sei zudem an Wehrsport beteiligt gewesen, habe scharf geschossen und in Kahla ein Grundstück gepachtet, auf dem paramilitärische Übungen stattfanden. »Tino Brandt war eingebunden in die Unterstützerszene für den NSU, hat Geld für die drei vom Verfassungsschutz zur Passbeschaffung erhalten und war auch gegebenenfalls an weiteren Geldbeschaffungen/-transfers oder Nachrichtenfluss zu den drei beteiligt«, fasst Renner zusammen.

Die NSU-Mordserie hat somit bewiesen, dass die V-Mann-Praxis keinen Schutz gegen rechtsextreme Gewalt bietet. Im Gegenteil, es ist angesichts der Vorgänge um den NSU wahrscheinlich, dass die Neonazis unentdeckt geblieben waren, eben weil sie durch V-Leute das Wissen der Behörden manipulieren konnten. Denn obgleich ein ganzes Netzwerk von den Rechtsterroristen wusste, wussten die Behörden angeblich nichts. Der ehemalige Ministerpräsident von Thüringen, Bernhard Vogel, bestätigte den Verdacht, er sagte, es könne nicht ausgeschlossen werden, dass die V-Leute jene, die sie bezahlen, »schlichtweg belügen«.[71]

Ein weiterer Nachteil der Zusammenarbeit des Verfassungsschutzes mit Neonazis, die Informationen verkaufen – neben der Frage, ob ein Rechtsstaat überhaupt mit Rassisten, Antisemiten und Neonazis kooperieren sollte – besteht darin, dass diese Praxis ein Verbot der NPD bislang verhindert hat.

Nach der rechtsextremen Mord- und Anschlagsserie wurde einmal mehr über ein Verbot dieser Partei debattiert. Dass sie verboten werden sollte, darüber sind sich die meisten Politiker einig. Die Gründe liegen auf der Hand, denn durch Wahlkampfkostenerstattung und Sitze in Parlamenten kassiert die NPD Hunderttausende Euro pro Jahr, mit denen sie ihre Propaganda verbreiten kann. Zudem nutzt die NPD die Parlamente als Podium für rassistische und antisemitische Hetze; die Liste der Ordnungsrufe und Sanktionen gegen rechtsextreme Parlamentarier wegen verbaler Ausfälle ist lang. Unstrittig ist zudem, dass ein Verbot durch andere Maßnahmen flankiert werden müsste. Es ist ein Instrument von vielen, welches die rechtsextreme Bewegung organisatorisch und finanziell stark treffen würde.

Gegner eines Verbots befürchten eine weitere Radikalisierung der Szene und warnen, die Auseinandersetzung mit dem Rechtsextremismus werde nach dem Verschwinden der Partei einfach beendet. Wie sich die Neonazi-Szene angesichts der Entwicklung der vergangenen Jahre allerdings noch weiter radikalisieren sollte, ist schwer zu beantworten.

Doch zumeist verläuft die Debatte über ein Verbotsverfahren nicht auf inhaltlicher Ebene, sondern es wird lediglich über die V-Leute gestritten. Die Diskussion dreht sich dabei zumeist um eine Frage: Was ist mit den V-Leuten? An diesen vom Staat bezahlten Neonazis war das erste Verfahren gescheitert. Es war nicht nur einfach gescheitert, sondern es wurde von innen torpediert, wie Martin Dietzsch vom Duisburger Institut für Sprach- und Sozialforschung betont: »Es wurde ja nicht nur dem Gericht, sondern auch den Vertretern der Anklage die frühere V-Mann Tätigkeit eines geladenen Zeugen vorsätzlich verschwiegen. Man hat die eigenen Leute ins offene Messer rennen lassen. Daraus sind nie Konsequenzen gezogen worden.«[72]

Immerhin: Mittlerweile weiß fast jedes Kind, dass V-Leute keine guten Agenten sind, die in die Szene eingeschleust werden, sondern dass es sich um überzeugte Rechtsextreme handelt, die Informationen von zweifelhaftem Wert an den Staat verkaufen. Die Medien übernehmen dennoch weiterhin die Begrifflichkeiten des Geheimdienstes, der anderes suggeriert. Man wolle die V-Leute »abziehen«, hieß es immer wieder, obwohl die Neonazis weiter in der Bewegung aktiv bleiben. Der Staat gibt ihnen lediglich kein Geld mehr dafür, dass sie Neonazis sind. Es müsste vielmehr heißen: »Wir, der Verfassungsschutz, stellen unsere jahrzehntelange Zusammenarbeit mit führenden Neonazis, teilweise vorbestraft, üble Hetzer und Gewalttäter, ein – und geben den Rechtsextremen kein Geld mehr für Informationen, die einen zweifelhaften Wert haben und in der Öffentlichkeit gar nicht benutzt werden können, da dann Rückschlüsse auf unsere Quellen möglich werden.« Klingt aber nicht so gut wie: »Wir ziehen unsere V-Leute ab«, oder?

Bei dem gescheiterten Verbotsverfahren hatten die Verfassungsrichter befürchtet, die NPD könnte durch den Staat mit Hilfe der V-Männer gelenkt werden, was angesichts der ausgeführten Beispiele aber sehr fragwürdig erscheint. Weil V-Leute Neonazis sind, die ausgewählte Informationen an den Staat verkaufen, bedeutet dies eben nicht, dass sie vom Verfassungsschutz gesteuert werden. In einer Studie des Duisburger Institut für Sprach- und Sozialforschung heißt es hingegen, das Agieren der V-Leute habe gezeigt, dass diese nicht als Agents Provocateurs gewirkt hätten, sondern es sich bei ihnen um Personen handelte, die man zu nichts anstiften könne, weil sie ohnehin zu allem bereit seien.[73] Ihre Aktivitäten hätten sich nahtlos mit dem Kurs der Partei gedeckt, und gerade wegen ihrer antisemitischen und rassistischen Hetze hätten die Agenten über Jahrzehnte das Vertrauen der Partei genossen. Deshalb wäre es auch vollkommen unsinnig, von einer Steuerung der NPD durch den Verfassungsschutz zu sprechen, heißt es weiter. Man müsse sich umgekehrt fragen, ob nicht der Verfassungsschutz von NPD-Funktionären manipuliert worden sei. Die beiden Duisburger Rechtsextremismus-Experten Martin Dietzsch und Alfred Schobert kamen in der Studie über die Tätigkeit der V-Leute zu dem Schluss, dass die Spitzel der NPD keinen Schaden zugefügt, sondern ihr im Gegenteil sogar genutzt hätten. Als Kronzeugen hierfür führten sie die ehemaligen NPD-Funktionäre Udo Holtmann und Wolfgang Frenz an.

Ex-NPD-Bundesvorstandsmitglied Frenz hatte von Anfang der sechziger Jahre bis 1995 für den Verfassungsschutz in Nordrhein-Westfalen gearbeitet. Seiner Enttarnung im Zuge des NPD-Verbotsverfahrens waren weitere gefolgt. So auch die Holtmanns, damals Chef der NPD in Nordrhein-Westfalen. Durch die Enthüllungen wurden zweifelhafte Vorgänge bekannt: So waren V-Leute offenbar an der Produktion von besonders radikalen rechtsextremen Tonträgern beteiligt. 2007 flog erneut ein V-Mann jenes Verfassungsschutzes auf. Dieser war in der internationalen Neonazi-Szene als Konzertveranstalter aktiv und in kriminelle Machenschaften verwickelt. In Sachsen wurde zudem beim Prozess gegen die Neonazi-Gruppe Sturm 34 bekannt, dass einer der führenden Köpfe ein V-Mann war. Skandale, die den Rechtsextremisten Munition liefern. Denn die argumentieren eben auch, sie seien Opfer von staatlichen Agents Provocateurs. So wird derzeit von NPD-Funktionären versucht, den NSU-Terror den Behörden anzulasten, der Nebel rund um den Verfassungsschutz bietet ausreichend Raum für Verschwörungstheorien.

Jörg Fischer-Aharon – früher selbst ein Neonazi – hatte mit einem Bekannten jahrelang den Verfassungsschutz verwirrt. Sie lieferten fast wöchentlich Berichte an den Geheimdienst, welche sie einfach aus dem Internet abgeschrieben hatten, aus frei zugänglichen Quellen, betonte Fischer.[74]

Neonazis berichteten zudem, dass, nachdem ihre Zusammenarbeit mit dem Verfassungsschutz öffentlich geworden war, sie die Honorare genutzt hätten, um NPD-Strukturen zu bilden. Das Geld habe es ihm ermöglicht, sagte beispielsweise Ex-V-Mann Frenz, die NPD in Nordrhein-Westfalen zu gründen und aufzubauen. Auch Tino Brandt, ehemaliger Anführer des Thüringer Heimatschutzes, in dem auch die Rechtsterroristen der Zwickauer Zelle aktiv waren, verkaufte Informationen an den Staat – und baute währenddessen die braunen Strukturen in Thüringen auf. Ebenso sein Kamerad Thomas Dienel, der vor laufender Kamera den Holocaust leugnete und noch hinzufügte, dass in Auschwitz leider niemand umgebracht worden sei. Dienel soll Zehntausende Euro vom Staat erhalten haben, die er als Spende für die Bewegung angesehen habe.

Der Rechtswissenschaftler Günter Frankenberg fasst zusammen: »Das Geld fließt also vom Staat über den Verfassungsschutz und die V-Leute in solche Organisationen hinein, die entweder kriminell sind oder ausländerfeindlich oder rassistisch, antisemitisch oder alles zusammen. Das ist einfach skandalös.«[75]

Dennoch setzten Politik und Sicherheitsbehörden weiter auf das V-Mann-System, auch auf Führungsebene. In einer Antwort der Bundesregierung auf eine Kleine Anfrage hieß es 2008, sie ziehe »einen Abzug von V-Leuten aus der NPD aus sicherheitspolitischen Erwägungen nicht in Betracht«. Dies gelte auch, wenn deren leitende Funktion »unmittelbar vor und während eines Verbotsverfahren ausdrücklich als unvereinbar mit den Anforderungen an ein rechtsstaatliches Verfahren angesehen worden ist«, wie in einem Urteil des Bundesverfassungsgerichts von 2003 festgestellt wurde. Medien berichten übereinstimmend, in der NPD gebe es mittlerweile noch mehr V-Leute als 2003. Und die Tatsache, dass die Innenminister der Union ein erneutes Verbotsverfahren ablehnten, weil es wegen der V-Leute wieder scheitern könnte, belegt bereits, dass der Geheimdienst weiter mit Führungskräften der Neonazi-Partei kooperierte. Ansonsten hätte kein Scheitern gedroht.

Die Innenminister der SPD sind hingegen bereits seit einigen Jahren der Ansicht, der Staat könne auf die Spitzel verzichten; die aggressiv-kämpferische Verfassungsfeindlichkeit der NPD – Voraussetzung für ein Verbot – lasse sich auch durch öffentlich zugängliche Informationen belegen. Mehrere SPD-Innenminister hatten daher bereits angekündigt, auf V-Leute zu verzichten. Berlins Innensenator Ehrhart Körting betonte 2008: »Sollte es Bundesländer geben, die ihre V-Leute nicht aus den Führungsgremien der NPD abgezogen haben, wäre das nicht verfassungsgemäß.« Zudem betonte Körting, es gebe noch andere nachrichtendienstliche Mittel, die man einsetzen könne – beispielsweise die Telefonüberwachung. »Man kommt auch anders an Informationen als über V-Leute«, so Körting.[76]

Gleichzeitig ließen die uneinheitlichen Signale aus den Innenministerien der Länder Schlimmes erahnen, was die internen Absprachen über das V-Mann-System angeht. Besonders unentschlossen präsentierte sich Bayern hinsichtlich des NPD-Verbotsverfahrens. Immer wieder wollten Innenpolitiker aus dem Freistaat mit dem Ruf nach dieser Maßnahme ihre Entschlossenheit beim Kampf gegen den Rechtsextremismus beweisen, alles heiße Luft. Zwischenzeitlich soll Ministerpräsident Horst Seehofer (CSU) immerhin das V-Mann-System in Frage gestellt haben. Bei einem Kamingespräch in Wildbad Kreuth soll Seehofer sein Innenministerium kritisiert haben, berichtete die in Sachen CSU stets bestens informierte *Passauer Neue Presse* im Jahr 2009. Das Ministerium habe ihm bisher keinen einzigen Fall belegen können, in dem Erkenntnisse aus und über die NPD nur aufgrund von V-Leuten hätten gewonnen werden können, wurde Seehofer zitiert. Er schließe daraus, dass V-Leute, die in der NPD mitwirkten und ein neuerliches Verbotsverfahren dadurch verhinderten, folglich nicht notwendig seien. Auf Anfrage des Autors erklärte die bayerische Staatskanzlei, man wolle den Bericht nicht kommentieren, dementiert wurde er jedoch auch nicht.

An der Frage, ob der Staat durch die Zusammenarbeit mit den Neonazis die Partei beeinflusse, war das Verbotsverfahren Anfang des Jahrtausends schließlich gescheitert. Während die Antragsteller, Bundesregierung, Bundestag und Bundesrat, betonten, die bezahlten Informanten des Staates würden nicht zur Radikalisierung der Partei beitragen und sich im Hintergrund halten, wurde genau dies von mehreren Richtern des Bundesverfassungsgerichts anders eingeschätzt. Die Entscheidung fiel allerdings denkbar knapp aus – für die Einstellung des Verfahrens. Mittlerweile sitzen aber andere Richter in der zuständigen Kammer. Es erscheint durchaus möglich, dass sie bei erneut auftauchenden Aussagen von V-Leuten dieses Mal anders entscheiden und das Verfahren fortführen. »Verfassungsrichter/innen bleiben vom politischen Klima eines Landes nicht unbeeinflusst«, betont auch der Politikwissenschaftler Christoph Butterwegge: »Wenn sich ein gesellschaftlicher Grundkonsens herausbildet, dass organisierter Rechtsextremismus nach Art der NPD den demokratischen Verfassungsprinzipien widerspricht, hätte der Verbotsantrag gute Chancen, vom Bundesverfassungsgericht positiv beschieden zu werden.«[77]

Die Verbindungen von ehemaligen Parteifunktionären zum NSU-Netzwerk lieferten mittlerweile weiteres Material für ein Verbot. Offenbar mussten erst die Sicherheitsbehörden

derart versagen, wie es in Sachen NSU der Fall ist, so dass ein
NPD-Verbot auf den Weg gebracht wird und der Staat nicht
mehr Geld an führende NPD-Funktionäre überweist. So hat
die Geschichte zumindest auch einen positiven Aspekt. Per-
sonelle Konsequenzen wurden bislang jedoch kaum gezogen.
Kein Minister musste zurücktreten, keiner wollte die Verantwortung übernehmen. Auch nach dem gescheiterten NPD-
Verbotsverfahren übrigens nicht, obwohl dieses Desaster der
NPD einen maximalen Nutzen eingebracht hatte. Sie konnte
sich als widerständige Organisation gerieren, die dem staatlichen Druck standhält, und sie wurde zur »unverbietbaren«
Partei, die der Neonazi-Szene, von Vereinsverboten ge-
schwächt, eine organisatorische Heimat bot. Die NPD schütz-
te sich durch ihre Radikalität vor einem Verbot. Denn die
Befürworter der V-Mann-Praxis argumentieren, die NPD sei
so gefährlich, dass die Spitzel nicht abgezogen werden könnten. Dadurch wird ein Verbotsverfahren aber unmöglich.
Eine paradoxe Situation, die die Strategie der NPD, mit der
militanten Neonazi-Szene zu kooperieren, noch honoriert.

Der Politikwissenschaftler Butterwegge erklärte zu der
Funktion der Partei: Die organisatorische Schlüsselbedeu-
tung der NPD liege in ihrer Scharnier- beziehungsweise Brü-
ckenfunktion, also der Vermittlung zwischen Nationalkonservatismus, Deutschnationalismus und militantem Neofaschis-
mus, der offenbar fließende Übergänge zum Rechtsterrorismus
aufweise. Insofern würde ein Verbot zweifellos die »richtige«
Partei treffen, deren Kader besonders in Ostdeutschland
nicht zu unterschätzende Rekrutierungserfolge unter – meist
männlichen – Jugendlichen verzeichneten. Der NPD-Vorsit-
zende Apfel spreche von »seriöser Radikalität«, was, so Butterwegge weiter, »nur ein Kosename für besser getarnte Bru-
talität ist. Da sind Neonazis in Nadelstreifen am Werk, die ihr
Gedankengut erfolgreicher unter das Volk zu bringen hoffen,

indem sie gemäßigter auftreten, ohne ihre Kontakte zu den militanten Neonazi-Gruppierungen, den Freien Kameradschaften und den Autonomen Nationalisten zu kappen. Apfel wirkt janusköpfig und dürfte weiterhin den Spagat versuchen: einerseits rechtspopulistisch zu argumentieren, sich als ›Kümmerer‹ der sozial Benachteiligten zu profilieren, und andererseits die militanten Neonazis bündnispolitisch zu integrieren.«

Der Politikwissenschaftler Christoph Weckenbrock betonte zudem im Gespräch mit dem Autor, seit dem Ende des NPD-Verbotsverfahrens habe sich doch einiges verändert: »Man ging damals wie selbstverständlich davon aus, dass es der NPD nicht gelingen könne, in ein deutsches Parlament einzuziehen. Dies hat sich als eine schwere Fehleinschätzung herausgestellt. Die NPD sitzt mittlerweile in zwei deutschen Landtagen, hat in Sachsen und Mecklenburg-Vorpommern sogar das Kunststück vollbracht, erneut in die Parlamente einzuziehen, was auf ein gewisses Stammwähler-Potential der Partei und nicht gerade erfolgreiche Arbeit der demokratischen Fraktionen schließen lässt. Dass die Sachsen-NPD nach ihrem Wiedereinzug in den Landtag nun sogar auf staatliche Stiftungsgelder hoffen darf, zeigt zusätzlich, dass der Finanzfluss in die rechtsextreme Infrastruktur bereits verstörende Ausmaße angenommen hat. Den Wahlerfolgen auf Landesebene ist eine verstärkte kommunale Verankerung der NPD in Ostdeutschland vorangegangen, die in Regionen wie der Sächsischen Schweiz bereits weit fortgeschritten ist. In vielen strukturschwachen Gebieten besetzt die NPD gezielt auch den vorpolitischen Raum und wird zunehmend als eine normale Partei und echte Alternative im Parteiensystem wahrgenommen.«

Und damit wird ein mögliches Verbot bei vielen Menschen, die die NPD als normale Partei sehen, das Misstrauen gegen den demokratischen Rechtsstaat noch weiter verstärken. So weit hätte es nie kommen brauchen, wäre das erste Verfahren nicht aufgrund der Zusammenarbeit des Geheimdienstes mit Neonazis gescheitert.

Der fragwürdige oder quasi unseriöse Umgang mit dem Thema Rechtsextremismus wird auch durch einen weiteren Vorschlag deutlich, der immer wieder in der Öffentlichkeit kursiert. Demnach soll die NPD von der Parteienfinanzierung ausgeschlossen werden. Der NPD müsse sofort der Geldhahn zugedreht werden, tönte beispielsweise CSU-Generalsekretär Alexander Dobrindt Anfang 2012. Es sei ein untragbarer Zustand, dass sich die NPD aus staatlichen Mitteln mit rund einer Million Euro im Jahr finanziere. »Demokratiefeindliche Parteien müssen von der staatlichen Parteienfinanzierung ausgeschlossen werden«, fügte er in der *Augsburger Allgemeinen* hinzu. So weit, so simpel. Die fixe Idee, zugelassene Parteien einfach aus der staatlichen Parteienfinanzierung auszuschließen, ist allerdings weder neu noch mehrheitsfähig, rechtsstaatlich vertretbar, praktikabel oder unterstützenswert. Bereits im Jahr 2008 hatte Niedersachsen mit einem Gutachten für Diskussionen gesorgt. Demnach sollte es möglich sein, der NPD per Verfassungsänderung den Geldhahn zuzudrehen. Für die NPD wäre dies ein harter Schlag, da sie einen beträchtlichen Teil ihrer Einnahmen aus dieser Quelle erzielt. Dem Vorschlag zufolge sollte der Bundestagspräsident entscheiden können, welche Parteien staatliche Gelder bekommen und welche nicht. Experten bezweifelten allerdings umgehend die Verfassungsmäßigkeit dieser Konstruktion. Der Politikwissenschaftler Christoph Weckenbrock sagte im Gespräch mit dem Autor, er halte den Vorschlag für verfassungsrechtlich nicht akzeptabel, weil der Bundestagspräsident als Mitglied der stärksten Bundestagsfraktion und somit als Parteipolitiker dafür völlig ungeeignet sei. »Die Prüfungskompetenz über die Verfassungswidrigkeit einer Partei sollte in jedem Fall bei der unabhängigen Judikative verbleiben«, so Weckenbrock.

Der Verfassungsrichter Andreas Voßkuhle hatte sich ebenfalls gegen den Plan ausgesprochen, die NPD von der staatlichen Parteienfinanzierung auszuschließen. Solange eine Partei nicht verboten sei, nehme sie gleichberechtigt wie jede andere am politischen Prozess teil, sagte Voßkuhle. Man solle nicht versuchen, ein Parteiverbotsverfahren auf »kaltem Wege« einzuführen. Auch in anderen Bundesländern stieß der Vorschlag aus Hannover auf Bedenken. Das CDU-geführte Innenministerium in Sachsen teilte auf Anfrage des Autors mit, man halte den Vorstoß aus Niedersachsen »für rechtlich sehr problematisch«. Der damalige Innenminister von Sachsen-Anhalt Holger Hövelmann (SPD) sagte, es sei ein fragwürdiger Ansatz, zwischen Parteien erster und zweiter Klasse zu unterscheiden.

Der blanke Populismus der jüngsten Wortmeldung aus Bayern, mit der diese Idee wieder aufgewärmt wurde, wird dadurch besonders deutlich, dass die Christsozialen ihre Forderung noch nicht einmal juristisch geprüft hatten. Wer schützt eigentlich die Verfassung gegen solche Angriffe auf Stammtischniveau?

Das gesamte Problem um die V-Männer hätte möglicherweise auch einfach umschifft werden können, wenn Bundesregierung, Bundesrat und Bundestag beim Verbotsantrag stärker auf die kriminellen Machenschaften der NPD-Mitglieder abgezielt hätten, die von Journalisten und Opferinitiativen immer wieder dokumentiert werden.

Monate nach dem NSU-Skandal und nachdem die Medien immer neue Verbindungslinien zwischen Partei und Terrorunterstützer aufgedeckt hatten, mehrten sich auch in der Union Stimmen, die forderten, die Zusammenarbeit mit führenden NPD-Funktionären zu beenden. Das klang im vergangenen Jahr allerdings noch ganz anders. Im Mai 2011 führte Bundesinnenminister Hans-Peter Friedrich (CSU) aus: »Die NPD ist eine Partei, die gegen unsere Verfassung und gegen unsere freiheitlich-demokratische Grundordnung arbeitet. Deswegen verstehe ich jeden, der auch emotional begründet fordert, diese Partei gehört verboten [...] Aber ein Verbotsantrag würde voraussetzen, dass wir alle unsere Informationsquellen abschalten müssen. Das ist ein sehr hohes Risiko.« Welches Risiko meinte Friedrich konkret? Zu diesem Zeitpunkt existierte offiziell noch gar kein Rechtsterrorismus in Deutschland – und nach dem Bekanntwerden der Anschlags-, Mord- und Raubserie beeilten sich viele Politiker und auch der Generalbundesanwalt, immer wieder zu betonen, die NPD habe mit dem Terror nichts direkt zu tun gehabt. Ja, was denn nun? Und was wäre eigentlich los gewesen, wenn ehemalige oder aktuelle hochrangige Funktionäre einer linksradikalen Partei Kontakte und Verbindungen zu einem Terrornetzwerk gehabt hätten, deswegen sogar inhaftiert wären? Doch Friedrich ließ sich nicht beirren und fügte noch die unvermeidliche Erkenntnis an, wonach man selbst bei einem NPD-Verbot nicht »die Personen und die Ideologie, die dahinter stecken, ausschalten« würde. Selbst nach einem gelungenen Verbot bestünde die Gefahr, dass sich »diese Personen und Ideologien wie Metastasen wuchernd in der Gesellschaft ausbreiten«, sagte der CSU-Politiker. Aus der Linkspartei erntete Friedrich umgehend Widerspruch für seine Unterstellung, die Befürworter des NPD-Verbots würden nicht rational handeln. »Ich bin nicht aus Gefühlsduselei für ein NPD-Verbot, sondern weil es gute sachliche Gründe dafür gibt«, sagte Ulla Jelpke, innenpolitische Sprecherin der Fraktion Die Linke. »Die NPD ist Rückgrat und Hauptsponsor der gewalttätigen Neonazi-Szene. Der Verlust ihrer legalen Basis wäre auch ein Schlag gegen Freie Kameradschaften und andere Nazi-Schläger«, betonte Jelpke. Friedrich verharmlose das Problem, wenn er es als emotionale Angelegenheit abtue. »Angesichts der Tatsache, dass Nazis immer wieder regelrechte Hetzjagden veranstalten und sogar Menschen umbringen, ist die Forderung nach einem NPD-Verbot keineswegs nur emotional begründet, sondern ein Gebot der politischen Vernunft.« Die Befürchtung Friedrichs, das für ein Verbotsverfahren notwendige Abschalten von V-Leuten könne zu einem Informationsverlust der Sicherheitsbehörden führen, bezeichnete Jelpke als »lächerlich«. Schon beim gescheiterten Verbotsverfahren von 2003 habe sich gezeigt, dass »die V-Leute eine bestenfalls zwielichtige Rolle spielten«. Der Schutz vor einer neofaschistischen »Metastasierung«, führte Jelpke aus, brauche weniger staatliche Aufsicht als vielmehr starke gesellschaftliche Antikörper.

Doch damit tun sich viele Konservative schwer. In Norwegen lautete die Antwort auf den rechtsextremen Terror: mehr Toleranz, mehr Offenheit, mehr multikulturelle Gesellschaft. In Deutschland wurden die Ermittlungsbehörden und Geheimdienste, die über Jahre versagt hatten, hingegen mit noch mehr Kompetenzen ausgestattet. Nur der Staatsakt für die NSU-Opfer war ein Signal, das Hoffnung machte. Bislang blieb es bei diesem Signal.

Die Sächsische Demokratie

»Und Tschüss ...!«, »Mit Opfermythen Schluss machen«,
»Mut, Respekt und Toleranz – Dresden bekennt Farbe!« Diese und andere Parolen schmückten die Transparente der An-
ti-Nazi-Demonstranten in Dresden anlässlich des Jahrestags
der Bombardierung der Stadt am 13. Februar 1945. Auf der
anderen Seite prangten revisionistische Sprüche wie »Groß-
vater, wir danken dir!« oder »Kein Vergeben, kein Vergessen
alliierter Kriegsverbrechen!«

Tausende Menschen zogen am 13. Februar 2012 auf die
Straßen und Plätze der Stadt, um gegen den alljährlichen
Neonazi-Fackelaufmarsch zu protestieren und um ihn zu
blockieren. Recht erfolgreich. Die Rechtsextremen konnten
gerade einmal 1 500 Meter weit marschieren, ein Teilnehmer
des »Trauermarsches« klagte nach dem erneuten Desaster in
einem bekannten Internetforum, die »Anti-rechts-Mafia aus
Antifa und Zivilgesellschaft« habe gewonnen: »Wir haben
das letzte große Ereignis verloren, für mich zerschlägt sich
gerade eine der letzten Perspektiven. Wie soll es weitergehen?
Der Ausblick nur noch Sauf- und Szeneveranstaltungen einer
abgeschotteten kleinen Subkultur zu haben, ist zum Kotzen.
Das deutsche Volk geht jedes Jahr mehr dem Ende entgegen
und der NW [Nationale Widerstand, Anm. d. A.] bewegt sich
nur noch, wenn er im Todeskampf zuckt.«

Den friedlichen Protesten und Blockaden gegen den Aufzug der rund 1 500 Revisionisten waren aufwendige und intensive Maßnahmen der Staatsanwaltschaft vorausgegangen – gegen mutmaßliche linke Aufrührer und angebliche Straftäter. Die Dresdner Staatsanwaltschaft warf ihnen vermeintliche oder tatsächliche Straftaten sowie andere Vergehen vor und zeigte bei der Verfolgung ein Engagement, das bislang unbekannt war – zumindest was rechtsextreme Verdächtige angeht. So wurden Razzien in mehreren Bundesländern durchgeführt, unter anderem in Sachsen selbst, aber auch in Berlin und Thüringen. In Jena durchsuchten sächsische Polizisten die Räume eines Jugendpfarrers, dem zunächst nach Paragraph 129 vorgeworfen wurde, eine kriminelle Vereinigung gegründet zu haben. Bei dem Einsatz gegen Lothar König im August 2011 in Jena machten die Einsatzkräfte keinen Halt vor den besonderen Aufgaben des Pfarrers, trotz drohender Verletzung des Seelsorgegeheimnisses drangen 34 Polizisten auf Initiative der Dresdner Staatsanwaltschaft unter anderem in seine Dienstwohnung ein.

Die Evangelische Kirche in Mitteldeutschland (EKM) kritisierte die Razzia scharf. Bischöfin Ilse Junkermann bezeichnete die Aktion als skandalös; mit der Durchsuchung der Räume und der Beschlagnahme von Datenträgern aus dem Besitz des Pfarrers werde das Seelsorgegeheimnis gefährdet. Junkermann erklärte weiter, es sei »zentral für die Arbeit unserer Pfarrer, dass sich ihnen Gläubige und auch andere Menschen anvertrauen können, ohne die staatliche Kenntnisnahme befürchten zu müssen«. Dieses Interesse sei verfassungsrechtlich geschützt. Die Präsidentin des Landeskirchenamtes der EKM, Brigitte Andrae, sprach von einem gravierenden Eingriff in das Selbstbestimmungsrecht der Kirche. Sie kritisierte, dass kirchliche Räume durchsucht worden seien, ohne den Dienstherren vorab zu informieren, und dass während der Aktion Vertretern der Kirche der Zugang zu den Räumen des Pfarrers verwehrt worden sei. Eine Politikerin der Grünen, die den Polizeieinsatz miterlebte, berichtete später, die Beamten hätten Königs Wohnung vollständig durchsucht. Paragraph 129 und eine Razzia in einem anderen Bundesland, das klingt nach einer schweren Straftat eines linksradikalen Pfarrers. Und die Maßnahmen verfehlten bei einigen Multiplikatoren nicht ihre Wirkung. »Wie gefährlich ist dieser Pfarrer wirklich?«, fragte die *Bild*.

Kurz nach der Razzia ließen die sächsischen Behörden den Vorwurf nach Paragraph 129 allerdings wieder fallen, der die Durchsuchung von Königs Räumen erst rechtlich ermöglicht hatte, da eine solche Maßnahme nur bei schweren Straftaten zulässig ist. Kein Einzelfall, viele Anwälte bezeichnen den Paragraph 129 als »Schnüffelparagraphen«, da er oft in Ermittlungsverfahren strapaziert und als rechtlicher Rahmen für Razzien benutzt wird. Die Vorwürfe werden anschließend oft fallengelassen. Dem Pfarrer in Jena wurde aber weiterhin unterstellt, er habe bei den Protesten gegen die Neonazis im Februar 2011 in Dresden aufrührerische Musik über einen Lautsprecher abgespielt. Sein Rechtsanwalt Johannes Eisenberg kommentierte, es sei »gänzlich abwegig«, Steinwürfe könnten durch »anreißerische und rhythmische« Musik untermalt werden, so wie es in der Anklageschrift gegen König behauptet wurde – dies erfülle zudem nicht den Straftatbestand des Landfriedensbruchs in einem besonders schweren Fall. Die Tatvorwürfe könnten mit den vorgelegten Beweismitteln gar nicht belegt werden, so Eisenberg. Zudem sei ein Beweisvideo falsch transkribiert und sogar manipuliert worden. »In der Videokompilation ›Beweisvideo 66. Jahrestag der Zerstörung Dresdens, Polizeidirektion Dresden, Sonderkommission 19/2, Julius-Wahlteich-Straße 2, 01159 Dresden, Tatverdächtiger Lothar König …‹, wird […] insinuiert, der

Angeschuldigte hätte irgendetwas mit dem Hinzueilen anderer Demonstranten zu tun. Dies trifft jedoch schlechterdings nicht zu, er spielte lediglich Musik. Bei dieser handelte es sich um zeitgenössische elektronische Musik ohne Textuntermalung, die einmal 22 Sekunden und einmal 30 Sekunden dauerte. […] Um die Lüge, aufreißerische Musik sei gespielt worden, nicht zu decouvrieren, wird in dem kompilierten Video der Ton an der betreffenden Stelle ausgeblendet.«

Pfarrer König war bereits in der DDR mit der Staatsmacht in Konflikt geraten, das unverhältnismäßige und rechtlich fragwürdige Vorgehen der sächsischen Behörden dürfte bei vielen Betroffenen das Vertrauen in den Rechtsstaat nachhaltig ge- oder zerstört haben. »Hier ist der Lothar König«, so stellte sich der Pfarrer der Jungen Gemeinde Stadtmitte aus Jena in einer Rede vor, »der mit der Hausdurchsuchung und der kriminellen Vereinigung, Paragraph 129. Jetzt aber bin ich nur noch angeklagt wegen schwerem aufwieglerischen Landfriedensbruch, Paragraph 125. Wobei, 125 ist auch nicht zu verachten, der geht immerhin bis zehn Jahre. Eigentlich ist mir das zu viel, weil, na ja, in DDR-Zeiten haben wir bis maximal drei Jahren gerechnet. Das kann man absitzen, dachten wir, damals in der DDR.« Während eines Besuchs bei der Linksfraktion im sächsischen Landtag erklärte König, indem versucht werde, Teilnehmer von Sitzblockaden und Protesten kleinzukriegen, entstünden Erinnerungen an die Methoden der DDR-Staatssicherheit. »Ich habe ernsthaft nicht gedacht, so etwas noch einmal zu erleben«, sagte der Pfarrer. Zudem habe sich der Eindruck verfestigt, dass Politik und Justiz in Sachsen entgegen der Gewaltenteilung ineinander übergingen.

Das Vorgehen der sächsischen Polizei sorgte auch zwischen den Landesregierungen für Irritationen, immerhin wurden die Kollegen in Thüringen nicht konkret über die Razzia informiert. 45 Minuten vor dem Einsatz wurde die Einsatzzentrale der Polizeidirektion Jena lediglich telefonisch darüber in Kenntnis gesetzt, dass eine Durchsuchungsmaßnahme stattfinden werde. Gegenüber welcher Person und aus welchen konkreten Gründen, wurde nach Angaben der sächsischen Regierung nicht mitgeteilt, nachgefragt hätten die Thüringer Kollegen aber auch nicht. Erst als die Aktion in vollem Gange war, kamen Polizisten aus Jena an den Ort des Geschehens. Diese Angaben der sächsischen Regierung stammen aus einer Antwort auf eine Kleine Anfrage der SPD im Landtag – und sie stehen im Widerspruch zu denen von Justizminister Jürgen Martens (FDP), der zuvor noch öffentlich behauptet hatte, die Aktion sei den Thüringer Behörden nicht nur bekannt, sondern sogar mit ihnen abgestimmt gewesen. Die SPD wertete dies als glatte Lüge.

König erfuhr derweil viel Solidarität und Zuspruch, Spenden für den drohenden Prozess wurden gesammelt. Die Anklage gegen König sei ein politisches Verfahren, erklärten die Fraktionschefs von SPD, Grünen und Linken im Thüringer Landtag. Auch CDU-Politiker zeigten sich irritiert über das Vorgehen gegen König. Kirche, Gewerkschaften und weitere Organisationen erklärten sich solidarisch mit dem Pfarrer. In einem Aufruf, unterzeichnet von zahlreichen Politikern und Vertretern der Zivilgesellschaft aus Thüringen, hieß es, man könne nicht erkennen, dass mit gleicher Intensität Neonazis verfolgt würden.

Nicht nur die Intensität überraschte, auch der Umfang der Ermittlungen. Neben König sollen auch mehrere Landtagsabgeordnete sowie Bundespolitiker der Linken angeklagt werden, weil sie an Sitzblockaden gegen den Neonazi-Aufmarsch im Februar 2011 in Dresden teilgenommen hätten. Im Freistaat wurde beispielsweise die Immunität von Linksfraktionschef André Hahn aufgehoben, um eine Anklage zu ermöglichen – mit den Stimmen von CDU, FDP und NPD. Auch gegen Abgeordnete in Hessen und Thüringen ging die Dresdner Staatsanwaltschaft vor, sogar zwei Bundestagsabgeordnete der Linken waren betroffen. Besonders bizarr erschien der Fall der sächsischen Landtagsabgeordneten Eva Jähnigen. Auch der Politikerin der Grünen drohte eine Anklage, da sie versucht haben soll, den Neonazi-Aufmarsch friedlich zu blockieren. Jähnigen wies dies allerdings zurück: Ihr werde vorgeworfen, eine angemeldete Versammlung gestört zu haben, allerdings habe sie gar nicht an den Blockaden teilgenommen. Vielmehr sei sie als Mitglied der von Politikern und Juristen gegründeten Arbeitsgruppe Polizeibeobachtung an verschiedenen Orten in Dresden unterwegs gewesen, sagte sie dem MDR. In diesem Zusammenhang habe sie die Polizeieinsätze beobachtet und einen Bericht abgeliefert, und dieser sei sehr kritisch ausgefallen.

Das Vorgehen der Staatsanwaltschaft steht nicht nur wegen der Verhältnismäßigkeit in Frage, auch die Rechtmäßigkeit ist umstritten. So gelten friedliche Blockaden nicht zwingend als Nötigung. Zudem hatte der wissenschaftliche Dienst des Bundestages die sächsischen Ermittlungen in einem Gutachten aus einem weiteren Grund angezweifelt. Die Strafverfolgung der Blockadeteilnehmer sei rechtswidrig, weil das sächsische Versammlungsgesetz zwischen Januar 2010 und April 2011 gar nicht gültig war. Dieses Versammlungsgesetz zeigte die Hilflosigkeit, mit der die Landesregierung gedachte, mit dem unerwünschten Gedenken der Neonazis und den Protesten dagegen umzugehen: einfach alles verbieten. Demonstrationen an Orten von historisch herausragender Bedeutung könnten demnach in bestimmten Fällen einfach untersagt werden. Konkret genannt wurden im Gesetz die Frauenkirche und Teile der Altstadt von Dresden am Jahrestag der Zerstörung der Stadt sowie das Völkerschlachtdenkmal in Leipzig. Die Herausforderungen durch die Neonazi-Aufmärsche sowie die Proteste dagegen, welche offenkundig als mindestens genauso großes Problem angesehen wurden, sollten also durch einen starken Staat und die Einschränkung von Grundrechten gelöst werden. Zudem warfen CDU und FDP einmal mehr, wie es in Sachsen schon seit Jahren gehandhabt wird, alle »Extremisten« in einen Topf. Linkspartei, Grüne und SPD kündigten hingegen eine Klage vor dem Landesverfassungsgericht an, sie mahnten eine politische Lösung an, mit Unterstützung der Bevölkerung – und nicht gegen die Bürger, wie es bei einer Aushöhlung von Grundrechten der Fall ist. Das umstrittene Gesetz wurde vom Verfassungsgerichtshof in Leipzig als ungültig erklärt – wegen gravierender Formfehler. So sei das Gesetz, das sie beschließen sollten, den Abgeordneten im Landtag gar nicht im vollen Wortlaut vorgelegt worden. Eine Regierung will ein Grundrecht einschränken und hält es nicht einmal für nötig, das Parlament darüber ausreichend zu informieren. Die 52 Kläger von Linken, Grünen und SPD beanstandeten zudem, das Gesetz sei auch sonst verfassungswidrig. Darüber urteilten die Richter gar nicht mehr. Die CDU/FDP-Koalition hielt derweil unbeirrt an ihren Plänen fest, trotz der Schlappe – und stimmte im Januar 2012 für einen neuen Entwurf des Gesetzes. Der CDU-Abgeordnete Martin Modschiedler sagte, das neue Versammlungsgesetz schütze die Menschenwürde der Opfer nationalsozialistischer oder kommunistischer Gewaltherrschaft. Wo und wann in Sachsen die Würde der Opfer des Kommunismus überhaupt verletzt wurde, blieb unklar. Klar ist hingegen: In Sachsen kann die Regierung offenbar keinen Satz über NS-Opfer bilden, ohne auch die Opfer des Kommunismus zu nennen. Gleiches gilt für das Thema Neonazis. Geht es beispielsweise um die NPD, wird schnell ein Halbsatz nachgeschoben, wonach auch die Linkspartei und die Linksextremisten generell nicht unterschätzt werden dürften. Die Opposition kündigte an, das neue Gesetz prüfen und gegebenenfalls erneut dagegen klagen zu wollen.

Immer wieder sorgte das rechtlich und politisch fragwürdige Vorgehen der staatlichen Stellen des Freistaats im Zusammenhang mit den Protesten gegen Neonazis in Dresden bundesweit für Aufsehen. Beispielsweise eine Razzia mit Dutzenden vermummten Beamten in einem Parteibüro der Linken, welche später als rechtswidrig eingestuft wurde. Oder die Funkzellenauswertung, welche die Polizei in Dresden bei den Anti-Nazi-Protesten benutzte, um Millionen Datensätze zu sammeln – von unbeteiligten Anwohnern, von Politikern, Rechtsanwälten, Journalisten und Bürgern, die lediglich ihr Grundrecht auf Demonstrationsfreiheit ausübten. Bei einer Funkzellenauswertung müssen die Telekommunikationsbetreiber sämtliche Verkehrsdaten an die Ermittler liefern. Es handelt sich um alle Daten, die im Rahmen eines bestimmten Zeitraums innerhalb einer oder mehrerer sogenannter Funkzellen angefallen waren. Die Polizei wertete diese aus – auch inhaltlich, wie die *taz* enthüllte. Kritik an dem Vorgehen wies Sachsens Innenminister Markus Ulbig (CDU) zurück und warnte vielmehr, der Datenschutz dürfe nicht zum Täterschutz werden. So werden Tausende Bürger, die grundlos überwacht werden, zu potentiellen Tätern.

Gleichzeitig zogen sich die Ermittlungen gegen rechtsextreme Straftäter teilweise über Jahre hin, oder übergeordnete Instanzen ließen sogar Urteile aus Sachsen fallen, da diese fragwürdig seien. So beispielsweise im Fall des Sturm 34, einer Neonazi-Schlägerbande, die einen ganzen Landstrich über Monate terrorisierte. Die Neonazi-Kameradschaft war 2006 in Mittweida gegründet worden. Mit ihrem Namen bezog sie sich auf eine während der Zeit des Nationalsozialismus in der Region stationierte SA-Brigade. Die Organisation hatte sich laut Innenministerium das Ziel gesetzt, eine »national befreite Zone« zu schaffen. Ihre Übergriffe richteten sich vor allem gegen Andersdenkende wie Menschen aus dem linken Spektrum und Ausländer. Bei zahlreichen Überfällen waren etliche Opfer zum Teil schwerverletzt worden. Laut dem sächsischen Innenministerium zählten rund 50 Mitglieder zum harten Kern der Gruppe. Hinzu kamen etwa 100 Sympathisanten. Sachsens damaliger Innenminister Albrecht Buttolo (CDU) verbot den Sturm 34 im April 2007.

Mehrmals standen Anführer oder Mitglieder der Schlägertruppe vor Gericht. Für Aufsehen sorgte ein Prozess, in dem es unter anderem um die Frage ging, ob es sich bei der Kameradschaft um eine kriminelle Vereinigung handelte. Die verneinte das sächsische Gericht. Der Bundesgerichtshof in Karlsruhe hob im Dezember 2009 ein Urteil des Landgerichts Dresden vom August 2008 auf, das in der Gruppierung allenfalls eine Bande gesehen haben wollte. Ein Urteil, welches für Erstaunen sorgte. Zur Begründung hatte der Richter angegeben, den Angeklagten fehle es »überwiegend am intellektuellen Inventar«. Neonazis schützen sich also demnach durch Dummheit beziehungsweise durch ihre fehlende Fähigkeit zur normalen Konfliktlösung vor einer Verurteilung wegen Mitgliedschaft in einer kriminellen Vereinigung. Verbale Auseinandersetzungen kannten die jungen Männer wohl kaum, die im Mai und Juni 2006 mehrere brutale Überfälle in der Region inszenierten, so der Richter weiter. Eine wichtige Erkenntnis im Zusammenhang mit dem NSU: Neonazis werden in der Öffentlichkeit als oftmals wenig intelligent dargestellt und wahrgenommen – daher wird die Bedrohung auch nicht so ernst eingestuft. Und: Es wird den Neonazis schlicht nicht zugetraut, sich klandestin zu organisieren. Dazu fehlt der Blick für die zusammenhängenden Strukturen, das braune Netz wird nicht erkannt, weil Aktivitäten und Überfälle als Einzelfälle abgetan werden. So war es auch in Thüringen, das politisch lange Hand in Hand mit Sachsen ging. »Das Augenmerk lag auf rechtsextremen Parteien«, erklärt Martina Renner von der Linksfraktion im Landtag von Erfurt.[78]

Die Entwicklung der Parteien habe »man fast ausschließlich aus Mitgliederzahl, Aktivitäten, Wahlerfolgen/-misserfolgen bewertet«, so Renner. Damit wird das Unverständnis von Behörden für soziale Bewegungen deutlich, da man nur in der Lage ist, in der Kategorie formaler Parteien zu denken. Renner geht noch weiter, sie kritisiert, daneben habe man in den neunziger Jahren die »Skinhead-Szene« und »später Freie Kameradschaften, aber auch die Nazi-Musik-Szene ideologisch, organisatorisch und bezogen auf deren strukturellen Gewaltbereitschaft unterschätzt. Der sogenannten Skinhead-Szene sprach man beispielsweise im VS-Bericht (des Bundes) 1998 lediglich eine diffuse neonazistische Weltanschauung zu und stellte das fast völlige Fehlen von organisatorischen Strukturen fest. Zu dieser ›strukturlosen‹ Szene zählte man auch Blood & Honour und Hammerskins. Eine dramatische Fehleinschätzung mit verheerenden Folgen für das Ermittlungsgeschehen rund um den NSU-Terror.«

Wie wenig die Bedrohung durch kriminelle Neonazi-Truppen ernst genommen wurde, zeigt beispielhaft der Fall Sturm 34 in Sachsen: Die Bezugnahme seiner Mitglieder auf nationalsozialistische Ideen zeige einen tiefen Rassismus, stellte der Richter immerhin fest. Es sei »die passende Ideologie für Leute, die sich gern prügeln«. Es habe allerdings keinen für alle Mitglieder »verbindlichen Gruppenwillen« gegeben. Aber: Ihnen sei es um Einschüchterung, um das Schaffen einer »national befreiten Zone« gegangen, was nun doch irgendwie entfernt wie ein gemeinsames Ziel klingt. Nach Auffassung des Bundesgerichtshofs lag es hingegen nahe, in der Kameradschaft eine kriminelle Vereinigung zu sehen. Um es zusammenzufassen: Ein neonazistischer Schlägertrupp, der über Jahre eine Region terrorisierte, mehrere Überfälle mit Schwerverletzten verübte, sich einen eigenen Namen zulegte und eine »national befreite Zone« schaffen wollte, wurde in Sachsen nicht als kriminelle Vereinigung angesehen, aber ein Jugendpfarrer, der friedlich gegen Neonazis demonstriert wird hingegen zum Kopf einer solchen Vereinigung erklärt. Neonazis seien schlicht zu dumm, um eine kriminelle Vereinigung zu gründen, linke Rädelsführer wiederum gingen so geschickt vor, dass sie andere zum Steinewerfen animieren, um sich selbst nicht die Finger schmutzig zu machen.

Doch die Taktik, friedliche zivilgesellschaftliche Proteste zu kriminalisieren, scheint endgültig gescheitert zu sein. Auch die Polizei setzte 2012 in Dresden auf ein Konzept der Deeskalation. Erfolgreich. Ein Protest gegen die Neonazis war in der Nähe des »Trauermarsches« möglich, also auch in Hör- und Sichtweite. 2011 lieferten sich linksradikale Protestierer und Polizei schwere Auseinandersetzungen, der Polizeieinsatz wurde von Beobachtern als konzeptlos und vollkommen überzogen kritisiert. Bisweilen gingen die Beamten mit voller Härte gegen Demonstranten vor, an anderer Stelle, beispielsweise als Barrikaden brannten, waren sie gar nicht zur Stelle. Auch einen Neonazi-Angriff auf ein alternatives Wohnprojekt verhinderte die Polizei nicht, obwohl Kräfte vor Ort waren, wie Videoaufnahmen belegen. Minutenlang konnte ein brauner Mob das Haus angreifen, mit Steinen bewerfen, mit Stangen und Spaten die Fenster an dem Gebäude einschlagen. Die wenigen anwesenden Beamten saßen in ihren Einsatzwagen und schauten zu.

Im Jahr 2010 wurde die Polizei hingegen aus konservativen und rechtsextremen Kreisen angefeindet, da sie den Neonazis gegen friedliche Blockierer nicht die Straße frei machte.

Der Chemnitzer Politologe Eckhard Jesse, Stichwortgeber der Extremismus-Doktrin, sprach gegenüber der *dpa* von einer »Niederlage für den Rechtsstaat«, weil Blockierer einen Aufmarsch von Tausenden Neonazis verhindert hatten. Die rechtsradikale *Junge Freiheit* widmete Sachsens Landespolizeipräsident Bernd Merbitz in diesem Zusammenhang einen umfangreichen Artikel, da dieser das passive Verhalten der Polizei gegenüber den Blockierern folgendermaßen erklärte: Es hätte sich verboten, die Strecke frei zu räumen und mit »Gewalt gegen Kinder und ältere Frauen« vorzugehen. Schließlich sei von den Blockierern keine Gewalt ausgegangen, so Merbitz. Die *Junge Freiheit* zitierte, um Merbitz zu widerlegen, aus einer Pressemeldung der Polizeidirektion Dresden, wonach es »massive Angriffe« auf Polizisten und 15 verletzte Beamte gegeben habe. Allerdings hatte Autor Felix Krautkrämer dabei einige Dinge offenbar übersehen: So schreibt die Polizei »lediglich« von einem massiven Angriff durch mehrere Personen. Von Gewalt seitens der Blockierer war keine Rede. Auch dass 6 der 15 Polizisten durch Neonazi-Attacken verletzt wurden, blieb bei der *Jungen Freiheit* unerwähnt – obwohl dies in der Pressemitteilung der Polizei klar erwähnt wurde. 15 verletzte Beamte sind 15 verletzte Polizisten zu viel, doch bei 6 400 Rechtsextremisten sowie weit mehr als 10 000 Gegendemonstranten kann wohl kaum von einem vollkommen misslungenen Polizeieinsatz gesprochen werden, unter solchen Rahmenbedingungen sind ganz andere Szenarien vorstellbar.

Die neonazistische Junge Landsmannschaft Ostdeutschland entdeckte indes ihr Herz für den Rechtsstaat und beklagte sich, »der verhinderte Trauermarsch« vom 13. Februar 2010 sei »zu einem ›Trauerspiel‹ der gelebten ›Demokratie‹ der BRD geworden«. Die NPD wetterte, »die BRD ist offenkundig nur noch die Karikatur eines Rechtsstaates«. Der Politologe Jesse orakelte, dass die Neonazis nach dem Desaster nun noch stärker zusammenhalten würden, obwohl in der Szene bereits offen über Strategien gestritten wurde. Den Rechtsextremen verhelfe auch die vermeintliche Schmach, dass sie erstmals überhaupt in Dresden nicht aufmarschieren konnten, zu einem Gemeinschaftserlebnis, behauptete Jesse. Im Umkehrschluss würde dies bedeuten: Sich den Nazis bloß nicht entgegenstellen, sonst werden sie nur gestärkt. Dass dies offenkundig Unsinn ist, dokumentieren die Teilnehmerzahlen der rechtsextremen Aufmärsche. Denn den Neonazis wird durch die erfolgreichen Blockaden und die höchst demokratische Bündnispolitik ein zentrales Element aus ihrem Strategiekonzept genommen, nämlich der »Kampf um die Straße«. Sie wollten öffentlichen Raum besetzen, um eine Hegemonie aufzubauen. Dies ist nun auch in Dresden gescheitert, eine symbolkräftige Schlappe für die Rechtsextremen, war die NPD doch dort erstmals in einen Landtag eingezogen und konnte auch erstmals den Wiedereinzug feiern.

Fakt ist, die Neonazis werden zurückgedrängt, ein Erfolg zweifelsohne, doch warum konnten sie in Dresden überhaupt so erfolgreich sein? Wie schafften sie es, Aufmärsche mit Tausenden Teilnehmern aus ganz Deutschland und halb Europa zu organisieren, anfangs ohne nennenswerten Protest in der Stadt? Die Neonazis waren mit ihren Parolen der ideologische Zwillingsbruder des Opfermythos in Dresden. Das Auschwitz-Komitee sprach in diesem Zusammenhang von einer fehlgeschlagenen »Gedenkkultur«. Es gebe immer noch Menschen, so das Komitee in einer Erklärung, »die meinen, die Neonazis würden von selbst verschwinden, wenn nur niemand hinschaut, wenn ihnen keine Beachtung geschenkt würde und sie ›unter sich‹ blieben. Wegsehen ändert nichts. Kämpfen wir für ein friedliches Leben ohne Rassismus und Antisemitismus. Das sind wir den Millionen Opfern der faschistischen Verbrechen schuldig. Notfalls auch mit den Mitteln zivilen Ungehorsams wie Blockaden von Nazidemos, denn ziviler Ungehorsam ist unser Recht – nach Grundgesetz und Völkerrecht!«.

Teilnehmerzahlen der rechtsextremen Aufmärsche in Dresden:

- 13. Februar 2001: 500 Teilnehmer
- 13. Februar 2002: 1 000 Teilnehmer
- 13. Februar 2003: 1 000 Teilnehmer
- 14. Februar 2004: 2 500 Teilnehmer
- 13. Februar 2005: 5 000 Teilnehmer
- 11. Februar 2006: 4 200 Teilnehmer
- 13. Februar 2007: 1 750 Teilnehmer
- 13. Februar 2008: 750 Teilnehmer /
  16. Februar 2008: 3 800 Teilnehmer
- 13. Februar 2009: 1 300 Teilnehmer /
  14. Februar 2009: 6 500 Teilnehmer
- 13. Februar 2010: 6 400 Teilnehmer
- 13. Februar 2011: 2 000 Teilnehmer
- 13. Februar 2012: 1 500 Teilnehmer

Noch immer wird bei dem deutschen Opfermythos gern verdrängt, dass vor Dresden Auschwitz war – sowie Hunderte weitere deutsche Kriegsverbrechen. Zudem war das »Elb-Florenz« nicht eine »unschuldige Kulturstadt«, wie es oft behauptet wird. »Dresden war wie viele andere Städte im Nationalsozialismus in den Vernichtungskrieg und den Holocaust verwickelt. Die Bombardierung unterschied sich nicht in dem Ausmaß von dem anderer Städte, wie es die Erinnerung in Dresden glauben machen möchte. In Hamburg etwa gab es ungefähr 10 000 Tote mehr. Was sich vor allem unterscheidet, ist der Verlauf der Erinnerung an die Bombardierung –

und dass die Bombardierung von der Bevölkerung und den Regierenden besonders stark in die deutsche Opferperspektive eingebaut wurde«, erklärte Henning Fischer im Interview mit dem *Netz gegen Nazis*.[79]

Fischer beschäftigt sich wissenschaftlich mit dem Opfermythos Dresden und veröffentlichte das Buch *Erinnerung an und für Deutschland. Dresden und der 13. Februar 1945 im Gedächtnis der Berliner Republik* im Verlag Westfälisches Dampfboot. Der Historiker betonte, in einen Artikel des NS-Journalisten Rudolf Sparing vom März 1945 seien »schon die wesentlichen Teile dessen enthalten, was später der ›Dresden-Mythos‹ oder die Legende um Dresden wird. Demnach wäre Dresden eine politisch und militärisch unwichtige Kunst- und Kulturstadt gewesen – voll von unschuldigen Deutschen und Flüchtlingen. Deshalb sei die Bombardierung barbarisch gewesen. Die NS-Propaganda wurde weltweit über die deutschen Botschaften verbreitet. So gelangten die überhöhten Opferzahlen sogar in die internationale Presse. Auch die *New York Times* berichtete darüber.« Das Problem bestehe in einer selektiven Erinnerung und Wahrnehmung, erklärt Fischer. Die Bombardierung werde zum Mythos, wo das eine hervorgehoben und das andere verschwiegen oder vergessen wird. Dies ist der Fall, wenn etwa nur von den Bauwerken und der in Dresden vorhandenen Kunst und Kultur gesprochen wird. Verschwiegen wird dann, dass in Dresden die ersten Bücherverbrennungen während des Nationalsozialismus stattgefunden haben. In Dresden fand auch die erste Ausstellung für »entartete Kunst« statt, die dann Vorläufer wurde für die große Ausstellung in München 1937. Die Niederbrennung der Synagoge in der Reichspogromnacht 1938 wie auch die jüdischen Zwangsarbeiter des sogenannten »Judenlagers« Hellerberg sind andere Beispiele für ausgeblendete historische Fakten. Das ist einer der Mechanismen dieses Mythos: Es werden nur bestimmte Teile erzählt – mit einem ganz bestimmten Zweck. Man kann das einen »memorialen Sichtschutz« nennen. Einfacher gesagt: Wenn an die unschuldige deutsche Stadt erinnert wird, muss nicht an Auschwitz gedacht werden.

Bemerkenswert in diesem Zusammenhang ist, wie Dresden schon zu DDR-Zeiten als Legende aufgebaut wurde. »Die Bombardierung Dresdens wurde ab Anfang der Fünfziger mit Gedenkveranstaltungen groß inszeniert«, so Fischer. Und weiter: Das gute, antifaschistische Deutschland wurde Opfer der »inländischen Verderber«, also Hitlers und des Nazi-Regimes oder, je nach Nuance, der Kapitalisten, die ihn unterstützt hatten. Die »ausländischen Verderber« waren demnach die angloamerikanischen »Terrorbomber«. In den fünfziger Jahren war diese Erzählung wichtig, da im Kalten Krieg die Bombenangriffe für die propagandistische Auseinandersetzung mit dem Westen genutzt werden konnten.

Diesen tiefverankerten Opfermythos nutzen die Rechtsextremen für ihre Aufmärsche, die anfangs auch noch von vielen Bürgern besucht wurden, die nichts mit der Bewegung zu tun hatten. Mittlerweile sieht der Historiker Fischer aber auch eine Diskursverschiebung, was das Gedenken in Dresden betrifft: »Ab dem Jahr 2000 setzte eine historische Kontextualisierung der Angriffe ein. So wird etwa in der lokalen Presse über das ›Judenlager‹ Hellerberg, die Zwangsarbeit und Todesmärsche durch Dresden berichtet. Für die Diskursverschiebung sind drei Faktoren verantwortlich. Die Modernisierung der Erinnerungspolitik unter der rot-grünen Bundesregierung, die Distanzierung in Dresden vom Nazi-Aufmarsch und eine linke Gedenkkritik und Mobilisierung gegen den Aufmarsch.«

Damit wird den Rechtsextremen der Anschluss an die bürgerliche Mitte erschwert, durch das Engagement von Bürgern, die sich ihr Recht auf Demonstrationsfreiheit und

Widerstand gegen Neonazis nicht nehmen lassen. Die sächsische Regierung hat indes alles versucht, diese neue Protestkultur zu schwächen. Der Landtagsabgeordnete der Grünen Miro Jennerjahn meint daher, es sei angemessen, von einer Sächsischen Demokratie zu sprechen. Der Freistaat erfülle zwar formal die Kriterien einer Demokratie, jedoch werde alles misstrauisch beäugt, was eine Demokratie mit Leben fülle, kritisierte der Obmann der Grünen im NSU-Untersuchungsausschuss. Konkret bezieht er sich auf das Engagement von Bürgerinnen und Bürgern – »zumindest, wenn es einen politischen Anspruch« habe. »Die sächsische Halbdemokratie«, so Jennerjahn weiter, »wie sie sich in den letzten 20 Jahren unter starker CDU-Dominanz entwickelt hat, ist nach wie vor geprägt von Autoritarismus, jedwede Kritik an konkretem staatlichen Handeln wird als potentiell antidemokratisch gewertet.« Die CDU habe sich in Sachsen de facto zu einer Staatspartei entwickelt, die den Freistaat gewissermaßen als ihren Privatbesitz betrachtet, meint Jennerjahn. »Dies hat dazu geführt, dass die individuellen Grundrechte im staatlichen Handeln oft nur eine untergeordnete Rolle spielen, wie etwa das massenhafte Ausspähen von Handydaten im Umfeld der Proteste gegen den Neonazi-Aufmarsch gezeigt hat. Im Windschatten dieses weitgehend autoritären Systems hat sich in Sachsen eine massive rechtsextreme Szene entwickelt« – und diese Bewegung war Voraussetzung dafür, dass sich drei Rechtsterroristen über Jahre in dem Freistaat einrichten konnten.

Jennerjahn betont, die CDU sei nicht Ursache des Rechtsextremismus, aber aufgrund »ihrer Verantwortung und des von ihr mit zu verantwortenden gesellschaftlichen Klimas konnte sich jedoch eine rechtsextreme Szene entwickeln, ohne auf allzu viel Widerspruch zu stoßen. Mehr noch: Indem oftmals diejenigen als ›Linksextremisten‹ oder ›Nestbeschmutzer‹ stigmatisiert wurden und werden, die sich gegen neonazistische Hegemonialbestrebungen engagieren und deshalb zur Zielscheibe von Neonazis werden, wurden gesellschaftliche Räume geschaffen, in denen sich eine rechte Szene ausbreiten konnte.« Das Unterstützernetzwerk des NSU zeigt, was aus einer solchen Szene werden kann.[80]

Nun könnte man die Vorgänge und Konfrontationen in Sachsen als Einzelfall bewerten, doch dahinter steckt mehr, hier prallen die politischen Lager und Weltsichten ungebremst aufeinander: Der Diskurs um die Geschichtsdeutung, eine autoritäre Form der Demokratie, mittlerweile als Sächsische Demokratie verspottet, gegen neue Protestformen von Tausenden Menschen, die gesellschaftlich breite Bündnisse schmieden, eine Extremismus-Doktrin, die benutzt wird, um Linke zu dämonisieren und Neonazis zu verharmlosen; hier finden sich junge, aktive, selbstbewusste Bürger, die die Demokratie mit neuem Leben erfüllen – und mit einer Extremismus-Klausel unter Generalverdacht gestellt werden, gegen die Demokratie zu arbeiten. Sachsen zog sich sogar von einem Demokratiepreis zurück, mit dem Initiativen ausgezeichnet wurden, die dort für die Demokratie eintreten, wo diese besonders bedroht ist. Von Berlin, Hamburg, München, Dresden oder Leipzig aus lassen sich gute Ratschläge geben und Sonntagsreden halten, aber den Kopf halten – im wahrsten Sinne des Wortes – die Menschen in den Regionen hin, wo die Rechtsextremen stark sind. Das Portal *Mut gegen rechte Gewalt* merkte vollkommen treffend an: »Das 2008 ausgezeichnete ›Treibhaus‹ in Döbeln muss sich seit Jahren den Angriffen von Neonazi-Kameradschaften erwehren. Es gab einen brutalen Überfall von Vermummten und eine Brandstiftung. Das Alternative Kultur- und Bildungszentrum Akubiz in Pirna, das den Preis ablehnte, organisiert seit Jahren den Widerstand gegen eine braune Jugendkultur, die auch nach dem Verbot der Skinheads Sächsische Schweiz in der Region stark ist. Für die Mitglieder dieser und anderer Vereine ist das Eintreten für Demokratie und gegen Neonazismus eine gefährliche Sache. Viele von ihnen wurden von rechten Schlägern schon gejagt, bedroht und geschlagen. Ihre Vereinsheime sehen oft aus wie verbarrikadierte Bunker. Zerstörte Fensterscheiben sind Normalität, Körperverletzungen auch. In den Städten gelten die Engagierten oftmals als Nestbeschmutzer und Provokateure. So war es bisher eine bedeutende symbolische Geste, dass der Ministerpräsident diejenigen als Vorbilder adelte, die trotz rechter Gewalt und Ausgrenzung durch die Stadtoberen demokratische Prinzipien verteidigten und bunte Bausteine in wenig pluralistische Stadtstrukturen setzten.«[81]

Das Akubiz hatte den Preis abgelehnt, weil die Preisträger plötzlich eine Klausel unterzeichnen sollten, wonach sie garantierten, nicht mit Extremisten zusammenzuarbeiten und außerdem zu überprüfen, dass das auch für ihre Partner gilt und dass man auf dem Boden der freiheitlich-demokratischen Grundordnung stehe. Eigentlich kein Problem, sollte man meinen, aber warum muss ausgerechnet ein Preisträger eines Demokratiepreises eine solche Erklärung unterzeichnen? Warum nicht der örtliche Dackelzüchterverein oder Mitglieder der freiwilligen Feuerwehr? Offenkundig, weil in vielen Politikerköpfen ein tiefes Misstrauen gegen Initiativen spukt, die ihren eigenen Kopf haben – und weil diejenigen, die sich gegen Neonazis engagieren oder auch nur über Rechtsextreme berichten, schnell als suspekt und vor allem linksradikal gelten. Ein Fall aus Niedersachsen zeigt dies exemplarisch: Ein Göttinger Journalist wurde wegen seines Berufs zur Zielscheibe des Verfassungsschutzes. Ein eingeschränkter Einblick in die Verfassungsschutzakte zeigte, dass die Göttinger Polizei das Beschäftigungsverhältnis des Journalisten beim Göttinger Lokalradio selbst als »Erkenntnis« dem Verfassungsschutz gemeldet hatte und der Verfassungsschutz Buch führte über die Demonstrationen, an denen der Journalist teilnahm. Dieses skandalöse Vorgehen der Göttinger Polizei und des Verfassungsschutzes kam ans Tageslicht, nachdem der Redakteur ein Auskunftsersuchen bei verschiedenen Behörden gestellt hatte. Anlass hierzu war das Vorgehen der Staatsanwaltschaft Dresden und des Landeskriminalamtes Sachsen im Februar 2011, die bei Protesten gegen Neonazis die Daten von Hunderttausenden Mobiltelefonaten erfassten. Angesichts dieses »Handygate« sprach der sächsische Datenschutzbeauftragte von einem unverhältnismäßigen Eingriff in die Grundrechte. In Reaktion auf das Auskunftsersuchen teilte der niedersächsische Verfassungsschutz mit, der Inlandsgeheimdienst habe die »Erkenntnis«, dass der Journalist seit dem Jahr 2000 bei dem Lokalradio arbeite und an drei Demonstrationen in Göttingen teilgenommen habe.

Für die Gewerkschaft ver.di ein alarmierendes Signal: »Die Beschäftigung unseres Kollegen beim Lokalradio als ›polizeiliche Erkenntnis‹ zu präsentieren ist ein ungeheuerlicher Vorgang. Dass der Journalismus vom Bundestag als ein besonders ›schützenswerter Beruf‹ eingestuft wurde, ist bei der Göttingen Polizei offenbar unbekannt. Dass nun die Ausübung seines Berufs für den Kollegen zu ständig erweiterten Einträgen in einer Verfassungsschutzakte führt, weckt ungute Erinnerungen an längst vergangene Zeiten. Solch eine Überwachung eines Journalisten bei der Arbeit bedroht die Pressefreiheit und ist absolut inakzeptabel«, so Patrick von Brandt, Gewerkschaftssekretär bei ver.di in Göttingen. Offenbar reicht es also bereits, als Fachjournalist zum Thema Neonazis zu arbeiten, um ins Visier des Verfassungsschutzes zu geraten. Der Journalist wird so kriminalisiert – seine Arbeitsgrundlage kann zerstört werden.

Auch die Arbeit von den Initiativen für Demokratie wurde in den vergangenen Jahren massiv behindert und erschwert, unter anderem durch die Ungewissheit, ob weiterhin Fördermittel zur Verfügung stehen sowie durch die Demokratieklausel. Experten, Wissenschaftler, Initiativen und Opposition in Land- und Bundestag forderten daher immer wieder die Rücknahme der Klausel, denn der Zwang für die betroffenen Initiativen, eine Demokratieerklärung zu unterschreiben und mit ihr dafür Sorge zu tragen, dass auch sämtliche Kollegen, Referenten und Kooperationspartner sich zur freiheitlich-demokratischen Grundordnung bekennen, forciert ein gesellschaftliches Klima des Misstrauens. Und das ist genau das Gegenteil von dem, was nötig wäre, um Menschen zu ermutigen, sich zu engagieren.

Die Demokratieerklärung:

> Hiermit bestätigen wir, dass wir
> – uns zu der freiheitlichen-demokratischen
> Grundordnung der Bundesrepublik Deutschland
> bekennen und
> – eine den Zielen des Grundgesetzes förderliche Arbeit
> gewährleisten.
> Als Träger der geförderten Maßnahmen haben wir
> zudem im Rahmen unserer Möglichkeiten (Literatur,
> Kontakte zu anderen Trägern, Referenzen, die
> jährlichen Verfassungsschutzberichte des Bundes und
> der Länder etc.) und auf eigene Verantwortung dafür
> Sorge zu tragen, dass die als Partner ausgewählten
> Organisationen, Referenten etc. sich ebenfalls den Zielen
> des Grundgesetzes verpflichten. Uns ist bewusst, dass
> keinesfalls der Anschein erweckt werden darf, dass eine
> Unterstützung extremistischer Strukturen durch die

Gewährung materieller oder immaterieller Leistungen Vorschub geleistet wird.

Im April 2012 mussten die Verfechter der Extremismusklausel sogar einen Rückschlag vor Gericht hinnehmen. Das Verwaltungsgericht Dresden gab der Klage gegen die Extremismusklausel statt, ein Erfolg für das erwähnte Akubiz Pirna. Dieses war vor Gericht gezogen, weil die Unterzeichnung der Demokratieerklärung Voraussetzung für eine Förderung geworden war. Wegen der grundsätzlichen Bedeutung des Verfahrens ließ das Gericht allerdings eine Berufung beim Sächsischen Oberverwaltungsgericht zu. Die Klausel ist rechtlich mindestens umstritten – dementsprechend sagte Timo Reinfrank von der Amadeu Antonio Stiftung, das Urteil stärke die Zivilgesellschaft. Bundesfamilienministerin Kristina Schröder (CDU) habe sich – trotz zahlreicher Gutachten, die bereits gezeigt hatten, dass diese Erklärung rechtlich höchst fragwürdig ist – »beratungsresistent« gezeigt, sagte Reinfrank. Praktisch bedeutet die Einführung der Klausel, dass die Initiativen gezwungen sind, alle Partner zu überprüfen. Seien es nun Zeitzeuginnen, Vertreter von Kirchen oder Parteien, Flüchtlinge, Hochschulprofessorinnen oder Medienschaffende. Zur Sicherstellung der »Verfassungstreue« gäben vor allem die Verfassungsschutzberichte Auskunft, erklärte das Bundesfamilienministerium. Sollten dennoch Zweifel an der politischen Ausrichtung der Partner bestehen, wird ein Anruf beim Land oder Bund empfohlen, um ganz sicherzugehen. »Eine solche Regelanfrage würde zur permanenten gegenseitigen Überprüfung führen und somit die Vertrauensgrundlage für unsere bisher erfolgreiche Demokratiearbeit in Frage stellen«, beschreibt Steffen Richter, Vorsitzender des Akubiz, das Problem. »Dass nun genau diejenigen, die tagein, tagaus für Demokratie und Menschenrechte streiten, die ersten sind, die unter einen Generalverdacht gestellt werden, ist nicht hinnehmbar.« Der SPD-Innenexperte Thomas Oppermann forderte, Schröder müsse »die Extremismusklausel sofort zurücknehmen. Der ideologische Kampf von Frau Schröder schadet unserer Demokratie. Das Urteil des Verwaltungsgerichts zeigt: Nicht die von Kristina Schröder gegängelten Bürger haben ein Problem mit unserer Verfassung, sondern die Ministerin selbst. Frau Schröder offenbart ein fragwürdiges Verständnis von Geist und Grundwerten unserer Verfassung. Die Extremismusklausel ist nicht nur rechtswidrig, sondern diskreditiert und behindert bürgerliches Engagement gegen Rechtsextremismus. Unsere Demokratie lebt vom Engagement der Bürger. Statt Zivilcourage zu stärken, macht Kristina Schröder mit einer Gesinnungsprüfung vielen Initiativen das Leben schwer. Statt sich an Recht und Gesetz zu halten, stellt Frau Schröder mit der Extremismusklausel mutige Initiativen gegen rechts unter den Generalverdacht der Verfassungsfeindlichkeit.«

Dabei gebührt den Menschen, die in Gegenden, die andere Leute weiträumig meiden, für ihre Überzeugung einstehen und den Rechtsextremen und der Ignoranz etwas entgegensetzen, ganz besonderer Respekt. Hier gibt es eine Reihe vielversprechender Ansätze und Strukturen, mit denen rechtsextreme Alltagskultur zurückgedrängt werden konnte. Wer nun aber als Erstes eine Extremismusklausel auspackt, wie es besonders drastisch in Sachsen getan wird, um wiederum Antifaschisten auszugrenzen, als Extremisten abzustempeln und sie so mit den »Extremisten von rechts« gleichzusetzen, spielt den Neonazis voll in die Hände.[82]

Dies ist umso bitterer, als die Rechtsterroristen Böhnhardt, Mundlos und Zschäpe über Jahre unbehelligt in dem Freistaat lebten, von hier ihre Raubzüge und Mordanschläge planten und von einem braunen Netzwerk versorgt wurden.

Fraglich, ob dies bei einem ähnlichen Ermittlungsdruck, wie er bei Linken aufgebaut wird, möglich gewesen wäre. Dresden ist der Kristallisationspunkt in der Auseinandersetzung mit dem Rechtsextremismus und im Umgang mit gesellschaftlichen Protesten gegen die Neonazis, ein Brennglas, unter dem die schwelenden Konflikte besonders deutlich werden. Auch die Bundesregierung versäumte es in Dresden einmal mehr, ein Zeichen gegen die Neonazis zu setzen und ihren Sonntagsreden von »Wehret den Anfängen« mit Taten Gewicht zu verleihen, während im Land Migranten, Obdachlose, Schwule, Schwarze oder Linke von Rassisten und Neonazis ermordet oder verfolgt werden. Kein einziges Regierungsmitglied ließ sich in Dresden bei den Protesten sehen. In vorderster Front nicht dabei: Familienministerin Kristina Schröder, die immerhin für die Mittel zum Kampf gegen den Rechtsextremismus zuständig ist. Schröder schaffte es in kurzer Zeit, die Initiativen für Demokratie nachhaltig zu schwächen – und wissenschaftlich höchst fragwürdige Projekte gegen den Linksextremismus aufzulegen. Denn auch bei Schröder gibt es keine Gefährdung durch rassistische Schläger ohne ein »aber« und einen Hinweis auf den Linksextremismus. Dabei wird die Gleichsetzung von Linksextremismus und Rechtsextremismus von fast allen Fachleuten deutlich zurückgewiesen.

Der Politikwissenschaftler Gero Neugebauer erklärte dazu, Rechtsextremismus sei die Summe bestimmter persönlicher Einstellungen wie Fremdenfeindlichkeit, Antisemitismus, chauvinistischer Nationalismus, Rassismus, Befürwortung einer rechtsautoritären Diktatur und Verharmlosung des Nationalsozialismus. »Wer diese Einstellungen hat, gilt als rechtsextrem. Dadurch werden auch die Einstellungen gegenüber der Demokratie und die Akzeptanz von Gewalt geprägt. Die Ziele des Rechtsextremismus sind generell antidemokratisch.«[83]

Der Begriff »Linksextremismus« ist wissenschaftlich bislang nicht einheitlich definiert worden, denn dieser Bereich umfasst sehr unterschiedliche Weltanschauungen. Neugebauer betont, der linken Seite widmeten sich Sozialismusforschung, Kommunismusforschung, Revolutionsforschung, Bewegungsforschung, Anarchismusforschung und anderes mehr. »Wir packen all diese Richtungen aber nicht in eine große Schublade, auf der »Linksextremismus« steht, wie es etwa der Verfassungsschutz tut.«

Bei den Extremismustheoretikern gibt es hingegen nur eine Schublade, den »Extremismus« – und unterschiedliche »Spielarten«, beispielsweise »Extremismus von rechts«. Dazu führte der Extremismus-Forscher Eckhard Jesse noch die Unterscheidung zwischen »weichem« (Linkspartei) und »hartem« (NPD) Extremismus ein. Wissenschaftliche Kriterien und vor allem der Erkenntnisgewinn bleiben dabei weitestgehend im Dunkeln.

»Die Totalitarismustheorie – und die aktuellere Variante der Extremismustheorie – eskamotieren, um partielle Gemeinsamkeiten zwischen Kommunismus und Nationalsozialismus herauszustellen, deren grundlegende Wesensunterschiede«, urteilt der Politikwissenschaftler Christoph Butterwegge. »Dass sich die neue Bundesregierung erneut auf die ausgetretenen Pfade der Totalitarismus- und aktueller: der Extremismustheorie begibt, hat primär politisch-strategische Gründe. Denn auf diese Weise maßt sich eine fiktive ›politische Mitte‹ an, konkurrierende Positionen links und rechts von ihr als ›undemokratisch‹ zu stigmatisieren und so vom demokratischen Diskurs auszugrenzen.«[84]

Auch Neugebauer vertritt eine sehr konkrete Position zur Extremismusklausel, diese sei »kompletter Unsinn, denn sie verlangt eine politische Gehorsamsleistung. Wenn man sie ernst nimmt, müssten alle Initiativen sich und ihre Kooperationspartner vom Verfassungsschutz überprüfen lassen. Allerdings stünden dafür nur die bekannten und wissenschaftlich untauglichen Kriterien zur Verfügung.«[85]

Miro Jennerjahn, Abgeordneter der Grünen im sächsischen Landtag und einst beim Netzwerk für Demokratische Kultur aktiv, meint: »Wer einen Blick auf das hinter der Extremismus-Theorie stehende Staatsverständnis wirft, stellt schnell fest, dass es durch und durch etatistisch angelegt ist. Überspitzt formuliert: Weil dem Staat eine demokratische Verfassung zugrunde liegt, ist in dieser Logik auch jedwedes staatliche Handeln gut. Kritik am Handeln des Staates gerät dann schnell unter den Generalverdacht extremistisch zu sein, weil die Differenzierung zwischen konkretem staatlichen Handeln, das nicht zwingend demokratisch sein muss, und der zugrunde liegenden Verfassung nicht mehr vorgenommen wird. Wir hatten in den letzten Jahren in Sachsen Fälle, dass zivilgesellschaftliche Vereine, die sich gegen Rassismus engagieren und in diesem Zusammenhang im Hinblick auf staatliches Handeln im Umgang mit AsylbewerberInnen von institutionellem Rassismus sprachen, Probleme mit der vom Freistaat gewährten Förderung bekamen. In Frage gestellt wurde in diesem Zusammenhang, ob sich die Vereine auf dem Boden der freiheitlich-demokratischen Grundordnung bewegen würden.«[86]

Diese Frage wurde bei den Vertriebenenorganisationen hingegen nicht gestellt. Obwohl seit Jahrzehnten öffentliche Gelder fließen, müssen sie keine Klausel unterzeichnen. Dabei gibt es hier, ganz im Gegensatz zu den Initiativen für Demokratie und gegen Rechtsextremismus, handfeste Hinweise auf verfassungsfeindliche Bestrebungen. Beispielsweise bei der Landsmannschaft Schlesien, die mit der Schlesischen Jugend kooperierte, obgleich bekannt sein musste, dass in dieser Nachwuchsorganisation der Vertriebenen Rechtsextreme

einflussreich aktiv waren. Zudem zeigte die Landsmannschaft selbst, welchen Geistes Kind man ist. Im Jahr 2001, als
der NSU gerade seine ersten Morde beging, trat der damalige
Innenminister Otto Schily (SPD) bei den Schlesiern auf. Es
kam zum Eklat. Die *Süddeutsche Zeitung* fragte damals: Wohin war Schily geraten?

»Auf einen Parteitag der NPD oder der DVU? In ein Nest
von Skinheads? Nein, Innenminister Otto Schily war Gast
des Schlesier-Treffens in der Nürnberger Frankenhalle. Mehrere tausend überwiegend ältere Menschen hatten sich einge-
funden, und ein großer Teil von ihnen wollte dem SPD-Poli-
tiker nicht einmal den selbstverständlichen Satz über die
Nazis und die deutsche Schuld durchgehen lassen. Auch vom
›massenmörderischen Zweiten Weltkrieg‹ und vom Holocaust als ›schlimmstem Schandmal deutscher Geschichte‹
wollten die Heimatverbundenen nichts hören. […] Buh und
Pfui waren die Lieblingswörter auf dem Schlesiertreffen.
Schließlich zeigten NPD-Aktivisten ein Transparent mit der
Fascho-Losung: ›Die Bonzen lügen alle gleich, mit uns kehrt
Schlesien heim ins Reich‹. […] Der Bundesvorsitzende der
Landsmannschaft Schlesien, Rudi Pawelka, hätte im Nachhinein die Chance gehabt, die unglaublichen Entgleisungen
zu verurteilen. Aber ihm fiel zur Tatsache, dass sich eine ganze Fraktion pöbelnd gegen Schily und auf die Seite der Nazis
gestellt hatte, nicht nur einzelne unverbesserliche Zwischen-
rufer, nur ein: ›Buhrufe gibt es häufig‹. […] Vielleicht sollte
Schily aus diesem Erlebnis die Konsequenz ziehen, Pawelka
und seinen Unverbesserlichen ein paar Kurse in neuerer Geschichte anzubieten. Dann würde Pawelka vielleicht nicht
mehr mit der Peinlichkeit hervortreten, die Zwangsarbeiter
der Nazis und ›deutsche Nachkriegs-Zwangsarbeiter‹ seien
gleichzustellen.«

Niedersachsens Ministerpräsident David McAllister (CDU)

verließ übrigens den Schlesiertag 2011 in Hannover vorzeitig und zeigte sich laut *Hannoverscher Zeitung* sehr verstimmt über die »wirre Rede« von Pawelka. Das Geld fließt dennoch weiter aus den öffentlichen Kassen an die Landsmannschaft. Die Hetze gegen Polen wird fortgesetzt – staatlich alimentiert. Auch in den Jahren 2013 bis 2015 will Niedersachsen das Treffen unterstützen – mit jeweils 50.000 Euro. Gleichzeitig muss ein Fachjournalist darum kämpfen, nach vielen Jahren nicht mehr als »Extremist« abgestempelt zu werden, weil er als Redakteur bei einem Stadtradio arbeitet.

Der Begriff »extremistisch« war zunächst vorwiegend als Verwaltungsbegriff benutzt worden – mit einer gewissen Berechtigung, da der Verfassungsschutz sein Arbeitsfeld abstecken muss. Mittlerweile kann aber von einer Extremismusideologie gesprochen werden, die in den politischen Alltag und vor allem in die Politikwissenschaft transferiert wurde. Ob nun Islamisten, Neonazis oder Autonome – alles Extremisten. Über Einstellungen und gesellschaftliche Anschlussfähigkeit der Ideologien wird kein Wort verloren. Familienministerin Kristina Schröder meinte zu den Phänomenen lediglich einmal, Rechtsextremismus und Islamismus seien etwa »gleich groß«. Was das bedeuten soll? Geht es beispielsweise um die Zustimmung zu bestimmten »extremistischen« Einstellungen in der Bevölkerung? Wohl kaum, denn während Studien zu rechtsextremen Einstellungsmustern immer wieder und übereinstimmend erhebliche Zustimmung zu Aussagen wie »In Deutschland leben zu viele Ausländer« zeigen, dürften sich wohl nicht sonderlich viele Bundesbürger der Forderung anschließen, in Deutschland die Scharia einzuführen.

Apropos Scharia und Verfassungsschutz: Die bekannte Internetseite *PI-News* wurde vom Inlandsgeheimdienst, im Gegensatz zu dem Journalisten Kai Budler, nicht als extremistisch eingestuft. Auch die Bundesregierung sah *PI-News* nicht als »extremistisch« an. Islamkritische bis hin zu muslimfeindliche Einstellungsmuster seien »Ausdruck von Ängsten vor Überfremdung«. Der Begriff »Überfremdung« ist übrigens ein zentraler Kampfbegriff des Rechtsextremismus. Es sei aber immerhin bekannt, dass auf *PI-News* »auch Beiträge mit antimuslimischen, teilweise auch rassistischen Inhalten eingestellt werden«, schrieb die Regierung im September 2011 in ihrer Antwort auf eine Kleine Anfrage der Linksfraktion. Derartige Einträge fänden sich jedoch praktisch ausschließlich in den Kommentaren und seien auch dort die Ausnahme.[87]

Die überwiegende Mehrheit der Einträge auf *PI-News* bediene sich keiner klassischen rechtsextremistischen Argumentationsmuster, sondern sei »im islamkritischen Spektrum anzusiedeln«, folgert die Bundesregierung – demnach ist wohl auch der norwegische Rechtsterrorist Anders Behring Breivik lediglich ein »Islamkritiker«. Und der Verfassungsschutz führte als Begründung für die nicht systematische Beobachtung der Hetz-Seite aus, dass *PI-News* sich proamerikanisch und proisraelisch ausgibt. So einfach geht das – und so funktioniert Kalter Krieg auch noch im 21. Jahrhundert.

Rechtsextremismus –
(k)ein gesamtdeutsches Problem?!

The situation may be different in some predominantly rural parts of Eastern Germany (including the outskirts of East Berlin). There are more incidences of racist behavior than in the West with a few incidents of violence. Most of these happen at night when groups of drunken ›Neo-Nazis‹ look for trouble (and solitary victims) downtown or near public transport stations.

Non-white visitors
While large cities such as Berlin and (to a smaller extent) Leipzig and Dresden have become multi-ethnical and have large immigrant communities living there, in smaller cities and in the countryside, non-white visitors might sometimes attract wary looks. In some places there are right-wing Neo-Nazis, which may look for trouble, especially when drunk in the evenings. Act with common sense, and in doubt stick to bigger crowds of ›regular‹ people. Don't be afraid of calling the police when feeling uneasy.

Homosexual travelers
Germany is very open-minded towards homosexuals. Nowadays Germany even has a gay foreign minister and the city of Berlin is ruled by a gay mayor. Current law is

in a process of change and gay/lesbian couples can even
have same-sex marriages with a number of fiscal rights
attributed to that.
Overt display of homosexuality is no problem in big
cities such as Berlin, as they have their own gay/lesbian
communities. In the countryside and in conservative areas
displays of homosexuality can attract wary looks, and with
Neo-Nazis around may result in insults or worse. You are
better off, applying common sense.[88]

Wie bereits im Kapitel über den Rechtsextremismus als soziale Bewegung gezeigt, besteht ein politischer, gesellschaftlicher
und kultureller Unterschied oder sogar Gegensatz zwischen
ländlichen Gebieten (»die Region«) und den bundesdeutschen Großstädten. Ostdeutschland ist besonders dünnbesie-
delt und größtenteils von Kleinstädten und kleinen Gemeinden geprägt. Im Nordosten findet sich mit Rostock gerade
einmal eine einzige Großstadt, Potsdam gehört bereits zum
Einflussgebiet der Hauptstadt – dann kommen noch Halle,
Erfurt und Magdeburg in der Mitte und Dresden und Leipzig
als wirkliche Großstädte im Südosten. Die meisten dieser
Städte sind in den vergangenen zehn Jahren deutlich ge-
schrumpft, bis auf Leipzig und Dresden, die sich als dynami-
sche Großstädte mit einem bunten kulturellen Leben entwickelt haben. Nichtsdestotrotz: In den fünf größten Städten
Ostdeutschlands leben gerade einmal so viele Menschen wie
allein in Hamburg. Unter den zehn größten deutschen Städten findet sich gar keine ostdeutsche Stadt, in die Top 20
schaffen es Dresden und Leipzig. Sogar Wuppertal oder Bielefeld haben jeweils mehr Einwohner als die beiden größten
nordostdeutschen Städte Rostock und Schwerin zusammen.
Kurzum: Ostdeutschland wird wahrhaftig nicht durch Metropolen geprägt. Solche Gegenden gibt es zwar auch im Wes-

ten, doch sind die Wege in eine Großstadt wegen deren Vielzahl zumeist kürzer.

Und es geht noch weiter. Auch die Anzahl der größeren Städte und Gemeinden ist im Osten sehr gering. Ende 2010 gab es in Deutschland 689 Städte und Gemeinden, die mehr als 20 000 Einwohner hatten. Die Verteilung auf die Bundesländer (die Stadtstaaten Berlin, Bremen und Hamburg ausgenommen) setzt sich wie folgt zusammen: 210 in Nordrhein-Westfalen, 100 in Baden-Württemberg, 92 in Niedersachsen, 66 in Bayern, 58 in Hessen, 27 in Brandenburg, 27 in Sachsen, 25 in Sachsen-Anhalt, 21 in Rheinland-Pfalz, 21 in Schleswig-Holstein, 19 in Thüringen, 10 im Saarland und 9 in Mecklenburg-Vorpommern.[89]

Diese strukturellen Besonderheiten haben Folgen, schaut man sich beispielsweise die rechtsextremen Gewalttaten in Deutschland an. Zwar liegen Nordrhein-Westfalen, Niedersachsen oder Bayern in diesen traurigen Statistiken zumeist an der Spitze, jedoch nur, wenn es um absolute Zahlen geht. In Relation zur Einwohnerzahl führen hingegen stets die ostdeutschen Bundesländer – nur Schleswig-Holstein, das siedlungsspezifisch ähnlich strukturiert ist, bricht gelegentlich in diese Reihe ein. Die Gefahr, in Ostdeutschland Opfer eines rechtsextremen Übergriffes zu werden, ist also deutlich höher als im Westen. Damit nicht genug: Berücksichtigt man dazu noch, dass in vielen Regionen Ostdeutschlands kaum nicht-weiße Menschen leben – und diese zu einer relevanten Zielgruppe der Rechtsextremen gehören –, wird das Szenario beispielsweise für schwarze Menschen noch bedrohlicher. Auffällig ist auch, dass sich mittlerweile die rechtsextreme Gewalt in vielen Regionen Ostdeutschlands vornehmlich gegen politische Gegner richtet, die eingeschüchtert werden sollen. Eine bemerkenswerte Entwicklung, mangels anderer Feinde werden Antifaschisten angegriffen, was auch als politischer Terror bewertet werden kann, da flächendeckend Menschen verunsichert werden sollen.

Obwohl es also kaum »Fremde« im Osten gibt, ist die Angst vor diesen mindestens genauso groß wie im Westen, was zeigt, wie abgekoppelt von der Realität diese Ängste sind – ähnlich wie das Ressentiment des Antisemitismus übrigens, das ebenfalls ohne Anwesenheit des Hassobjektes funktioniert. Im Oktober 2011, also kurz vor dem Bekanntwerden der Mordserie der Rechtsterroristen aus Jena, wurde der »Thüringen-Monitor« vorgestellt, mit dem Wissenschaftler der Universität Jena die Einstellungsmuster der Bevölkerung messen wollen. Erstmals seit fünf Jahren, so das Ergebnis, wuchs der Anteil rechtsextremer Ansichten in der Thüringer Bevölkerung wieder – teilweise drastisch. Bei der Messung griffen die Wissenschaftler auf sechs »Dimensionen rechtsextremer Einstellungen« zurück. Nach der Befragung im Mai 2011 war nur bei Aussagen zum Merkmal »Sozialdarwinismus« ein leichter Rückgang zu verzeichnen, in den übrigen Bereichen registrierten die Wissenschaftler einen teils hohen Anstieg im Vergleich zum Vorjahr. In dem Bundesland mit einem Ausländeranteil von etwa zwei Prozent glaubt mehr als die Hälfte der Befragten, Deutschland sei »durch die vielen Ausländer in einem gefährlichen Maße überfremdet« und Menschen mit Migrationshintergund kämen nur nach Deutschland, »um unseren Sozialstaat auszunutzen«. Auch die Zustimmung zu Statements eines übersteigerten Nationalismus stieg gegenüber 2010 um zwölf Prozentpunkte an: Fast jeder Zweite der Befragten fordert »ein hartes und energisches Durchsetzen deutscher Interessen gegenüber dem Ausland«. Ebenfalls im Aufwind ist die Zustimmung zu antisemitischen Aussagen und zur Verharmlosung des Nationalsozialismus: Fast jeder fünfte Befragte glaubt, der »Nationalsozialismus hatte auch seine guten Seiten«. Neun Prozent der

Befragten verfügten den Angaben zufolge über ein geschlossenes rechtsextremes Weltbild.

In einer Regierungserklärung zu den Ergebnissen forderte Ministerpräsidentin Christine Lieberknecht (CDU), den »rechtsextremen Antidemokraten« dürfe weder in den Städten noch in den ländlichen Räumen das Spielfeld überlassen werden. Dies müsse auch für die zuständigen Landesbehörden gelten, mahnte Bodo Ramelow als Fraktionsvorsitzender der Partei Die Linke und verwies auf Immobiliengeschäfte des Thüringer Liegenschaftsmanagements. Der Landesbetrieb hatte im September 2011 eine ehemalige Landesschule im Kreis Sömmerda für 320.000 Euro an eine Frau aus der rechtsextremen Szene verkauft. Statt scharf und klar zu agieren, hätten die zuständigen Stellen hier geschlafen, so Ramelow.

Wie alle Landtagsfraktionen sprachen auch CDU und FDP von besorgniserregenden Zahlen. Gleichzeitig aber warnten ihre Vertreter, man ahnt es bereits, vor einem »einseitigen Kampf gegen Rechtsextremismus« – und forderten die Aufnahme des »links- oder religiös-motivierten Extremismus« in die Befragung. Eine interessante Idee, auch für andere Bundesländer, es wäre tatsächlich spannend zu erfahren, wie viele Bundesbürger beispielsweise den linksradikalen Forderungen nach einem uneingeschränkten Bleiberecht für alle Flüchtlinge oder der islamistischen Forderung nach einem Staat, der sich rechtlich auf die Scharia stützt, zustimmen würden. Wären es wohl mehr oder weniger als zwei Prozent? Man braucht kein Prophet zu sein, um vorhersagen zu können, dass solche Ideen nicht im Entferntesten an die Werte rechtsextremer Einstellungsmuster heranreichen würden. Wie etwa die Behauptung, Deutschland werde »gefährlich überfremdet«, was mehr als die Hälfte der Thüringer so sieht, obgleich sie dieses angebliche Phänomen nur aus den Medien kennen – was den Medienmachern zu denken geben sollte, was sie für ein Bild von der vermeintlichen Realität zeichnen und transportieren.

Auch andere Indikatoren belegen, dass es in Ostdeutschland ein größeres Problem mit dem militanten Rechtsextremismus gibt als im Westen. So zeigen Statistiken über die Todesopfer rechtsextremer Gewalt, dass im Osten seit 1990 etwa gleich viele Menschen ermordet wurden wie im Westen, wo bekanntermaßen viermal so viele Menschen leben. Zudem unterscheiden sich die Straftaten oft: Während im Westen Neonazis und Rassisten häufig mit Brandflaschen oder Schusswaffen mordeten, also geplant vorgingen, sind es im Osten spontane Übergriffe, Hetzjagden und Überfälle von ganzen Gruppen, die hervorstechen. Die meisten dieser Hetzjagden fanden allerdings in den neunziger Jahren statt, mittlerweile ist die Hegemonie der Rechtsextremen nicht mehr so erdrückend, oder konnte, wie in vielen Teilen Brandenburgs, komplett zurückgedrängt werden. Und wo keine rechtsextreme Vormachtstellung herrscht, gibt es auch kaum noch offene Hetzjagden auf Menschen, die verschwinden oder vernichtet werden sollen.[90]

Eine ähnliche Relation zwischen West und Ost zeigt sich bei den subkulturell orientierten Rechtsextremisten. Zwar liegt auch hier die absolute Zahl in Westdeutschland höher, setzt man diese Zahlen aber wiederum in Relation zur Gesamtbevölkerungszahl, entsteht ein anderes Bild. Im Osten ist der Anteil von Rechten um ein dreifaches höher als im Westen. Dies ergibt eine Auswertung des Antifaschistischen Pressearchivs und Bildungszentrums (apabiz), das Bestelldaten von rechten Online-Versandhäusern, die nach Hackerangriffen öffentlich gemacht wurden, analysiert hat.[91]

Ähnlich sieht es bei den Wahlergebnissen aus. Bei der Bundestagswahl 2009 holte die neonazistische NPD 1,5 Prozent der Stimmen. Am stärksten schnitt sie im Osten ab. Auch bei Landtags- und Kommunalwahlen liegt die NPD in den westdeutschen Bundesländern zumeist bei leicht über einem Prozent – oder scheitert sogar an der Ein-Prozent-Hürde, die der Partei die wichtigen Einnahmen aus der Wahlkampfkostenerstattung beschert. Im Osten sitzt die NPD hingegen in zwei Landesparlamenten (Sachsen, Mecklenburg-Vorpommern), scheiterte in Sachsen-Anhalt nur knapp an der Fünf-Prozent-Hürde und ist in einigen Regionen flächendeckend in den Kommunalparlamenten vertreten.

Im Februar 2011 antwortete die Bundesregierung auf eine Kleine Anfrage der Linksfraktion im Bundestag, bundesweit verfüge die NPD über rund 330 Kommunalmandate, davon rund drei Viertel in den neuen Bundesländern. Besonders stark ist sie in ihrer Hochburg Sachsen vertreten. Die DVU verfügte zu diesem Zeitpunkt nach Angaben der Bundesregierung insgesamt über gerade einmal 36 Kommunalmandate, davon ebenfalls rund drei Viertel in den neuen Bundesländern.[92]

Auch bei den folgenden Kommunalwahlen konnte sich die NPD im Westen nicht merklich verbessern. Nach der Abstimmung in Niedersachsen im Herbst 2011 versuchte die NPD, ihre dürftige Bilanz bei der Kommunalwahl wie folgt zu erklären: »Jedes Mandat, das westlich der Elbe in den ›alten Bundesländern‹ von uns mühsam erkämpft wird, muss anders bewertet werden. Alle diese erlangten Mandate und jeder öffentlich auftretende Kopf für unsere Partei steht unter einem ganz anderen öffentlichen Druck.«[93]

Auch viele wichtige Knotenpunkte des rechtsextremen Netzwerks liegen im Osten: ob NPD-Parteizentrale in Berlin-Köpenick, Braunes Haus in Jena, der *Deutsche-Stimme*-Versand in Riesa oder die zahlreichen Immobilien in Thüringen. Und viele Westkader sind längst in den Osten gegangen, weil der Westen ohnehin verloren sei. Ein weiterer Vorteil besteht für sie auch darin, dass in Teilen des Ostens Nazis oftmals nicht als Nazis betrachtet werden. Es sind die Jungs und Mädels von nebenan, man kennt sich, man kennt die Eltern, man ist halt »rechts«. Die restliche weiße deutsche Normalbevölkerung wird nur äußerst selten Opfer des braunen Mobs, denn man ist ja weder links noch Ausländer.

Als Opfer fühlen sich Bürger bisweilen dann, wenn der Rechtsextremismus thematisiert wird. In Jena beispielsweise herrschte im Dezember 2011 die Wut. Nicht über die rassistische Mordserie, die von Terroristen aus der Stadt verübt wurde, nicht über die skandalösen Vorgänge beim Verfassungsschutz, sondern darüber, dass die Stadt angeblich in eine braune Ecke gestellt wurde. Eine Petition, die vom ZDF eine Entschuldigung für einen Beitrag forderte, wurde tausendfach unterzeichnet. In der Sendung »aspekte« hatte sich ein Schriftsteller mit Migrationshintergrund mit seiner Einstellung zu Jena und dem Osten auseinandergesetzt. Er stellte fest, dass er in Jena nicht leben möchte, traf sich mit einem Ex-Neonazi und erfuhr, dass dieser sich des Öfteren mal umdreht oder aus dem Fenster schaut, um sicher zu sein, dass ihm keine Gefahr drohe. Über die Machart des Beitrags lässt sich trefflich streiten, ein Skandal war er aber nicht. Doch plötzlich fühlten sich Blogger aus Jena, die sich sonst mit Kinderbasteleien oder Sternegucken beschäftigen, berufen, sich über die vermeintliche Brandmarkung Jenas als rechte Hochburg zu beklagen. Über die rassistische Mordserie war auf diesen Seiten übrigens nichts zu lesen, erst als »ihre« Stadt vermeintlich in die rechte Ecke gestellt wurde, schalteten sich die Bürger ein. Sie fühlten sich offenkundig persönlich angegriffen – und in einer Petition wurde eine Entschuldigung vom ZDF gefordert – und zwar bei »ALLEN« (!) Bürgern Jenas und »nicht nur« bei denen mit Migrationshintergrund. Also auch bei den Rechtsterroristen der Stadt. Mehrere Tausend Menschen unterzeichneten diesen Aufruf. Schließlich fand sogar eine Podiumsdiskussion zu diesem vermeintlichen Skandalbeitrag statt; da in der Veranstaltungshalle zu wenige Menschen Platz fanden, wurde dieses Ereignis auf einer Großbildleinwand auch nach draußen übertragen. Der ZDF-Vertreter wurde ausgebuht, als er fragte, warum jetzt die kollektive Empörung herrsche – und nicht bereits nach der rechtsextremen Terrorserie. Anetta Kahane von der Amadeu Antonio Stiftung merkte treffend an: »Die Leute fürchten sich mehr vor dem Imageschaden, der durch die Aufklärung entsteht, als vor dem verbrecherischen Potential, das sich jahrelang in ihrer Mitte entfaltete.«[94]

Auch Bürger, die sich in Jena und Thüringen gegen Rechtsextremismus engagieren, kritisierten die Petition und den Aufschrei in der Stadt, hatten sie doch jahrelang um Aufmerksamkeit für die Neonazi-Strukturen in dem Land gekämpft. Die taz warnte indes, man dürfe die Ostdeutschen nicht als Nazis diffamieren, was im Übrigen gar nicht geschehen war. »Eine ganze Stadt« fühle »sich denunziert«, schrieb die taz empathisch. Dabei sei Jena »erzstudentisch, erzakademisch, wohlerzogen und lieb, so lieb, dass man nicht einmal den Punks in der Innenstadt ihre Subversion abkauft.« Es sei daher viel zu einfach, von einem ostdeutschen Problem zu sprechen. Da war wieder die banale Feststellung, dass es überall in Deutschland Neonazis gebe, was aber noch nichts über deren Anzahl, Organisationsgrad und regionale Schlagkraft aussagt. Bemerkenswert ist, dass vor allem die taz immer wieder behauptet, man dürfe nicht die Besonderheiten des ostdeutschen Neonazi-Problems benennen, obgleich diese Zeitung seit Jahren kontinuierlich und fundiert über den Rechtsextremismus berichtet. Der Journalist Andrej Reisin vermutete auf Publikative.org, möglicherweise handele die *taz* »aus einem falschen, linken Moment der Inklusion, nach dem Motto, wir dürften keinen ausgrenzen, schon gar nicht die armen Ossis, die seit 1990 ausgegrenzt würden. Dieser Glaube an eine bessere Gesellschaft, der zum Beispiel in Gorleben geboren wurde und sich auf den Weg gemacht hat, auch noch den dümmsten Bauern von der Größe ökologisch angebauter Kartoffeln zu überzeugen – kippt angesichts des Rassismus der real existierenden Gesellschaft in die totale Regression. Warum? Weil er sich schlechterdings zum Werkzeug des Appeasements gegenüber den Nazis macht. Es gibt kein ›wir‹ mit Rassisten, es gibt kein ›wir‹ mit Nazi-Mördern, es gibt kein ›wir‹ mit evangelikalen Christen, es gibt kein ›wir‹ mit Homophobie, es gibt kein ›wir‹ mit militanten Abtreibungsgegnern und es gibt kein ›wir‹ mit ostdeutscher Identitätsbefindlichkeit, die genau all diese anderen Ausgrenzungen ignoriert und gedeihen lässt, weil man selbst das Opfer der bösen Wessis sei.«[95]

In einem der erwähnten Jenaer Blogs, die so um das Image »ihrer« Stadt kämpften und es dabei erst kaputtmachten, schrieb ein »Bunthaariger«, er habe sich schon oft unwohl im Osten gefühlt. Ein anderer fragte: »Und wer zwingt dich dazu, dir deine Haare bunt zu färben?« Das ist die Message: Du wirst von Nazis angemacht? Selbst schuld! Wenn alle gleich aussehen, gibt es auch keine Probleme. Also, Ruhe bitte! Doch das Gegenteil ist richtig: »Wir brauchen mehr Unruhe«, forderte Wilhelm Heitmeyer von der Universität Bielefeld im Gespräch mit dem Autor. Recht hat er – und zwar nicht nur auf Ostdeutschland bezogen, sondern auf die Provinz generell. Konkret bedeutet das: Alternative Jugendliche unterstützen, um die Schweigespirale in vielen Orten zu durchbrechen.

Der ehemalige Neonazi Ingo Hasselbach meint, die Stärke der Rechtsextremen im Osten habe »mit dem Aufwachsen der Leute zu tun, wo die Leute herkommen, dem Hintergrund. Wenn man aufwächst in einem System, was relativ hierarchisch angelegt ist, diktatorische Züge teilweise hat«. Damit bezieht sich Hasselbach eben nicht auf die jüngeren Menschen, sondern auf die Älteren, die den gesellschaftlichen Rahmen für die nachwachsende Generation definiert, was einmal mehr zeigt, wie verkürzt es ist, den Rechtsextremismus als Jugendproblem zu betrachten und die Einstellungen der Älteren, die zwar nicht gewalttätig sind, aber ähnliche Überzeugungen vertreten, schlicht zu ignorieren. Weiterhin sollten antiwestliche sowie antikapitalistische Einstellungen nicht vergessen werden. Hasselbach betont, es handele sich bei den Rechtsextremen, genau wie zu DDR-Zeiten, erneut um eine Opposition gegen dieses System.[96]

Auch andere Indikatoren zeigen, dass mit dem Spruch »Deutschland, einig Vaterland« längst nicht alle Unterschiede einfach überspielt werden können. Hohe Arbeitslosigkeit und niedrige Wahlbeteiligung – hier liegen die neuen Bundesländer ebenfalls stets in der Spitzengruppe. Den hohen Erwartungen durch das Versprechen von blühenden Landschaften in naher Zukunft folgte eine umso größere Enttäuschung. Diese Frustration sowie die Abwesenheit der demokratischen Parteien in ganzen Regionen erleichtert es wiederum der NPD ungemein, sich als Partei der Kümmerer zu inszenieren. In Ostvorpommern beispielsweise verfüge sie über Ressourcen, von denen andere nur träumen können, sagt der Rechtsextremismus-Experte Günther Hoffmann. Es sei hier gar nicht mehr möglich, die NPD auszugrenzen. »Die Strukturen der Neonazis sind so weit fortgeschritten, dass sie schon systemstabilisierend sind«, so Hoffmann. »In Dörfern mit einigen hundert Einwohnern würde ohne diese Strukturen gar nichts mehr gehen.«[97]

Nach wie vor gilt für weite Teile der ländlichen Räume Ostdeutschlands: Wer Abitur hat und/oder eine Frau ist, zieht weg. Die Bevölkerung schrumpft und veraltet und zurück bleiben überproportional viele wenig gebildete Männer mit schlechten wirtschaftlichen Perspektiven. Das ist bekanntermaßen die Zielgruppe, die als besonders anfällig für die Propaganda der Neonazis gilt. Von homogenen Gruppen geht zudem weit mehr Gefahr aus als von heterogenen. In kleinen Gemeinden herrscht ein hoher Konformitätsdruck; man kennt sich, es ist kaum möglich, alternative Bekanntschaften und Freundeskreise aufzubauen, anders als in Großstädten.

Die rechtsextremen Einstellungsmuster stellen in der Tat ein gesamtdeutsches Problem dar, aber auch mit Unterschieden in West und Ost. Zum einen betrifft dies die Umsetzung der Einstellungen in konkretes Verhalten bei Wahlen oder sogar in Gewalt. Zum anderen haben wir es im Westen mittlerweile mit einer Verrohung des hier weit stärkeren Bürgertums zu tun. Ein Bürgertum, das sich im Osten nach dem Bruch von 1989 gerade erst neu erfindet.

Weiß, männlich und ländlich geprägt, bisweilen politische und wirtschaftliche Hoffnungslosigkeit, gebrochene Biographien, verbreitete Ablehnung des Westens, die von den Älteren an die Jüngeren weitergegeben wird, Sehnsucht nach kollektivem Schutz gegen die neoliberale Ellenbogengesellschaft, wenig Erfahrungen im Umgang mit anderen Kulturen, schwache demokratische Parteien und gesellschaftliche Institutionen – in einigen ostdeutschen Gebieten kommt einiges zusammen. Aus diesen vielfältigen Gründen ist es zu kurz gesprungen, schlicht zu behaupten, der Rechtsextremismus sei ein gesamtdeutsches Phänomen. Eine solche These ist nicht falsch, aber deswegen auch nicht richtig. Vielmehr hat der militante Rechtsextremismus im Osten von der Quantität und Qualität Ausmaße angenommen, wie sie im Westen nicht zu finden sein dürften. Der NSU und sein Unterstützernetzwerk haben dies noch einmal grausam verdeutlicht. Das bedeutet, nicht die Rechtsextremisten können bestimmen, wo sie besonders stark sind, sondern die regionalen Verhältnisse sind entscheidend. Der Blick muss also auf die Mehrheitsgesellschaft gerichtet werden, um den Rechtsextremismus und seine Gewalt zu besiegen.

Der Kulturkampf

Sich mit dem Phänomen Rechtsextremismus zu beschäftigen ist frustrierend, furchtbar und vor allem auch sehr kompliziert; einfache Lösungen existieren nicht, sonst hätte es die NSU-Terrorserie nicht gegeben. »In Deutschland wird das Thema generell immer ein bisschen mit langen Fingern angefasst«, meint Anetta Kahane von der Amadeu Antonio Stiftung. »Es ist so schwer zu identifizieren, es kriecht so aus der Mitte und die drei Täter von der NSU waren ›so nette Nachbarn‹. Es gibt immer wieder Reportagen darüber, ›wie nett die waren‹, als sie in Zwickau gewohnt haben – und wie unauffällig. Das entspricht auch unserer Beobachtung, dass sich Rechtsextreme gerade in den neuen Bundesländern in vielen Regionen immer noch wie die Fische im Wasser bewegen, also unauffällig sind, und in vielen Punkten auch durchaus mit Mehrheitsmeinungen anschlussfähig.« Rechtsextreme sind nicht immer an ihren Meinungen zu erkennen, auch andere Menschen, die sich politisch nicht rechts verorten, vertreten in einigen Positionen exakt die gleichen oder zumindest sehr ähnliche Ansichten, beispielsweise wenn es um Flüchtlinge, die innere Sicherheit, Israel oder drakonische Strafen gegen Sexualstraftäter geht. Auch wenn es sich in der öffentlichen Debatte zumeist nur um das Für und Wider in Sachen NPD-Verbot dreht, stellt sich das Phänomen bei näherer Betrachtung weitaus komplexer und verzweigter dar.

Wie würden Rechtsextreme wohl versuchen, das Problem mit dem Rechtsextremismus zu lösen, würden sie es als Problem sehen? Sie würden diesem sicherlich mit härteren Strafen begegnen, schärferen Gesetzen, mehr Kompetenzen für einen autoritären Staat. Solche Forderungen können Symptome von Problemen zwar möglicherweise temporär lindern, Ursachen aber nicht beseitigen. NSU, NPD und Rechtsextreme sind Symptome von Missständen, nicht deren Ursache. Um aber gesellschaftliche Fehlentwicklungen zu korrigieren, sind eindimensionale Antworten – konkret: mehr Repression – gänzlich ungeeignet, oft werden die Probleme dadurch noch verschärft. Dennoch wurden genau diese Konzepte nach dem Bekanntwerden der NSU-Terrorserie einmal mehr ausgepackt und als Antwort der Politik auf die rechtsextreme Gefahr präsentiert – was von der Öffentlichkeit dankbar angenommen wurde. Besonders die ewige Debatte um ein NPD-Verbot hat schon Tausende Nachrichtenmeldungen produziert, in denen immer und immer wieder die gleichen Textbausteine und Positionen wiederholt werden. Obendrein werden Strategien zur Bekämpfung des Rechtsextremismus immer wieder mit »klugen« Anmerkungen garniert, wonach einzelne Maßnahmen nichts brächten, wenn es kein Gesamtkonzept gebe. Nicht falsch, deswegen aber auch noch lange nicht richtig. Es wäre neu, wenn beispielsweise einzelne Maßnahmen gegen den islamistischen Terrorismus mit der Begründung abgelehnt würden, dass das Problem Islamismus dadurch nicht verschwinde. Und wenn sämtliche Maßnahmen und Bemühungen ohne Gesamtkonzept ohnehin nichts taugten, könnte man auch die Hände in den Schoß legen und abwarten, bis irgendjemand ein solches Konzept erarbeitet und beschlossen hat. Wer auch immer. Es sind aber überhaupt keine Anzeichen dafür zu erkennen, dass sich beispielsweise ein Bundesministerium um ein Gesamtkonzept bemühen würde. Aber so funktioniert Demokratie ohnehin nicht, eine demokratische Planwirtschaft von oben mit verordnetem Engagement kann nicht das Ziel einer freien Gesellschaft sein.

Nein, irgendwo muss ein Anfang gesetzt werden – und einzelne Maßnahmen können sehr wohl etwas gegen rechtsextreme Umtriebe bringen, beispielsweise die Zerschlagung der NPD, dem legalen Arm des »Nationalen Widerstands«, die für so manchen Beobachter eher wie eine halbkriminelle Vereinigung mit den Privilegien einer Partei wirkt als eine demokratische Organisation. Ein NPD-Verbot ist zwar eine Maßnahme von oben, würde aber verdeutlichen, dass das Grundgesetz nicht bloß für Sonntagsreden taugt, sondern eben auch wehrhaft ist. Ein NPD-Verbot würde, selbstverständlich, nicht sämtliche Probleme lösen – gerade weil kein Gesamtkonzept existiert, das demokratisches Engagement als Prävention gegen Rechtsextremismus fördert und welches die Maßnahme eines NPD-Verbots durch weitere Weichenstellungen ergänzt. Aber eine solche Messlatte ist eben auch deutlich zu hoch gehängt. Zudem hätte das Verbot der NPD einen weiteren positiven Effekt: Die Debatte darüber könnte nicht mehr bei jeder passenden und unpassenden Gelegenheit geführt werden, um den Blick von den eigentlichen Problemen, die weit tiefer sitzen, abzulenken.

Ablenkend wirken bisweilen auch viele Medien, die nicht genau genug hinschauen und hinhören. Sie müssen kontinuierlicher und fundierter berichten, sie müssen die Angaben von staatlichen Stellen hinterfragen – und nicht einfach ungefiltert weiterverbreiten. Die Vorstellung von Verfassungsschutzberichten ist alljährlich ein trauriges Schauspiel. Obgleich der Geheimdienst kaum etwas Neues zu berichten weiß oder berichten möchte, sondern längst bekannte Trends und Beobachtungen nur noch einmal komprimiert vorstellt, werden diese wenig relevanten Informationen flächendeckend abgebildet. Ein Pflichttermin, bei dem die Journalisten die Berichte des Geheimdienstes nur selten hinterfragen. Das hat diverse Gründe, unter anderem dürfte dies auch mit dem unerschütterlichen Glauben zu tun haben, was staatliche Stellen verkünden, sei automatisch richtig und berichtenswert. Aber Gründe dafür liegen auch im ökonomischen Druck der Arbeitswelt. Nur wenige Kollegen haben die Zeit, die Berichte genau zu lesen oder sich so intensiv darauf vorzubereiten, dass man die wirklich neuen Informationen herausfiltern kann. Zumeist bleibt es daher bei einer oberflächlichen Berichterstattung, die sich an aktuellen Aufhängern entlanghangelt. Die Opfer der rechtsextremen Gewalt spielen praktisch keine Rolle und die Ideologie hinter den Taten findet ohnehin keine Beachtung. Kontinuierliche Berichterstattung ist eher Glückssache und hängt von dem Engagement einzelner Journalisten in den einzelnen Redaktionen ab.

Zudem zeigt sich eine erhebliche Schwäche vieler Medien, menschenfeindliche Einstellungen präzise zu benennen. Dies könnte eine Folge der Extremismustheorie sein, nach der Rassismus, Antisemitismus und andere Phänomene ein Problem der »Ränder« sind. Wenn nun Persönlichkeiten wie ein ehemaliger Banker und Minister oder sogar ein Literaturnobelpreisträger rassistisch oder antisemitisch argumentieren, was zweifelsohne der Fall war, auch wenn viele dies schlicht leugnen, drücken sich Journalisten oftmals um eine Einordnung. Hier geht es nämlich um Wesentliches, um Einstellungen, die sich nicht auf die NPD schieben lassen und damit nicht exotisiert werden können. Wenn Thilo Sarrazin im Zusammenhang mit Schülern aus verschiedenen Staaten einen Vergleich zur Pferdezucht aufmacht, raunen viele Medien, dies seien »umstrittene Äußerungen«. Oder noch besser, man verschanzt sich hinter der Kritik an diesem rassistischen Unsinn und schreibt von »Rassismus-Vorwürfen«. Dabei ist es auch Aufgabe der Medien, Vorgänge nicht nur abzubilden, sondern auch einzuordnen, sonst bräuchte man keine Redaktionen mehr, sondern könnte über Nachrichtenfeeds einfach alle Informationen gleichwertig einlaufen lassen. Die Idee, man sei objektiv, weil man einfach zwei Meinungen nebeneinander stellt, ist Selbstbetrug. Durch die Themenauswahl und Gewichtung betreiben Redaktionen bereits eine Bewertung, die eine gewisse Weltsicht widerspiegelt. Wenn man sich entscheidet, über Sarrazins rassistische Thesen zu berichten, sollte man auch in der Lage sein, diese als solche zu benennen. Die Angst vor klaren Bezeichnungen treibt gelegentlich bizarre Blüten. So überschrieben große Nachrichtenportale im Netz beispielsweise den Skandal um ein Titelbild der rechtskonservativen Schweizer *Weltwoche* mit »Rassismus-Verdacht gegen *Weltwoche*«. Darunter war das Titelbild der *Weltwoche* zu sehen: Ein Roma-Junge, der mit einer Waffe auf den Leser zielt. Dazu die Schlagzeile: »Die Roma kommen – Raubzüge in der Schweiz«. Das Bild des Roma-Jungen stammte gar nicht aus der Schweiz, und das Stereotyp, alle Roma seien potentielle Räuber, ist nichts anderes als Rassismus, in diesem Fall Antiziganismus – ein jahrhundertealtes Phänomen in Europa. Dennoch tun sich viele Medien schwer damit, das Titelbild auch so zu benennen, was den Inhalt verharmlost. Denn wenn solche Hetze nicht als rassistisch bezeichnet wird, sondern als »umstritten«, dann verfestigt sich das Bild, wonach Rassismus und Antisemitismus legitime Meinungen in einem demokratischen Diskurs wären. Rassismus wird als Beitrag einer Debatte gekrönt.

Medien haben die Aufgabe, nicht nur die Ansichten und Aussagen der Mächtigen zu reproduzieren, sondern sie müssen denen eine Stimme verleihen, die keine haben. Journalisten sollen hintergründig berichten und auch nach dem Warum von gesellschaftlichen Phänomenen oder Gewalt fragen. Wenn zu Fußballgewalt oder anderen Vorfällen nur noch Vertreter der Polizei als Experten aufgefahren werden, die immer schärfere Gesetze fordern, läuft etwas schief. Beim Thema Internet wird dieser oberflächliche Zugang besonders deutlich. Das Internet funktioniert nicht losgelöst von der »echten« Welt, es ist ein Resonanzkörper der Gesellschaft. Die Idee, es gebe die guten Bürger in den ordentlichen deutschen Wohnstuben, die sich brav die »Tagesschau« ansehen – und im Gegensatz dazu eine Vorhölle namens Internet, ist nichts als eine Wunschvorstellung von Menschen, die Missstände nicht wahrhaben wollen, sondern sie mit »dem Internet« erklären. Genauso gut beziehungsweise schlecht könnte man Mobiltelefone als Ursache der organisierten Kriminalität benennen.

Eine reaktionäre soziale Bewegung ist in Deutschland herangewachsen, aggressiv, völkisch und nach außen wandlungsfähig. Der NSU-Terror ist das mörderische Ergebnis von Versäumnissen der vergangenen Jahre, insbesondere der neunziger Jahre, das Schlüsseljahrzehnt für die völkische Bewegung in Deutschland. Damals prägten spontane Taten die rechtsextreme Gewalt, mittlerweile haben Neonazis ein strategisches Verhältnis zur Gewalt entwickelt. Sie wird eingesetzt, wenn es opportun erscheint, sie ist immer eine Option, weil sie ohnehin Bestandteil der Ideologie ist. Die Rechtsextremen treten unter verschiedenen Marken auf und teilen sich die Aufgaben; die NPD spielt dabei die entscheidende Rolle, wenn es um legale Aktionen und Geldakquise geht. Die Erkenntnis, dass wir es mit einem kollektiven Akteur, einer Bewegung zu tun haben, ist Voraussetzung, um den Rechtsterrorismus in seinen verschiedenen Aktionsformen zu erkennen, zu verstehen und zu definieren. Der rechtsextreme Terror hat mehrere Ebenen – Anschläge auf linke Einrichtungen sollen Andersdenkende einschüchtern und vertreiben, Mordanschläge den Feind vernichten und Unsicherheit in bestimmten Teilen der Bevölkerung schüren. Wer sich gegen Neonazis oder für Minderheiten engagiert und/oder kein Weißer ist, kann zur Zielscheibe der Rechtsextremen werden. Dies und der NSU-Terror sind in gewisser Hinsicht eine »neue Qualität«, wobei der Begriff Qualität im Kontext mit Morden irritiert, treffender wäre eine neue Stufe des Terrors, die sich allerdings über Jahre abzeichnete und erst jetzt wahrgenommen wird. Wir haben also eine »neue Qualität« des Wegschauens erlebt. Dabei hatte es bereits vor der Wiedervereinigung rechtsterroristische Gruppen und Anschläge mit vielen Toten gegeben, die im kollektiven Gedächtnis praktisch keine Rolle spielen – ganz im Gegensatz zum RAF-Terror. Die Wehrsportgruppe Hoffmann oder die Europäische Befreiungsarmee kennt kaum jemand, Prozesse gegen ehemalige RAF-Terroristen produzieren hingegen noch heute Nachrichtenmeldungen. Auch dies hat mit den verschiedenen Opfergruppen zu tun. Ganz im Gegensatz zum RAF-Terror kommt der Rechtsterrorismus zudem ohne Botschaft und Erklärung aus, da die Vernichtung der Zweck und die Tat die Botschaft ist. Dies eint den prügelnden Neonazi-Skinhead mit dem Rechtsterroristen und dessen Netzwerk, es ist der Konsens des kollektiven Akteurs: »Der Faustschlag ist die Synthese der Theorie. […] Der gut gesetzte Faustschlag setzt jeder sinnlosen Polemik ein Ende, zum vollen Vorteil der Kürze und der Kraftersparnis. Es gibt nichts Präziseres. Nichts ist eine stärkere Zusammenfassung als ein Pistolenschuss. Er erreicht das Ziel noch mit der Anfangsgeschwindigkeit von 300 Metern pro Sekunde. Und schließt seine Arbeit sofort ab, ernsthaft. […] Höchst effizient, weil er die

Möglichkeit einer weiteren Fortsetzung der Diskussion für immer ausschließt.«[98]

Die Gewalt und der Terror zur Vernichtung sind der Faschismus an sich, dies erklärt auch, warum so viele NPD-Mitglieder vorbestraft sind; sie teilen diese Ideologie, und der Rechtsrock, auch auf Tonträgern wie der Schulhof-CD, liefert den Soundtrack zur Gewalt. Damit verfügt die Partei über ein Alleinstellungsmerkmal. Die Linkspartei bietet genügend Anlässe, sie zu kritisieren, aber eine Gleichstellung mit der NPD verbietet sich, dies verharmlost die Gefahr durch den Rechtsextremismus und dämonisiert eine demokratische Partei. Forderungen aus der CSU nach einem Verbotsverfahren gegen die Linke sind politisch unanständig und verraten mehr über die Christsozialen als über die Linkspartei.

Zum Problem Rechtsextremismus gehört auch, zwischen Einstellungsmustern, fester Ideologie, Wahlverhalten und Gewalttaten zu unterscheiden. Rechtsextreme Einstellungsmuster sind bundesweit festzustellen, wohingegen überzeugte Rechtsextreme, die offen auftreten, Wahlerfolge der NPD und rassistische oder rechtsextrem motivierte Gewalttaten überproportional stark im Osten dokumentiert sind. Es geht nicht darum, alle Ostdeutschen als Nazis zu diffamieren, was in seriösen Debatten wohl auch noch nie geschehen sein dürfte, sondern es geht um eine klare Bestandsaufnahme. Und die lautet: In den ostdeutschen Bundesländern ist der militante Rechtsextremismus ein weit größeres Problem als in den meisten Westländern. Dies hilft bei der Analyse der Ursachen und der Suche nach Gegenstrategien sowie bei Maßnahmen zur Prävention. Zu dieser Bestandsaufnahme gehört zudem eine schonungslose Aufklärung des Versagens von Polizei und Verfassungsschutz, das mit »Pannen« unzureichend und verniedlichend beschrieben wird. Mehrere Untersuchungsausschüsse haben bereits Erschreckendes zutage gefördert.

Die Reaktion auf Gewalttaten und Mordserien ist aber nur das eine, neben der Aufarbeitung geht es nun darum, aus dem Desaster zu lernen, um die rechtsextreme Bedrohung weiter zurückzudrängen. Doch Prävention fängt im derzeitigen Diskurs bei einer Neonazi-Verbunddatei an. Erst wenn ein Rechtsextremist möglicherweise gewalttätig wird, wird ein Problem lokalisiert, dabei fängt das Dilemma viel früher an, da hinter der Gewalttätigkeit eine lange Geschichte steckt. Rechtsextreme und andere Gewalttäter werden in diesem Land sozialisiert, menschenfeindliche Einstellungen sind nicht angeboren, diese werden den Kindern und Jugendlichen erst beigebracht. Ein solches Problem lässt sich sicherlich nicht mit dem Drehen an einigen Schrauben in der »Sicherheitsarchitektur« beheben.

Ein Gesamtkonzept gegen Rechtsextremismus existiert also nicht – und es würde auch Jahre dauern, eines zu entwickeln. Zudem wäre die Frage, wer dies leisten soll. Initiativen gegen Rechtsextremismus, die ihre knappen Ressourcen teilweise damit verschwenden müssen, neue Mittel zu beantragen, um überhaupt weiterarbeiten zu können? Ein Geheimdienst, der komplett versagt hat und sich der demokratischen Kontrolle weithin entzieht? Eine Bundesregierung, die bis zum Bekanntwerden der rechtsextremen Terrorserie die Bedrohung massiv verharmloste, das Schreckgespenst des Linksextremismus immer wieder an die Wand malte und Initiativen für Demokratie mit Misstrauen straft? Wohl kaum. Weiterhin sind Lösungen von oben kein geeignetes Rezept, um autoritäre Einstellungsmuster zurückzudrängen. Selbstbewusste, kritisch denkende Menschen, ein funktionierendes Gemeinwesen und unabhängige Initiativen sind der Schlüssel zum Erfolg, keine Demokratie nach sächsischer Prägung.

Insgesamt habe die Strahlkraft der repräsentativen Strukturen nachgelassen, erklärt der Politikwissenschaftler Roland Roth von der Universität Magdeburg-Stendal. »Das ist vor allem ein Problem für die Parteien, weniger für die Demokratie an sich, denn die entwickelt sich weiter, sie wächst. Das demokratische politische Engagement ist nicht rückläufig, sondern es hat sich verlagert. In Ost- und Westdeutschland geht es um mehr direkte Beteiligung«, so Roth. Die Erfolge der Piratenpartei seien »Ausdruck dieser – bisweilen recht diffusen – Sehnsüchte«. Die Bürger fordern mehr Beteiligung, doch die Beteiligung an Wahlen geht zurück. Dies kann ein Indiz für das Versagen der Parteien sein, sich der Willensbildung zu öffnen. Roth betont: »Parteien sollen der Idee nach für die Willensbildung von unten nach oben sorgen und sind laut Grundgesetz der innerparteilichen Demokratie verpflichtet. Wer heute in eine Partei eintritt, macht häufig die Erfahrung, dass kleine Führungsgruppen von oben nach unten bestimmen. Parteien wirken heute als Verstärker für kleine Führungseliten.« Das ist also das Gegenteil der eigentlichen Idee. Als Beispiel führt Roth die mediale Begeisterung für die »Basta-Politik« von Gerhard Schröder (SPD) an. »Von den Medien wurde er bewundert, weil er seine Politikvorstellungen gegen Mehrheiten in der eigenen Partei und in der Gesellschaft durchsetzen konnte.« Roth bezieht sich daher auch auf den Begriff der »Postdemokratie«. Für sie sei »unter anderem kennzeichnend, dass wichtige Entscheidungen nicht demokratisch, sondern von einflussreichen Zirkeln in Hinterzimmern ausgehandelt werden. Der Umgang mit der aktuellen Finanz- und Schuldenkrise belegt diese Tendenz eindrucksvoll. So musste selbst die Parlamentsbeteiligung bei weitreichenden Entscheidungen erst vor dem Bundesverfassungsgericht eingeklagt werden. Demokratische Wahlen in Griechenland werden als Übel für die Wirtschaft diskreditiert.« Generell würden, so Roth, »immer wieder Entscheidungszwänge suggeriert, die dann nur noch exekutiert werden können, anstatt einmal über diese vermeintlichen Zwänge – etwa durch die Finanzmärkte – selbst öffentlich zu diskutieren und abzustimmen«.[99]

Wer die Demokratie auf den Parlamentarismus und die Parteien reduziert, Entscheidungen als alternativlos verkauft, tut der Entwicklung der Gesellschaft keinen Gefallen. Denn Demokratie bedeutet auch, sich selbst politisch zu äußern – und dies muss eben nicht in einer Partei sein, sondern kann überall geschehen. Auch wenn das den Parteien möglicherweise nicht unbedingt passt.

Aber die Möglichkeiten zur Beteiligung werden teilweise noch verringert. »Ein Beispiel dafür ist die zunächst gescheiterte Kreisgebietsreform in Mecklenburg-Vorpommern«, erklärt Roland Roth. »Die neuen Kreise sind nach Verwaltungsrationalität und nicht nach Beteiligungsmöglichkeiten aufgebaut. Sie sind so groß, dass auch Partizipation drastisch erschwert ist. Dies begünstigt folgende Entwicklung: Die Politik wandert ab, kümmert sich nicht und die Ortsbürger machen die Erfahrung, dass sie selbst nichts mehr zu sagen haben. Die regionalen Wahlerfolge der NPD in Mecklenburg-Vorpommern zeigen aber, dass auch in vernachlässigten Regionen Politik gemacht werden kann. Die NPD inszeniert sich zum Beispiel als ›Kümmerer‹ und baut eine eigene Jugendkultur auf. Warum können die anderen Parteien das nicht? Sicherlich mit anderen Zielen und in anderer Form als die NPD. Die finanziellen Mittel haben sie. Sie müssen aktiv auftreten und Politik machen. Dafür gibt es sicherlich kein Zauberrezept. Dagegensein allein reicht nicht, vielmehr braucht es Perspektiven für die Menschen. Mit den Bürgerinnen und Bürgern vor Ort muss gemeinsam über die regionale Entwicklung nachgedacht werden. Das wäre ein erster demokratischer Impuls.« Doch derzeit scheine, meint Roth weiter, »der einzige Akt der Selbstbestimmung im ländlichen

Raum am ehesten noch die Entscheidung zum Umzug in eine große Stadt zu sein. Das Gegenteil von dem, was heute passiert, müsste eigentlich getan werden. Nicht aufgrund sinkender Bevölkerungszahlen Bildungs- und Kultureinrichtungen schließen, sondern umkehrt. Noch mehr aufbauen. Das hört sich utopisch an, aber Politik muss nicht immer trendverstärkend sein.« Konkret bedeutet das: Bund und Länder brauchen ein schlüssiges Konzept, wie geradezu entvölkerte Provinzen wieder mit demokratischem Leben erfüllt werden können. Das heißt, in die Gesellschaft zu investieren, um Vielfalt zu fördern, statt das öffentliche Leben kaputtzusparen und so Monokulturen zu züchten.

»Wir brauchen mehr Unruhe«, fordert der Wissenschaftler Wilhelm Heitmeyer von der Universität Bielefeld. Recht hat er – und zwar nicht nur auf Ostdeutschland bezogen. Nicht alles ist Gold, was aus nicht-rechten Subkulturen kommt, aber zunächst sollten alle Akteure respektvoll und offen miteinander umgehen. Wer erst einmal die Extremismustheorie auspackt, um einen Diskurs der Ausgrenzung zu fahren und Menschen, die eigene Ideen haben, als Extremisten (gleichbedeutend mit Bösewichten) abstempelt, spielt den Neonazis in die Hände. Denn die sind überall dort stark, wo es wenig Alternativen gibt. Familienministerin Kristina Schröder hat in beachtlich kurzer Zeit viel Unheil angerichtet, Vertrauen zerstört, gewachsene Strukturen zerschlagen – aus ideologischen Gründen. Bereits 2007 äußerte sie sich zum Thema Extremismusklausel und kündigte an, was nun Realität ist: In Bezug auf die Programme gegen Rechtsextremismus sagte sie, »alle Projekte gehören auf den Prüfstand. Nicht alles, das gutgemeint ist, ist gutgemacht«. Es gebe ein Sparpotential bei den Projekten. Rechtsradikale Kreise freuen sich seit der Einführung über die Extremismusklausel und fühlen sich bestätigt in den seit Jahren vorgetragenen diffusen Anschuldigungen, so gut wie jeder, der sich gegen Neonazis engagiere, sei ohnehin ein verkappter linker Gewalttäter. In Kreisen, in denen das Grundgesetz gern als Diktat der Siegermächte bezeichnet wird, gibt man sich staatstragend. Kein Wunder, die Extremismus-Agenda spielt den Rechtsradikalen in die Karten, denn nicht weniger als die Deutungshoheit winkt, da die Projekte sowie deren Partner nicht »den Anschein erwecken« dürfen, extremistisch zu sein. »Nicht den Anschein erwecken« – jedes kritische Wort, welches bestimmte Kreise als linksextrem interpretieren, könnte im Extremfall schon bedeuten, Fördergelder zu verlieren. Gleichzeitig werden Programme gegen Linksextremismus aufgelegt, allerdings tut sich das Familienministerium schwer damit, diesen Begriff überhaupt zu definieren. Überraschend kam diese Entwicklung nicht. Seit Jahren warnte Familienministerin Schröder vor den Gefahren des Linksextremismus, der verharmlost werde, sowie des Islamismus, der in etwa »gleich groß« sei wie der Rechtsextremismus. Als Extremismus-Expertin beklagte sie die »grassierende Deutschenfeindlichkeit« – obwohl die Fachleute, auf die sich die CDU-Politikerin aus Hessen bezogen hatte, ihr deutlich widersprachen. Nur das Thema Rechtsextremismus schien auf Schröders Agenda zunächst kaum Platz zu finden, obwohl Neonazis in Hessen in den vergangenen Jahren mehrere schwere Gewalttaten verübten und Kader aus dem Bundesland überregional für Aufsehen sorgten. Auch der NSU war in Hessen aktiv, erschoss in Kassel einen Menschen – und Neonazis aus dem Bundesland unterhielten beste Verbindungen beispielsweise ins »Braune Haus« in Jena. Alles kein Thema für Schröder. Dafür äußerte sich die CDU-Politikerin im Jahr 2006 als Bundestagsabgeordnete zum Thema Rechtsextremismus und behauptete, ein in Halberstadt geplantes Konstantin-Wecker-Konzert sei nach Drohungen der NPD nicht abgesagt worden. Tatsächlich wurde es wegen der Neonazis nicht genehmigt, wie zunächst geplant, was praktisch das Gleiche bedeutet: Neonazis üben Einfluss auf das kulturelle Leben in Teilen Ostdeutschlands aus. Doch was nicht sein darf, kann eben nicht sein.

Ebenfalls 2006 unterstützte Schröder Forderungen, wonach die Adressen von Sexualstraftätern im Internet veröffentlicht werden sollten. Mit dieser Empfehlung sollte sie später mithelfen, Konsequenzen aus den Missbrauchsskandalen zu ziehen, obwohl sich Opferverbände deutlich gegen drakonische Strafen aussprechen, da diese keinen Nutzen für die Betroffenen bringen. Schröder arbeitet die konservative Agenda routiniert ab, auch das Aus für das Elterngeld für arme Familien war abzusehen. Bereits im Jahr 2002 ließ sie im Bundestagswahlkampf wissen, dass sie in der Familien- und Sozialpolitik dem Motto »Anstrengung macht Spaß« folge. Ginge es nach ihr, dann würde jedem Sozialhilfeempfänger eine Beschäftigung angeboten, »notfalls auch gemeinnützige Arbeit«. Schaut man sich das Misstrauen gegenüber Initiativen für Demokratie und gegen Rechtsextremismus an, so spielt eine aktive Mitgestaltung in den Konzepten von Familienministerin Schröder keine große Rolle. Der Gießener Politikwissenschaftler Samuel Salzborn attestierte ihr ein ausgesprochen elitäres Demokratieverständnis. Schröder vertrete »ganz im Sinne des klassischen Konservatismus die Agenda der Gegenaufklärung, diesmal charmant vorgetragen, in den Augen vieler irgendwie liebenswert und ein bisschen naiv inszeniert, aber in der Ansage knallhart und kompromisslos.«[100]

Es geht dabei um die Definitionsmacht, was demokratisch, also gut, und was extremistisch, also schlecht, ist. Schröder hatte in ihrer politischen Karriere übrigens bereits mehrfach Selbstverpflichtungen gefordert: von islamischen Gemeinschaften, den deutschen Radiostationen oder aktuell von Unternehmen zum Thema Frauen in Vorständen. Bislang wurde keine einzige umgesetzt. Bei den Programmen für Demokratie bleibt aber kein Raum für Freiwilligkeit, die Klausel wird zur Pflicht. Wenn es um bestimmte Errungenschaften geht, beispielsweise gesetzlichen Mindestlohn oder Frauenquoten, heißt es, dies sei eine unzulässige Einmischung des Staates. Bei der Überprüfung der Gesinnung von Bürgern heißt es hingegen, dies sei demokratisch notwendig. Eine Demokratie von oben, ein politischer Kulturkampf tobt. Die Antwort auf Rechtsextremismus ist Antifaschismus und mehr Demokratie, aber nicht nur auf parlamentarischer Ebene. Wir brauchen eine demokratische Kultur, die Respekt und Toleranz gegenüber Andersdenkenden erfordert, aber auch Intoleranz gegen Intolerante, die die im Grundgesetz verankerten Menschenrechte mit Füßen treten. Um den Rechtsextremismus wirksam und nachhaltig zu bekämpfen, muss man an die Substanz gehen, an die Grundfeste dieser Gesellschaft, an ihre Selbstwahrnehmung, an Institutionen, die noch immer nicht demokratisiert wurden. Schaut man in den braunen Abgrund, spiegeln sich die Missstände der Mehrheitsgesellschaft wider, eine groteske Fratze, die höhnisch die Unzulänglichkeiten und Mängel aufzählt – wenn man ihr denn zuhören mag.

Ausgerechnet das Jahrzehnt, in dem Neonazis ihre Waffen entsicherten, mordend durch Deutschland zogen und Migranten erschossen, wurde von Forschern – noch in Unkenntnis der Terrorserie – als Dekade des entsicherten Bürgertums bezeichnet. Die Mordserie des NSU ist bereits geschehen, doch nun muss es darum gehen, daraus zu lernen und zu verhindern, dass weitere solcher Terrorserien verübt werden. »Gruppenbezogene Menschenfeindlichkeit stellt den ideologisch-weltanschaulichen Vorrat bereit, aus dem Rechtsextreme ihre Legitimation ziehen können«, betont der Wissenschaftler Wilhelm Heitmeyer. »Der Versuch zu suggerieren, es gebe eine intakte Gesellschaft und jenseits davon rechtsextreme Straftäter und Terroristen, funktioniert nicht.« Heitmeyer, Sozialwissenschaftler und Direktor des international vernetzten und renommierten Instituts für interdisziplinäre Konflikt- und Gewaltforschung, fällt ein vernichtendes Urteil: Bei dieser Strategie handele es sich »um nichts anderes als eine gesellschaftliche Entlastungsstrategie und insofern eine politische Selbsttäuschung«. Kurzum: Das Problem wird exotisiert, abgeschoben auf die bösen Neonazis, die unsere Gesellschaft, unsere Netzwerke, unsere Kindergärten, Schulen oder Vereine unterwandern wollten. Doch so einfach ist es nicht. Die Neonazis kommen nicht von außen, sondern stammen aus unserer Mitte. Es sollte ein Alarmsignal sein, wenn eine Partei wie die NPD in zwei Landtagen sitzt – und das nicht, weil sie bald die Macht in Berlin übernehmen könnte, sondern weil dies ein Zeichen dafür ist, dass etwas nicht stimmt.

Die Union scheute sich bisweilen nicht, mit rechtsradikalen Parolen Wahlkampf zu betreiben, hier sei einmal mehr an Slogans wie »Kinder statt Inder« erinnert – oder an den unseligen Wahlkampf von Roland Koch gegen die doppelte Staatsbürgerschaft. Glücklicherweise eher Ausnahmen als die Regel. Dennoch fühlen sich viele Rechtsextreme durchaus bestätigt, sie führen schließlich nur den geheimen »Volkswillen« aus, wenn sie Migranten angreifen – oder ermordeten, wie der NSU. Kochs Wahlkampf fand 1999 statt, der CDU-Slogan »Kinder statt Inder« stammt aus dem Jahr 2000. Dieses Spiel mit Rassismus wird die Rechtsterroristen nicht zu ihren Taten verleitet, aber zumindest in ihrem Handeln bestätigt haben. Ein entsprechendes gesellschaftliches Klima verstärkt Hass auf Minderheiten und verleiht den militanten Rassisten scheinbare Legitimation. Als die Häuser von Migranten brannten und Flüchtlingsunterkünfte belagert wurden, tobte die »Asyldebatte«, Anders Behring Breivik mordete, nachdem die rassistische Islamkritik vor allem im Netz über Jahre an Einfluss gewann, der NSU begann seine Mordserie, während »Kinder statt Inder« zum Wahlkampfschlager gemacht und gegen die doppelte Staatsbürgerschaft polemisiert wurde. In Berlin gab es nach der Sarrazin-Debatte übrigens eine ganze Reihe von Drohungen und Anschlägen auf Moscheen. Eliten und Multiplikatoren sollten sich ihrer Verantwortung für die gesellschaftliche Atmosphäre bewusst sein.

Nicht nur Migranten gehören zu den Zielgruppen der Rechtsextremen, auch Juden, Linke, Schwarze sowie Obdachlose, die als unnütz abgewertet und entmenschlicht werden. Bei diesen Prozessen können sich Rechtsextreme ebenfalls auf breite gesellschaftliche Debatten stützen. Thilo Sarrazin beispielsweise sorgte bereits vor seinem Bestseller über Gene und Gemüsehändler mehrmals für Aufsehen, da er gegen Arme zu Felde zog. Alles nur Zu- und Einzelfälle? Leider nein. Seit 2002 untersuchen Wissenschaftler in einer Langzeitstudie die Ausmaße, Entwicklungen und Ursachen von Vorurteilen in Deutschland. Das Projekt ist weltweit das größte zu diesem Thema. Jährlich wird eine repräsentative Auswahl der deutschen Bevölkerung telefonisch befragt. Im Mai/Juni 2010 waren es 2 000 Personen, in jenem Jahr waren die Folgen der Wirtschaftskrise das Thema. Die Forscher beobachteten dabei eine »deutliche Vereisung des sozialen Klimas«, rohe Bürgerlichkeit und einen zunehmenden Klassenkampf von oben. Die Feindbilder in einer durchweg wirtschaftlich geprägten Gesellschaft seien Muslime und »wirtschaftlich Nutzlose«. Welche Auswirkung hat das Gefühl der Bedrohung durch die Krise auf Einstellungen gegenüber schwachen Gruppen? Wie steht es um die Solidarität in unserer Gesellschaft, und welche Entwicklung zeichnet sich dabei gerade in den höheren Einkommensgruppen ab? Welches Verständnis von Gerechtigkeit gibt es, wem wird Unterstützung zugebilligt, wem nicht, und welche Auswirkung hat die Ökonomisierung der Gesellschaft für Einstellungen gegenüber den Schwachen? Zentrales Ergebnis der Untersuchung: Angefeuert von politischen, medialen und wissenschaftlichen Eliten sind in höheren Einkommensgruppen deutliche Anstiege hinsichtlich abwertender und menschenfeindlicher Einstellungen gegenüber verschiedenen schwachen Gruppen vorzufinden, insbesondere Islamfeindlichkeit. Zudem sprechen die Wissenschaftler von einer zunehmend rohen Bürgerlichkeit. Diese Rohheit zeichne sich dadurch aus, dass es infolge ökonomischer wie gesellschaftlicher Kriseneffekte deutliche Hinweise auf eine entsicherte wie entkultivierte Bürgerlichkeit gebe, die auch über angeblich liberale Tages- und Wochenzeitungen verbreitet werde. Sie zeige sich in Forderungen nach dem Abbau von Bedarfsgerechtigkeit. Die neue Formel des Abbaus von sozialstaatlichem Anrecht auf Unterstützung laute: Gnade durch Wohlhabende und Selbstverantwortung der sozial Schwachen. Hinzu komme die Reklamierung eigener ungerechter Behandlung durch Wohlhabendere trotz der Umverteilung von unten nach oben. Dies sei »die Entblößung bisheriger ohnehin labiler Moralität. Der semantische Klassenkampf von oben wird ungeniert offenbart«. Diese rohe Bürgerlichkeit scheine ihren gepflegten Konservatismus unter dem Druck der Verhältnisse abzustreifen. Zivilisierte, tolerante, differenzierte Einstellungen in höheren Einkommensgruppen scheinen sich in unzivilisierte, intolerante – verrohte – Einstellungen zu wandeln, warnen die Forscher. Insgesamt sei eine ökonomistische Durchdringung sozialer Verhältnisse zu registrieren. Sie fördere auch den Zwang zur Flexibilität, um aufzusteigen, den Status zu sichern oder Abstiege zu verhindern. Führe diese Flexibilisierung nicht zum beruflichen Erfolg, hänge damit eine verstärkte Gewaltbilligung und -bereitschaft zusammen. Insgesamt sei das Verhältnis von regierender Politik und gesellschaftlichen Gruppen nachhaltig gestört, so die Ergebnisse der Untersuchung. Das rechtspopulistische Potential, mit islamfeindlichen Einstellungen verbunden und aggressiv aufgeladen, zeige dies. Dieses rechtspopulistische Potential sei in allen gesellschaftlichen Gruppen vorhanden, aber die Zunahme in höheren Einkommensgruppen sei »auffällig und gefährlich«, weil die rohe Bürgerlichkeit und ihre Mobilisierungsexperten in den Medien die vermeintliche Dekadenz dieser Gesellschaft, das angebliche Schweigen über die Integrationsprobleme von Eingewanderten und fehlende Leistungsbereitschaft »unten in der Gesellschaft« aggressiv beklagen. Zur Bekämpfung dieser Dekadenz bedarf es nach Ansicht der Forscher innergesellschaftlicher Feindbilder. Muslime gehören ebenso dazu wie »wirtschaftlich Nutzlose«.

»Wenn es soziale Ängste in verschiedenen Schichten gibt, dann versuchen rechte Populisten klare Sündenböcke zu bieten: In den Achtzigern die ›Asylantenflut‹, in den Neunzigern der Ansturm der Armen, die aus anderen Ländern kommen – und aktuell erleben wir einen Kulturrassismus gegen Muslime gerichtet«, sagt Alexander Häusler von der Arbeitsstelle Neonazismus der Fachhochschule Düsseldorf. Dieser Kulturrassismus sei ganz eindeutig das »inhaltliche Ticket«, mit dem gearbeitet werde. Auf die Frage, ob denn Angst und Vorurteile für einen langfristigen Erfolg ausreichten, sagt der Sozialwissenschaftler: »Dadurch kann das gesamte politische Gefüge verschoben werden – nach rechts.« Dies könne aber auch ohne eine erfolgreiche Rechtsaußenpartei geschehen, betont er. Entweder etabliere sich eine neue Kraft von Rechtsaußen – oder aus dem politischen Gefüge heraus ergebe sich

»eine Akzentverschiebung nach rechts. Ein Kulturrassismus in der Mitte – der sich in der aktuellen Politik niederschlägt.« Es könnte, so befürchtet Häusler, einen Rückfall geben in der Integrationsdebatte: »Wieder zurück dahin, dass wir kein Einwanderungsland sind. Und dass Integration ausschließlich eine Anpassungsaufgabe ist.« Entscheidend sei nun, so Häusler weiter, eine gesellschaftliche Debatte über zentrale Fragen: »Wie stellen wir uns Gesellschaft vor? Wie wollen wir mit Konflikten umgehen? Was verstehen wir unter Integration? Wie wollen wir soziale Probleme und Ängste bewältigen? Da muss eine klare Entscheidung her zwischen zwei Polen: Sind wir für Kulturkampf, für Abgrenzung, für Klassenkampf von oben? Sind wir eine Gesellschaft, die eugenische Vorstellungen für diskussionswürdig erachtet? Oder wollen wir hier gleichberechtigt und sozial abgesichert miteinander klarkommen?« Innerhalb dieser Dichotomie, so Häusler, müsse die politische Auseinandersetzung geführt werden – »und da muss auch Kante gezeigt werden«.[101] Die Debatten gestalten sich aber schwierig, denn vonseiten der »Integrationskritiker« wird simplifiziert, polarisiert und ausgegrenzt. Auch hier haben Politik und Medien teilweise den Anschluss an die Realität verloren, denn in den deutschen Großstädten sind wir bereits viel weiter. Eine vielfältige Gesellschaft ist hier längst Realität und gilt – trotz der Probleme – vollkommen zu Recht als lebenswert. Der Boom der Großstädte zeigt dies. Wenn sich politische und mediale Debatten aber immer wieder nur um die zweifelsohne vorhandenen Probleme drehen, ohne dass sachlich und unaufgeregt nach vernünftigen Lösungen gesucht wird, werden die Menschen mit Migrationshintergrund, die dazu die Chance haben, das Land verlassen. Die Abwanderung von hochqualifizierten Deutschtürken dokumentiert dies. Nicht nur Neonazis vertreiben Migranten – oder Menschen, deren Vorfahren aus dem Ausland stammen, auch die »Mitte« hilft mit. Nicht mit Taten, aber mit Worten. Beispielhaft kann hier auf die Debatte um die Äußerungen des damaligen Bundespräsidenten Christian Wulff (CDU) zum Islam verwiesen werden. Wulffs Kritiker erweckten darin den Eindruck, Deutschland stünde unmittelbar vor der Wahl zwischen Grundgesetz und Scharia. Doch was hat uns die »Integrationsdebatte« nach dem Sarrazin-Buch praktisch gebracht? Sind sich die Menschen in der Bundesrepublik dadurch nähergekommen? Wurde Misstrauen abgebaut? Und welche Konzepte sowie Vorschläge haben die Integrationskritiker eigentlich vorgelegt? Keine. Sie tragen gebetsmühlenartig vor, was sie nicht wollen, entwerfen Szenarien, die Angst schüren – und gemeinden Bundesbürger aus. Mit dem Etikett »Islam« können auch Bundesbürger endlich wieder zu Ausländern gemacht werden, die nicht zu Deutschland gehören. Die NPD ist da ehrlicher und spricht von »Plaste-Deutschen«. Da war die Empörung groß!

Zusammengefasst: Die Betroffenen der Hass-Ideologien müssen stärker in den Fokus rücken. Zumeist sind Minderheiten von rechtsextremer Gewalt betroffen, die ohnehin bereits benachteiligt werden. Die Neonazis schlagen auf die Schwächsten ein. Eine Arbeit gegen Antidiskriminierung richtet den Blick auf Benachteiligungen und Herabwürdigungen von Menschen aufgrund rassistischer oder antisemitischer Zuschreibungen, der Religion, des Geschlechts, des Lebensalters, der sexuellen Orientierung, wegen einer Behinderung oder wegen der sozialen Herkunft. Akzeptierende Jugendarbeit wird dem Problem Rechtsextremismus nicht gerecht, da es sich um kein Jugendphänomen handelt und die Täter zu stark in den Fokus stellt.

Mehr Demokratie wagen! Norwegen hat vorbildlich auf den rechtsextremen Terror des Anders Behring Breivik reagiert. Mehr Offenheit, mehr Toleranz, mit diesen Werten begegnen sie dort dem Hass von Faschisten. In Deutschland war nach dem Bekanntwerden der NSU-Terrorserie hingegen von Schande für das Land und mehr Kompetenzen für Sicherheitsorgane die Rede. Statt immer mehr Kompetenzen, die kaum noch jemand überschaut, wird eine effektive Repression gegen Rechtsextreme benötigt. Neonazis lehnen die in der Verfassung garantierten Rechte für alle Menschen ab. Sie bekämpfen nicht nur das System, sondern wollen Millionen Mitbürgern die Menschenwürde nehmen. Das Grundgesetz wurde vom Bundesverfassungsgericht als Gegenentwurf zum Totalitarismus der NS-Zeit bezeichnet, die Demokratie soll sich wehrhaft gegen ihre Todfeinde verteidigen – und diese nicht noch mit Geld und Infrastruktur munitionieren. Daher gilt es, konsequent gegen NS-Verherrlichung, Holocaust-Leugnung und Hassreden vorzugehen. Die Meinungsfreiheit endet dort, wo gegen Menschen gehetzt und aufgestachelt wird. Die Arbeit der Sicherheitsorgane muss strikt nach rechtsstaatlichen Prinzipien organisiert werden, eine Aufweichung der Gewaltenteilung ist nicht notwendig, um effektiv gegen Rechtsextreme vorzugehen, genauso dürfen keine demokratischen Grundrechte eingeschränkt werden.

Und Repression, Überwachung sowie weitere Sicherheitsbemühungen sind weit teurer als echte gesellschaftliche Prävention durch eine gerechtere Verteilung des unermesslichen Wohlstands in Deutschland. Eine intakte Gesellschaft ist unbezahlbar. Auch Investitionen in Bildung sind langfristig günstiger als die Polizei hochzurüsten und Gefängnisse zu bauen.

Zu einem effektiven Vorgehen gegen Rechtsextremismus gehört zudem eine genaue Beobachtung und Analyse von menschenfeindlichen Tendenzen in der Gesellschaft – nicht nur in den Medien. Hierfür sollte ein unabhängiges Kompetenzzentrum geschaffen werden, besetzt mit Wissenschaft-

lern, Sicherheitsfachleuten und anderen Experten. Diese Be-
obachtungsstelle muss – genau wie die Initiativen gegen
Rechtsextremismus – langfristig finanziell ausgestattet werden, um eine kontinuierliche Arbeit leisten zu können und
um die besten Fachleute für diese Aufgabe zu gewinnen. Auf
die Erkenntnisse, die der Verfassungsschutz der Öffentlichkeit in den vergangenen Jahren geliefert hat, kann die Gesellschaft verzichten, besonders, wenn man den Preis dafür be-
denkt – die Intransparenz und die Zusammenarbeit mit
Rechtsextremen. In der organisierten Kriminalität mag das
V-Mann-Prinzip funktionieren, weil es ausschließlich um
Geld geht, in politischen Zusammenhängen ist es hingegen
unwirksam, kontraproduktiv und gefährlich.

Die Medien müssen sich kontinuierlich und hintergründig
mit menschenfeindlichen Einstellungen beschäftigen, und
sie müssen sich endlich stärker für Migranten öffnen. Lokal-
zeitungen und -politiker dürfen Probleme nicht verharmlosen, mittelfristig zahlt sich ein offensiver Umgang mit rechtsextremen Tendenzen auch für die jeweilige Gemeinde aus,
denn bürgerschaftliches Engagement und öffentliches Leben
werden gestärkt, und auch das Image verbessert sich, wenn
Rechtsextremismus klar benannt und bekämpft wird.

Der Skandal um das Versagen der Sicherheitsorgane muss
umfassend und nachhaltig aufgearbeitet werden, damit ein
erneutes Desaster verhindert wird. Dazu gehört auch Bil-
dungsarbeit bei der Polizei über Rassismus und andere menschenfeindliche Einstellungen. Die Polizei muss sich zudem
ebenfalls einer demokratischen Kontrolle unterwerfen, denkbar wäre ein Ombudsmann-System, wie es beispielsweise in
Schottland praktiziert wird. Vertrauen in die Polizei ist für
ein demokratisches System von elementarer Wichtigkeit.

Eine Demokratie lebt von Streit und unterschiedlichen Ansichten. Die Bundesregierung muss daher die Extremismus-

Klausel sofort abschaffen, um nicht weiter die Arbeit von Initiativen und Vereinen für Demokratie und gegen Rechtsextremismus zu behindern und unter Generalverdacht zu stellen. Die Extremismustheorie hat bewiesen, dass sie nichts erklärt, aber viel verschleiert. Der Politikwissenschaftler Gideon Botsch meint, Extremismustheorien seien »problematisch, da sie einen Gattungsbegriff schaffen, wonach eine ›rechtsextreme‹ Spielart existiere. Die Eigendynamik dieses Phänomens wird dadurch vernachlässigt, man schaut nur auf die Systemfeindschaft. Aber der Rassismus wird beispielsweise nur als Funktion der Systemfeindschaft erklärt.«[102]

Christoph Butterwegge schrieb in dem Buch *Jugend, Rechtsextremismus und Gewalt*: »Todfeinde wie der Faschismus und Kommunismus befinden sich damit ›im selben Boot‹, wohingegen man ihrer Herkunft, ihren geistigen Wurzeln und ihrer Ideologie verwandte Strömungen, wie etwa Deutschnationalismus, Nationalkonservatismus und Nationalsozialismus, anderen Strukturkategorien zuordnet. Grau- bzw. ›Braunzonen‹, ideologische Grenzgänger und inhaltliche Überschneidungen zwischen Konservatismus und Rechtsextremismus werden nicht mehr thematisiert oder bewusst tabuisiert, die tiefen Gräben zwischen Rechts- und Linksradikalismus zwar keineswegs ignoriert, ihrer Bedeutung nach jedoch stark relativiert. Die Konzentration auf das/die Extreme lenkt vom gesellschaftlichen Machtzentrum und von seiner Verantwortung für die politische Entwicklung des Landes ab. Gleichwohl maßt sich eine fiktive politische ›Mitte‹ an, konkurrierende Positionen links und rechts von ihr als ›undemokratisch‹ ausgrenzen zu können, entzieht sich selbst damit aber jeder Kritik.«

Solange sich die Gesellschaft aber den bequemen Blick auf Neonazis erlaubt, wonach diese irgendwie von außen gekommen sind, das Problem also exotisiert wird, so lange wird es nicht gelöst. Beim Skandal um den Terror des NSU ist es leicht, mit dem Finger auf einzelne Akteure zu zeigen. Doch monokausale Erklärungen sind fast immer falsch. Die Terrorserie des NSU ist auch durch besondere Umstände zu erklären: Der Zusammenbruch der DDR und die Wiedervereinigung zog Hunderttausende radikale Brüche in den Biographien nach sich, viele Menschen zerbrachen daran. Die »Generation Hoyerswerda«, wie Böhnhardt, Mundlos und Zschäpe, in den siebziger Jahren geboren, erlebte, wie alles, was vorher richtig war, plötzlich falsch wurde. Deswegen muss man nicht zwangsläufig ein Rassist und ein Rechtsterrorist werden, dennoch spielen diese Umbrüche eine Rolle.

Zwar existiert ein generelles Problem mit dem Inlandsgeheimdienst und seiner V-Mann-Praxis, doch entwickelte das Thüringer Landesamt ein besonders ausgeprägtes Eigenleben. Offene Hetze gegen Flüchtlinge in Politik und Medien, Verharmlosung der rechtsextremen Gewalt und Morde sowie Ignoranz gegenüber der wachsenden rechtsextremen Bewegung ergaben in den neunziger Jahren eine brisante Mischung, in der sich braune Netzwerke entwickeln konnten, die den NSU bis ins Jahr 2011 deckten und versorgten. All dies macht deutlich: Der militante Rechtsextremismus legt Mängel in der Gesellschaft offen, der NSU-Terror und der Umgang damit von Politik, Öffentlichkeit und Sicherheitsbehörden zeigt den Rassismus in Deutschland auf. Es handelt sich aber nicht ausschließlich um das Versagen einzelner Personen oder Institutionen. Die Parteien sind nur so gut wie die Menschen, die sich dort engagieren, und die Streitkultur ist nur so wertvoll wie die Beiträge der einzelnen Bürger. Für das gesellschaftliche Klima sind wir alle mitverantwortlich. Lernen wir aus den Fehlern der Vergangenheit, denn sie gehen uns alle an – die Nazi-Morde und das Versagen der Politik.

Anmerkungen

1 Völkerling, Jörg: »Döner-Killer holten Opfer Nr. 9«.
  In: *Bild.de*, 12.04.2006. Auf: http://www.bild.de/news/aktuell/
  news/doener-mordserie-neuntes-opfer-0-323004.bild.html.

2 Interview mit dem Autor, 24.04.2011.

3 Gespräch mit dem Autor, März 2012.

4 Mysorekar, Sheila: »Keine Angst, wir sprechen Deutsch«.
  In: *Migazin*, 31.01.2012. Auf: http://www.migazin.de/2012/02/01/
  keine-angst-wir-sprechen-deutsch.

5 In: *monitor*, Nr. 54, 02/2012. Auf: http://www.apabiz.de/
  publikation/monitor/Monitor_Nr54.pdf.

6 Strippel, Andreas: »Besprechung mit anschließendem Frühstück«.
  In: *Publikative.org*, 20.01.2012. Auf: http://www.publikative.
  org/2012/01/20/besprechung-mit-anschliesendem-fruhstuck.

7 Herbert, Ulrich: »Weltanschauungseliten. Ideologische Legitimation und politische Praxis der Führungsgruppe der Nationalsozialistischen Sicherheitspolizei«. In: Zentrum für Zeithistorische
  Forschung Potsdam e. V. (Hrsg.): *Potsdamer Bulletin für zeithistorische Studien*, Nr. 9, 1997. S. 10.

8 Himmler, Heinrich: »Posener Rede«. In: *Nationalsozialismus.de*,
  04.10.1943. Auf: http://www.nationalsozialismus.de/dokumente/
  texte/heinrich-himmler-posener-rede-vom-04-10-1943-volltext.
  html.

9 Interview mit Andreas Strippel, April 2012.

10 Interview mit dem Autor, April 2012.

11 Mit »24.3.33 im Daily Express« wird auf eine unter Holocaust-
   und Auschwitzleugnern verbreitete angebliche »jüdische Kriegser-

klärung« Bezug genommen. Mit dieser sollen die Pogrome gegen Juden und der Holocaust als Notwehr gedeutet werden.

12 apabiz: »›Vielen Dank an den NSU‹ – Was wusste der ›Weisse Wolf‹?« In: *apabiz NSU Watchblog*, 23.03.2012. Auf: http://nsu-watch.apabiz.de/2012/03/vielen-dank-an-den-nsu-was-wusste-der-weisse-wolf.

13 Hirsch, Kurt: *Die Heimatlose Rechte. Die Konservativen und Franz Josef Strauß*. München 1979. S. 81.

14 Hannover, Heinrich: *Die Republik vor Gericht 1954–1974. Erinnerungen eines unbequemen Rechtsanwalts*. Berlin 2001. S. 122.

15 Butterwegge, Christoph: »Fatale Gleichsetzung: Die Entsorgung des Rechtsextremismus«. In: *Publikative.org*, 22.12.2009. Auf: http://publikative.org/2009/12/22/fatale-gleichsetzung-die-entsorgung-des-rechtsextremismus.

16 Hirsch, Kurt: *Die Heimatlose Rechte*, S. 174.

17 Zitiert nach Kurt Hirsch. In: *Der Freiwillige*, Kameradschaftsblatt der HIAG, 06/1960.

18 Antwort der Bundesregierung vom 07.10.2009 auf Anfrage der Linkspartei (16/14122), Antwort der Bundesregierung vom 17.02.2009 auf eine Große Anfrage der Fraktion Die Linke (16/12005)

19 Reichel, Peter: *Erfundene Erinnerung. Weltkrieg und Judenmord in Film und Theater*. Frankfurt a.M. 2007. S. 261.

20 Siehe dazu: Madloch, Norbert: »Rechtsextremismus in Deutschland nach dem Ende des Hitlerfaschismus«. In: Kinner, Klaus / Richter, Rolf (Hrsg.): *Rechtsextremismus und Antifaschismus*. Berlin 2000. S. 57 ff.

21 Laurin, Stefan: »1980. Die vergessene Rebellion«. In: *Publikative.org*, 15.12.2011. Auf: http://www.publikative.org/2011/12/15/1980-die-vergessene-rebellion.

22 »Neonazis in Nahost – betrogen und reingelegt«. In: *Der Spiegel*, 27/1981. S. 31. Auf: http://www.spiegel.de/spiegel/print/d-14342686.html.

23 Ebd.

24 Siehe auch: Dokumentarfilm *Der Rebell* (2006) von Jan Peter über Odfried Hepp.

25 In: *neues deutschland*, 23.12.2011.

26 In: *Der Tagesspiegel*, 30.12.1999.

27 In: *Deutsche Stimme*, 06/2007.

28 NPD-Kreisverband Nordsachsen: »Nationales Schulungszentrum
    in Delitzsch eröffnet«. In: *NPD-Landesverband Sachsen*, 26.09.2010.
    Auf: http://www.npd-sachsen.de/index.php?aid=794&s=28.

29 Ebd.

30 Pressemitteilung: »Bildungswerk für Heimat u. nationale Identität
    e. V.: ›Strategisches Oberziel ist und bleibt der Erhalt des deutschen
    Volkes!‹ – ›Konzept Rechtspartei statt Konzept Weltanschauungs-
    partei‹«. In: *Sache des Volkes*, 31.05.2011. Auf: http://sachedesvol-
    kes.wordpress.com/2011/05/31.

31 http://www.blockidentitaet.info, nicht mehr online.

32 Weiss, Volker: »Popkulturell anschlussfähig«. In: *Frankfurter
    Rundschau*, 03.11.2010. Auf: http://www.fr-online.de/debatte/
    neofaschismus-in-italien-popkulturell-anschlussfaehig,1473340,
    4801164.html.

33 Tippmann, Kai: »Gianluca Casseri – der ›italienische Breivik‹«.
    In: *Publikative.org*, 14.12.2011. Auf: http://www.publikative.
    org/2011/12/14/gianluca-casseri-der-italienische-breivik.

34 Baumgärtner, Maik/Röbel, Sven: »*Wusste die Neonazi-Szene schon
    2002 von den NSU-Morden?*« In: *Spiegel Online*, 28.03.2012. Auf:
    http://www.spiegel.de/panorama/justiz/0,1518,824278,00.html.

35 Klesmann, Martin: »Ehemaliger V-Mann zu Geldstrafe verurteilt«.
    In: *Berliner Zeitung*, 10.12.2002. Auf: http://www.berliner-zeitung.
    de/archiv/10810590,10050610.html.

36 »Neonazi-Aussteiger: Behörden waren vor Rechtsterrorismus
    gewarnt«. Interview mit Ingo Hasselbach. In: *Deutschlandradio
    Kultur*, 24.03.2012. Auf: http://www.dradio.de/dkultur/sendungen/
    tacheles/1712822.

37 In: *Panorama*, 19.04.2012. Auf: http://daserste.ndr.de/panorama/
    archiv/2012/panorama4005.html.

38 »Nazi-Trio hatte Kontakte zur NPD-Spitze. In: *Focus*, 11.12.2011.
    Auf: http://www.focus.de/politik/deutschland/nazi-terror/enge-
    kooperation-nazi-trio-hatte-kontakte-zur-npd-spitze_aid_692867.
    html.

39 Gespräch mit dem Autor, April 2012.

40 Röpke, Andrea: »Die Rechtsterror-Truppe NSU und Franken«.
    In: *bnr.de*, 27.03.2012. Auf: http://www.bnr.de/artikel/hintergrund/
    die-rechtsterror-truppe-nsu-und-franken.

41 Deutscher Bundestag, Drucksache 16/6530.

42 Wiegand, Ralf: »Neonazi-Gruppe gesprengt«. In: *Süddeutsche Zeitung*, 29.10.2003. Auf: http://www.sueddeutsche.de/politik/1.302748.

43 Röpke, Andrea: »Was wusste Gigi?« In: *bnr.de*, 19.04.2012. Auf: http://www.bnr.de/artikel/hintergrund/was-wusste-gigi.

44 Brenner, Jochen: »Vom Schläger zum Kader«. In: *Spiegel Online*, 25.11.2011. Auf: http://www.spiegel.de/panorama/gesellschaft/0,1518,799882,00.html.

45 Andreasch, Robert: »NPD-Schwabentag: ›Wir ertrinken in fremdem Blut‹«. In: *Publikative.org*, 22.03.2011. Auf: http://www.publikative.org/2011/03/22/npd-schwabentag-wir-ertrinken-in-fremdem-blut.

46 »Kriminalitätsstatistik NPD«. In: *Report Mainz*, 06.03.2012. Auf: http://www.swr.de/report/-/id=233454/nid=233454/did=9205586/1nrxu7p/index.html.

47 Antwort der Landesregierung auf eine Kleine Anfrage zur schriftlichen Beantwortung. 23.02.2012. Auf: http://www.landtag.sachsen-anhalt.de/intra/landtag3/ltpapier/drs/6/d0840dak_6.pdf.

48 Kleine Anfrage der Abgeordneten Renner (Die Linke). 24.11.2011. Auf: http://www.die-linke-thl.de/fileadmin/lv/dokumente/presse/sonstiges/5_3602_Straft%C3%A4ter%20NPD.pdf.

49 Kommunalpolitische Vereinigung: »Verdacht auf Verunglimpfung des Andenkens Verstorbener«. In: *NPD Kreisverband Nordhausen*, 07.04.2012. Auf: http://www.npd-nordhausen.de/index.php?ID=390&anfang=&npd=aktuelles.

50 In: *taz*, 05.04.2005.

51 Gensing, Patrick / Baumgärtner, Maik: »Vertriebenen-Nachwuchs im Zwielicht«. In: *Publikative.org*, 06.04.2011. Auf: http://www.publikative.org/2011/04/06/vertriebenen-nachwuchs.

52 Frage für die Fragestunde des Deutschen Bundestags, 23.02.2011. Auf: http://www.volkerbeck.de/cms/files/bmi110323.pdf.

53 Sämtliche Anfragen der PDS / Linkspartei in Thüringen seit 1996 zum Thema THS und NSU finden Sie hier: http://www.die-linke-thl.de/nc/themen/themen_a_z/i_o/nazi_terror.

54 »Wenn der VS Thüringen über Nazis aufklärt …«, Video. In: *Publikative.org*, 02.12.2011. Auf: http://www.publikative.org/2011/12/02/achtung-der-verfassungsschutz-klart-auf.

55 Gespräch mit dem Autor, April 2012.

56 Gespräch mit dem Autor, 15.04.2012.

57 »Neonazi-Aussteiger«. Interview mit Ingo Hasselbach. In: *Deutschlandradio Kultur*, 24.03.2012.

58 Gensing, Patrick: »Die Kontrolle des VS ist Augenwischerei«. Interview mit Katharina König. In: *Publikative.org*, 13.12.2011. Auf: http://www.publikative.org/2011/12/13/die-kontrolle-des-verfassungsschutzes-ist-augenwischerei.

59 Pfahl-Traughber, Armin: »Fehler und Fehlwahrnehmungen des Verfassungsschutzes – Kritische Anmerkungen zu einigen Zerrbildern in den Medien«. In: *Endstation Rechts*, 10.02.2012. Auf: http://endstation-rechts.de/index.php?option=com_k2&view=item&id=6897&Itemid=410.

60 Suckert, Wolfgang: »Bernhard Vogel kritisiert Ermittlungspannen beim Verfassungsschutz«. In: *thüringer-allgemeine.de*, 28.11.2011. Auf: http://www.thueringer-allgemeine.de/web/zgt/leben/detail/-/specific/1363852856.

61 Gespräch mit dem Autor, 21.04.2012.

62 Gensing, Patrick: »Linke fragte 2007 im Bundestag nach Mordserie«. In: *Publikative.org*, 18.11.2011. Auf: http://www.publikative.org/2011/11/18/linke-fragte-2007-im-bundestag-nach-mordserie.

63 Schmidt, Wolf: »Deutsch, rechts, Serientäter«. In: *taz.de*, 21.04.2012. Auf: http://taz.de/!91926.

64 dpa: »Polizeipräsident verbietet Karikaturen-Kalender«. In: *Welt Online*, 29.02.2012. Auf: http://www.welt.de/regionales/muenchen/article13894109.html.

65 Strippel, Andreas: »Alltagsrassismus: Alles nur Theater?« In: *Publikative.org*, 18.01.2012. Auf: http://www.publikative.org/2012/01/18/alltagsrassismus-alles-nur-theater.

66 Gespräch mit dem Autor, April 2012.

67 Diehl, Jörg / Gude, Hubert / Röbel, Sven: »FBI vermutete Ausländerhass als Tatmotiv. In: *Spiegel Online*, 23.04.2012. Auf: http://www.spiegel.de/panorama/justiz/0,1518,829270,00.html.

68 Elendt, Gerd / Herrnkind, Kerstin: »Neues von ›Klein Adolf‹. In: *stern.de*, 14.04.2012. Auf: http://www.stern.de/panorama/3-1813158.html.

69 Schmidt, W. / Speit, A.: »Fatale Fehleinschätzung«. In: *taz.de*, 29.03.2012. Auf: http://taz.de/!90525.

70 Gespräch mit dem Autor, April 2012.

71 Suckert, Wolfgang: »Bernhard Vogel kritisiert Ermittlungspannen«. In: *thüringer-allgemeine.de*, 28.11.2011.

72 Dietzsch, Martin: »NPD-Verbot: Sie werden es wieder vermasseln«. In: *Publikative.org*, 05.12.2011. Auf: http://www.publikative. org/2011/12/05/npd-verbot-sie-werden-es-wieder-vermasseln.

73 Duisburger Institut für Sprach- und Sozialforschung. Auf: http://www.diss-duisburg.de.

74 In: *Panorama*, 12.09.2009. Auf: http://daserste.ndr.de/panorama/ archiv/2008/vmaennernpd100.html.

75 Ebd.

76 Ebd.

77 Butterwegge, Christoph: »Ein neues NPD-Verbotsverfahren darf nicht zum Pyrrhussieg werden«. In: *Publikative.org*, 18.11.2011. Auf: http://www.publikative.org/2011/11/18/ein-neues-npd-verbotsverfahren-darf-nicht-zum-pyrrhussieg-werden.

78 Gespräch mit dem Autor, April 2012.

79 »Das Problem in Dresden besteht in einer selektiven Erinnerung und Wahrnehmung«. In: *Netz-gegen-Nazis.de*, 30.01.2012. Auf: http://www.netz-gegen-nazis.de/artikel/das-problem-dresden-besteht-einer-selektiven-erinnerung-und-wahrnehmung-1945.

80 Gespräch mit dem Autor, April 2012.

81 Kraske, Michael: »Demokratie von oben: Bürgerpreis ohne Bürger«. In: *Publikative.org*, 19.09.2011. Auf: http://www.publikative. org/2011/09/19/demokratie-von-oben-burgerpreis-ohne-burger.

82 Weitere Informationen zur Extremismusklausel und den Auswirkungen auf die Arbeit der Initiativen finden Sie auf: http://www.amadeu-antonio-stiftung.de/extremismusklausel.

83 Doering, Kai: »Gewalt ist mit linken Vorstellungen unvereinbar«. Interview mit Gero Neugebauer. In: *Vorwärts*, 28.03.2012. Auf: http://www.vorwaerts.de/Politik/inland/70494.html.

84 Butterwegge, Christoph: »Fatale Gleichsetzung«. In: *Publikative.org*, 22.12.2009.

85 Doering, Kai: Interview mit Gero Neugebauer. In: *Vorwärts*, 28.03.2012.

86 Jennerjahn, Miro: Vortrag im Rahmen der Fachtagung »Gibt es ›Extremismus‹?« In: *Publikative.org*, 30.01.2010. Auf: http://www.publikative.org/2010/01/30/extremismus-100.

87 Deutscher Bundestag, Drucksache 17/6910.

88 Aus dem Internet-Reiseführer Wikitravel:
    http://wikitravel.org/en/Eastern_Germany#b, 26.10.2011.

89 Statistisches Bundesamt.

90 »Todesopfer rechter Gewalt 1990–2011«. Recherchen von *Die Zeit*
    und *Der Tagesspiegel*. In: *Zeit Online*. Auf: http://www.zeit.de/
    gesellschaft/zeitgeschehen/todesopfer-rechter-gewalt, 08.06.2012.

91 »Rechter Lifestyle blüht im Osten«. In: *Publikative.org*, 16.03.2012.
    Auf: http://www.publikative.org/2012/03/16/der-rechte-lifestyle-
    bluht-im-osten.

92 Antwort der Bundesregierung auf die Kleine Anfrage einiger
    Abgeordneter und der Fraktion Die Linke. 15.02.2011.
    Auf: http://dipbt.bundestag.de/dip21/btd/17/047/1704780.pdf.

93 Wahl-Analyse zu den Kommunalwahlen in Niedersachsen 2011.
    In: *NPD Niedersachsen*, 20.09.2011. Auf: http://www.npd-nieder-
    sachsen.de/index.php/menue/24/thema/725/id/2700/anzeigemonat/
    09/anzeigejahr/2011/infotext/Aktuelles.html.

94 Kahane, Anette: »Was vom Image übrig bleibt«. In: *Frankfurter
    Rundschau*, 06.12.2011. Auf: http://www.fr-online.de/meinung/
    1472602,11266758.html.

95 »Die Wutbürger von Jena«. In: *Publikative.org*, 08.12.2011. Auf:
    http://www.publikative.org/2011/12/08/die-wutburger-von-jena.

96 »Neonazi-Aussteiger«. Interview mit Ingo Hasselbach.
    In: *Deutschlandradio Kultur*, 24.03.2012.

97 Gensing, Patrick: »Wir können die NPD gar nicht mehr aus-
    grenzen«. Interview mit Günther Hoffmann. In: *tagesschau.de*,
    02.12.2009. Auf: http://www.tagesschau.de/inland/
    npdostvorpommern100.html.

98 Luigi Freddi, einer der Vordenker des italienischen Faschismus, in
    »Il fascio« 1920, Dank an Kai Tippmann. Reisin, Andrej: »Vernich-
    tung als politisches Programm«. In: *Publikative.org*, 17.11.2011.
    Auf: http://www.publikative.org/2011/11/17/vernichtung-als-
    programm.

99 Winter, Nora: »Parteien wirken als Verstärker für Führungseliten«.
    Interview mit Roland Roth. In: *Publikative.org*, 31.12.2011.
    Auf: http://www.publikative.org/2011/12/31/parteien-wirken-als-
    verstarker-fur-fuhrungseliten.

100 Gensing, Patrick: »Ein neuer Stern am schwarzen Himmel«.
In: *Publikative.org*, 27.11.2010. Auf: http://www.publikative.
org/2010/11/27/ein-neuer-stern-am-schwarzen-himmel.

101 Gensing, Patrick: »Es gibt Platz für eine rechte Sammlungspartei«.
Interview mit Alexander Häusler. In: *tagesschau.de*, 10.09.2010.
Auf: http://www.tagesschau.de/ausland/rechtspartei100.html.

102 Gespräch mit dem Autor, April 2012.